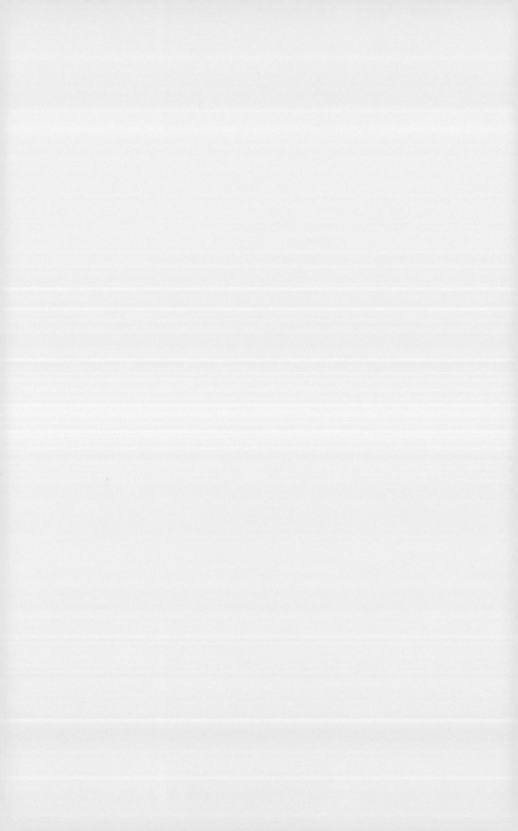

주기도문으로
배우는
하나님 나라

주기도문으로 배우는 하나님 나라

2022년 7월 11일 초판 발행

지 은 이 나현규
펴 낸 이 판소피아북스
디 자 인 하숙경
교   정 박강석, 나주혜
주   소 경기도 군포시 용호1로 21번길 15
대표전화 031-393-5127
홈페이지 http://pansophiabooks.modoo.at
이 메 일 pansophiana@naver.com
등록번호 517-97-01415

판소피아북스의 로고는 인간 학습 사이클의
단면(Excitement-Question-Knowledge)을 이미지화 한 것이다.

거룩한 갈망-습관-실천으로 이끄는 교육현장

주기도문
으로 배우는
하나님 나라

나현규 지음

PANSOPHIA BOOKS

감사의 글

주기도문을 연구하다가 그 내용의 전체성과 구조의 완전함에 압도됐던 그 날을 잊을 수가 없습니다. 나는 주님께 엎드려 어린아이와 같은 심정으로 다음과 같이 기도하기 시작했습니다. "예수님 우리에게 주기도문을 주셔서 너무너무 감사합니다." 본격적으로 주기도문에 관한 책을 집필하기로 마음먹은 후 4개월 동안 하나님의 은혜로 주말을 오로지 이 일에만 몰입할 수 있었습니다. 그야말로 시간 가는 줄 모르고 지냈던 날들이었습니다.

이 책은 그동안 하나님께서 나의 삶에 베푸신 은혜의 결산과 같습니다. 총신대학교 4학년 때, 당시 신대원에 다니던 김철환 선배님이 들려주시던 하나님 나라 이야기에 매료되었던 것을 기억합니다. 그 감동의 여운으로 "주의 뜻 이루소서"라는 시(詩)를 쓰게 되었습니다. 다음은 그 시의 일부입니다.

주의 나라와 주의 뜻 이 땅에 이루소서

나의 생명 되신 예수 안에서

내게 관계된 주의 뜻 완전케 이뤄질 때

내 모든 것 아름답게 변하리

주의 나라 아름답게 임하리

주께서 아름답게 하시리

이 시에 곡을 붙여 지금의 아내와 함께 '제8회 총신대학교 복음성가경연대회'에 참여하여 큰 은혜를 경험했습니다. 이후 총신대학교 신학대학원에 재학하던 시절 에스겔 36장을 묵상하다가 "나의 거룩한 이름을 위함이라"라는 말씀에 붙들리게 되었습니다.

> 그러므로 너는 이스라엘 족속에게 이르기를 주 여호와께서 이같이 말씀하시기를 이스라엘 족속아 내가 이렇게 행함은 너희를 위함이 아니요 너희가 들어간 그 여러 나라에서 더럽힌 나의 거룩한 이름을 위함이라(겔 36:22).

그 시간 이후로 '하나님의 이름'을 연구하기 시작했습니다. 관주(冠註)를 통해 하나님의 이름을 찾아가던 나는 출애굽기 3장을 만나게 되었고, 결국 "출애굽기 3:1-15의 주해적 접근을 통한 야웨 의미와 속성 연구"라는 제목으로 논문을 쓰게 되었습니다. 내게 있어 출애굽기는 '여호와'라는 하나님의 이름이 선포될 때마다 '언약관계'를 위한 하나님의 계획이 펼쳐지는 한편의 드라마와 같았습니다. 출애굽기에 나타난 '구원', '언약', '회복'은 하나님의 이름인 '여호와의', '여호와에 의한', '여호와를 위한' 것이었습니다.

이후 갑작스럽게 찾아온 교육학 연구의 기회는 '이론'을 삶에 펼치기 위한 방법론적 원리에 고심하게 했습니다. 그리고 이 책을 집필하는 과정에서 나는 그동안의 신앙 여정과 신학 연구의 결과들이 놀랍도록 연결되어 있음을 깨닫게 되었습니다. 짧은 주기도문 안에 압축된 내용과 방법론들이 그저 놀라울 뿐입니다.

이 책이 나오기까지 함께 '주기도문'을 기뻐한 동역자들께 감사를 표하고 싶습니다. 문성광 목사님, 김현지 전도사님, 김희영 전도사님께서는 초기 연구단계에서 필자의 마태복음 6장의 구조 분석을 지지해 주고 격려해 주셨으며, 이후 책의 전체 구성에 귀한 조언을 해주셨습니다. 특별히 김미영 전도사님께서는 이 책이 출판될 수 있도록 결정적인 도전과 에너지를 불어넣어 주셨습니다. 진심으로 감사드립니다. 그리고 이 책의 원고를 읽고 흔쾌히 추천의 글을 써 주신 원주중부교회 김미열 목사님, 삼일교회 송태근 목사님, 원당교회 유선모 목사님과 백석대학교 윤화석 교수님, 총신대학교 신학대학원 조호형 교수님, 총신대학교 함영주 교수님, 서프데미 대표 박병기 박사님께 진심으로 감사드립니다. 또한 책의 원고를 읽고 의미 있는 조언과 함께 문장을 세심하게 다듬어 주신 박강석 목사님과 나주혜 청년에게도 큰 감사를 드립니다. 아울러 나의 삶의 동반자인 아내 정미숙과 함께 이 책의 출판을 기뻐하고 싶습니다.

끝으로 이 책이 하나님 나라를 위해 묵묵히 헌신하며 전진하는 모든 하나님 나라 동역자들께 작게나마 도움이 된다면 더 바랄 것은 없습니다. 모든 영광이 오직 하나님께 드려지길 기도합니다.

2022. 6. 30.
나현규

개혁신학에 입각한 신앙교육 연구와 실천에 남다르게 전심전력하는 나현규 목사의 출간 소식이 그렇게 반가울 수가 없다. 나현규 박사의 『주기도문으로 배우는 하나님 나라』는 교회교육에 헌신하는 이들에게, 특히 교육목회로 하나님 나라 일꾼을 세우는 일에 집중하고 있는 목회자들에게는 큰 축복의 선물이다. 하나님 나라 관점에서 주기도문을 통전적으로 배우고 구체적으로 적용-실천할 수 있도록 실제적인 지침을 제공해 주기 때문이다. 주기도문의 핵심과 같이 하나님을 아버지라 고백하며 그의 이름을 높이고 그의 나라를 확장하며 그의 뜻을 이루는 일을 비전으로 삼고 일상에서 하나님께 영광을 돌리며 세상을 축복하는 자들이 예수님의 제자이다. 이런 제자를 세우기를 소망하는 목회자들이 꼭 읽어야 할 책이다. 이 책이 교육목회에 헌신하는 많은 목회자에게 큰 도움과 도전이 될 것을 확신한다.

김미열 원주중부교회 담임목사, 한국교회교육연구소장

주기도문 안에 예수님의 교육적 암시가 있다는 사실이 나를 놀라게 했다. 단순히 주님이 가르쳐주신 기도로만 알고 있던 나에게 신선한 충격을 주는 책이었다. 주기도문이 하나님 나라를 가르쳐줄 뿐 아니라 그 안에 하나님 나라를 갈망하게 하고, 실천-적용하게 하는 교육적 요소가 담겨 있음을 저자는 책 전반에 걸쳐 설명하고 있다. 모든 기독교인과 기독 교사들에게 강추한다.

박병기 서프데미 대표, 전 웨스트민스터 대학원대학교 미래교육리더십 교수

8

마태복음에 나타난 예수님의 3대 사역인 '가르침', '선포', '치유' 사역이 하나로 응집된 것이 바로 주기도문이라고 할 수 있다. 그만큼 주기도문은 심오하다. 물론 어떤 면에서 주기도문은 어린이도 암송할 수 있을 만큼 쉽다고도 할 수 있다. 간략하고 명료하다는 말이다. 이와 동시에 주기도문에는 깊은 묵상을 통해서만 끌어올릴 수 있는 교훈과 감동과 교육적 의도가 압축되어 있다. 따라서 압축된 의미를 풀어야 할 과제가 우리에게 주어져 있는 셈이다. 이 일을 그동안 총회교육개발원에서 다년간 교육교재 개발에 전념해 왔던 나현규 박사가 멋지게 해냈다. 그가 마태복음 6장의 구조 속에서 주기도문의 의미를 조명한 것은 신선하고 흥미롭다. 또한 주기도문을 교육적 안목으로 풀어낸 것도 매우 뜻깊은 작업이다. 『주기도문으로 배우는 하나님 나라』는 모든 소그룹 리더들과 교회학교 교사들이 필독할만한 책이다.

송태근 삼일교회 담임목사, 총회교육개발원 이사장

저자는 이전의 책 『코메니우스와 연결고리』에서 보여준 '연결고리'의 교육적 중요성을 그의 새로운 책 『주기도문으로 배우는 하나님 나라』에서 여실히 보여주고 있다. 한마디로 말해서 저자는 본서에서 주기도문이 하나님 나라와 어떻게 연결되어 있으며, 교육과는 또 어떻게 연결되어 있는지를 흥미로운 구조를 통해 보여주고 있다. 이는 지금까지 보아온 통상적인 주기도문 이해와는 결이 다른 새로운 접근방식이다. 따라서 나는 신앙교육을 책임지고 있는 교역자와 교사들에게 본서의 필독을 권하고 싶다.

유선모 원당교회 담임목사, 전 총신대학교 기독교교육과 겸임교수

그동안 주기도문을 다룬 책들이 성경신학 혹은 조직신학적 접근이거나 아니면 실천신학 혹은 목회적 접근이었다면, 『주기도문으로 배우는 하나님 나라』는 교육신학적 접근에 가깝다. 예수님의 교육 핵심으로부터 풀어가는 본서는 주기도문이 왜 교육 내용의 핵심이며 더 나아가 교육 방법의 핵심 요소까지 담고 있는지를 논리적 구조 및 흥미로운 그림(도표)을 통해 밝혀준다.

윤화석 백석대학교 기독교교육학 교수

『주기도문으로 배우는 하나님 나라』는 수년간 한국교회 교육에 힘써온 교육학자이자 성경에 능통한 목사의 내공이 녹아든 책으로서, 독자들은 주기도문이 직접적으로 가르치고 있는 내용뿐만 아니라, 주기도문을 둘러싸고 있는 중요한 신학적인 함축(들)을 발견하게 될 것이다. 특별히, 성경 전체의 수면 위, 아래에 드리워진 "하나님 나라"라는 중요한 표현이 어떻게 이 주기도문과 연결되는지, 더 나아가 삶의 현장 속에서 이 "나라"가 어떻게 실현되는지, 독자들은 저자의 문학적인 통찰력과 주해의 깊은 결과물을 구체적으로 경험하게 될 것이다. 이러한 여러 장점 때문에, 나는 주기도문과 하나님 나라라는 두 개의 큰 주제를 경험하길 원하는 모든 사람에게 본서를 진심으로 추천한다.

조호형 총신대학교 신학대학원 신약학 교수

그리스도인이라면 누구나 주기도문을 암송하고 있지만, 모두가 다 주기도문의 핵심 내용을 이해하고 지키며 사는 것은 아닐 것이다. 주기도문은 우리 주님께서 가르쳐 주신 기도의 표본이다. 그러므로 그 기도의 내용을 제대로 알고 그대로 실천하며 사는 것은 그리스도를 따르는 제자의 도리이자 의무일 것이다. 나현규 박사님은 바로 이 점을 염두에 두면서 본서를 집필하였다. 저자는 본서를 통해 주기도문의 구조와 내용이 어떠한지에 대하여 명확하게 설명하고 있다. 신학적인 설명이 필요한 곳에서는 전문적인 신학적 지식을 반영하기도 하고 또 실천적인 안내가 필요한 곳에서는 삶에 적용할 수 있는 내용으로 접근하기도 한다. 그래서 본서를 읽으면 주기도문에 대한 구조와 내용을 일목요연하게 이해하고 적용할 수 있게 된다. 본서는 주기도문이 제시하는 교육의 핵심 가치를 기반으로 하여 하나님 나라 백성으로서 그 나라를 갈망하고 적용하여 삶의 문제를 해결할 수 있도록 독자들을 안내한다. 하나님 나라를 중심으로 한 저자의 신학과 신앙이 녹아 있는 이 책을 통해 하나님 나라 백성으로 성숙하게 살아가는 데 도움이 되기를 바라며 그 나라를 갈망하는 모든 그리스도인에게 이 책을 적극 추천한다.

함영주 총신대학교 기독교교육과 교수

목 차

감사의 글 _ 04
추천의 글 _ 08
프롤로그 _ 14

Part 1 주기도문, 교회교육의 핵심 가치

01 예수님의 3대 사역: 교육, 선포, 치유 _ 27
02 예수님의 교육 핵심: 하나님 나라 _ 37
03 예수님의 교육 명령: 권위, 명령, 약속 _ 49

Part 2 주기도문, 삶의 문제 해법 가이드

04 주기도문으로 '위선' 극복하기 _ 71
05 주기도문으로 '염려' 물리치기 _ 83
06 주기도문으로 '맘모니즘' 대처하기 _ 95

Part 3 주기도문, 하나님 나라 갈망 가이드

07 구조를 보면 전체가 보인다 _ 111
08 '언약'으로 시작하는 주기도문 _ 121
09 '송영'으로 끝마치는 주기도문 _ 135
10 주기도문으로 거룩한 갈망 배우기 _ 141

Part 4 주기도문, 하나님 나라 학습 가이드

11 왕의 '명예'를 위하여 _ 159

12 왕의 '나라'를 위하여 _ 175

13 왕의 '뜻'을 따라서 _ 187

14 주기도문으로 거룩한 습관 배우기 _ 203

Part 5 주기도문, 하나님 나라 적용 가이드

15 왕을 신뢰함으로: 재물 vs 양식 _ 225

16 왕의 자비하심으로: 심판 vs 용서 _ 239

17 왕의 선하심으로: 욕망 vs 인내 _ 253

18 주기도문으로 거룩한 삶 적용하기 _ 267

에필로그 _ 283

주기도문, 가르침과 사역의 핵심

주기도문은 예수님이 행하신 가르침의 요약입니다. 예수님의 가르침이 주기도문에 압축되어 있다는 말입니다. 구조를 통해 볼 때, 주기도문은 산상설교의 중심부에 자리하고 있습니다. 산상설교는 마태복음 5장, 6장, 7장에 걸쳐 선포되고 있는데, 주기도문은 그 중심인 마태복음 6장에 나옵니다. 헤르만 리델보스(H. Ridderbos)에 따르면, 산상설교는 예수님의 가르침의 전형을 보여줍니다. 그런 산상설교의 중심에 주기도문이 놓여 있습니다. 사실 주기도문 안에는 예수님의 교육 핵심이 담겨 있습니다. 주기도문 안에는 교육적 암시, 의도성, 방법론, 핵심 내용 등이 압축되어 있다는 것입니다. 이런 면에서 볼 때, 주기도문은 일종의 교육헌장인 셈입니다.

주기도문은 예수님이 행하신 사역의 요약입니다. 주기도문 안에는 예수님의 사역 내용과 방향성이 설계도처럼 담겨 있습니다. 예수님의 사역 핵심은 하나님 나라를 드러내는 것이었습니다. 김세윤 교수는 주기도문을 가리켜서 "새로운 하나님 나라 운동의 요약"이라고 말합니다. 하나님 나라의 복음과 그것을 펼치는 방향성이 압축되어 있다는 것입니다. 예수님의 공적 사역을 알리는 첫 외침도 '하나님 나라'였으며, 공적 사역 내내 제자들에게 가르치신 것도 하나님 나라 였고, 십자가 사역을 완성하시고 부활하신 후 승천하시기 직전까지 제자들에게 집중적으로 말씀하신 것도 하나님 나라였습니다. 그렇다면 주기도문은 주님의 사명 선언문과 같습니다.

이처럼 주기도문 안에는 예수님이 행하신 가르침의 핵심과 사역의 핵심이 융합되어 있습니다. 예수님은 공적 사역을 시작하시면서 교육적 의도를 가지고 가르침과 사역의 핵심을 최고의 방식으로 주기도문에 제시해 주셨습니다. 이 책의 1부에서는 주기도문의 배경과 그 의미를 다루고 있습니다.

주기도문, 가르침을 위한 구조

'교육적 의도'가 있다는 것은 구조적으로 잘 설계되어 있다는 것을 말합니다. 따라서 주기도문을 제대로 이해하기 위해서는 구조적 접근이 필요합니다. 특히 마태복음이 구조적으로 잘 짜여 있다는 면에서 더욱 그렇습니다. 그러므로 카메라 앵글을 줌인 하듯 마태복음 전체 중에서 주기도문과 관련된 부분을 점진적으로 세밀하게 살펴볼 필요가 있습니다. 즉 마태복음의 개요와 그 구조, 산상설교의 구조, 그리고 주기도문이 담겨 있는 마태복음 6장의 구조를 조명할 필요가 있다는 말입니다. 이는 이 책의 1부와 2부에서 다루고 있는 내용입니다.

마태복음은 예수님이 행하신 공적 사역의 초기 내용을 "가르치시며", "전파하시며", "고치시니라"(마 4:23, 9:35)라는 동사로 압축하여 보여줍니다. 특별히 의도적 반복을 통해 '교육'을 강조하고 있습니다. 예를 들어, 산상설교의 전체 구조는 분명한 교육적 의도성을 보여줍니다. 산상설교는 "입을 열어 가르쳐 이르시되"(마 5:2)라는 말로 시작하여, "그 가르치심에 놀라니"(마 7:28)라는 말로 끝납니다. 이는 곧 '가르침', 즉 교육을 강조하는 동시에 산상설교 전체가 교육적 의도에 의해 기록된 것임을 암시해 줍니다.

마태복음 6장의 전체 구조 역시 마찬가지입니다. 주기도문을 마태복음 6장의 전체 구조를 통해 조명할 때 새롭게 드러나는 교훈을 만날 수 있습니다. 마태복음 6장을 세 개의 핵심 단어로 압축할 수 있다면, 그것은 바로 '외식'(마 6:1-18), '염려'(마 6:25-34), '재물'(마 6:19-24)입니다. 이것을 성경의 기록 순서와 다르게 제시한 이유는 단순합니다. 구조(A-X-A')의 순서를 따른 것인데, 중심(X)을 마지막에 설명하는 것이 전체를 이해하는 데 도움이 되기 때문입니다. 인생의 골칫거리라고 할 수 있는 세 가지 문제와 그 해법이 주기도문과 관련되어 있다는 것을 마태복음 6장의 전체 구조가 보여줍니다.

주기도문 자체도 매우 정교한 구조로 이루어져 있습니다. 헬라어 원문상 "아버지여"로 시작하는 주기도문은 "나라와 권세와 영광이 아버지께 영원히 있사옵나이다"라는 송영을 향하고 있습니다. 이는 곧 하나님 나라 백성으로서 새로운 출발과 삶의 목적이 무엇인지 보여줍니다. 이런 차원에서 볼 때, 주기도문은 잘 짜인 구조의 전형이라고 할 수 있습니다. 따라서 이 책에서 주기도문의 내용을 다룰 때도 "하늘에 계신 우리 아버지여"를 다룬 후에 곧바로 "나라와 권세와 영광이 아버지께 영원히 있사옵나이다"를 다룹니다. 이는 이 책의 3부에서 다루고 있는 내용입니다.

"아버지여"로 시작된 주기도문의 내용은 왕이신 하나님을 위한 '이름 청원', '나라 청원', '뜻 청원'으로 펼쳐지며, 하나님 나라 백성인 우리를 위한 '양식 청원', '용서 청원', '시험 청원'으로 이어집니다. 매우 흥미롭게도 여섯 가지의 청원이 '송영'의 '나라-권세-영광'과 거미줄처럼 연결되어 있습니다. 이는 구조를 통해 볼 때 명확해집니다. 동시에 주기도문의 핵심 지향점이라고 할 수 있는 '하나님 나라를 기뻐하는 것'으로 우리의 관심과 초점을 모아줍니다. 이런 내용 역시 3부에서 다루고 있습니다.

주기도문, 위대한 전환점

마태복음 6장 전체를 보면, 주기도문과 관련된 세 개의 전환점

(turning point)을 발견할 수 있습니다. 그리고 그것들은 지(知)-정(情)-의(意)와 연결됩니다. 첫째, "아시느니라"라는 동사입니다. 마태복음 6장 안에는 주기도문이 두 개의 패턴으로 나옵니다. 하나는 '주기도문 완전형'(마 6:8-13)이며, 다른 하나는 '주기도문 축약형'(마 6:32-33)입니다. 두 개의 패턴을 '이끄는 동시에 형성하는' 구절은 다음과 같습니다.

> 그러므로 그들을 본받지 말라 구하기 전에 너희에게 있어야 할 것을 하나님 너희 아버지께서 아시느니라(마 6:8).

> 이는 다 이방인들이 구하는 것이라 너희 하늘 아버지께서 이 모든 것이 너희에게 있어야 할 줄을 아시느니라(마 6:32).

이 두 구절에 우리가 주목할 동사 "아시느니라"가 나옵니다. 하나님 우리 아버지께서는 우리의 필요가 무엇인지 알고 계십니다. '그러므로' 우리는 이방인들처럼 외식하는 기도, 중언부언하는 기도를 해서는 안 되며 그럴 필요도 없습니다. '하나님 아버지의 아심'을 우리가 알 때 진정한 기도 즉 주기도문으로 기도할 수 있습니다. 또한 우리의 하늘 아버지께서 우리에게 있어야 할 것이 무엇인지 '아시기' 때문에 '그러므로' 우리는 이방인들처럼 먹고 마시고 입는 것을 구하는 기도 대신 하나님 나라를 가장 우선으로 하는 기도를 할 수 있습니

다. 기도의 전환은 '하나님의 아심'을 아는 데서 시작됩니다. 알 때 -지(知)- 전환이 발생합니다

둘째, '아버지'라는 개념입니다. 예수님께서 제자들에게 하나님을 '아버지'라고 부르게 하신 것은 매우 놀라운 일입니다. 여기에는 예수님의 교육적 의도가 함축되어 있습니다. '아버지'라는 개념 속에는 언약 사상이 담겨 있기 때문입니다. 언약 사상의 핵심은 "하나님이 우리의 아버지시며, 우리는 하나님의 자녀"라는 사실에 있습니다. 이를 성경에 나오는 대표적인 언약문장인 "너희를 내 백성으로 삼고 나는 너희의 하나님이 되리니"(출 6:7)라는 말씀으로 제시할 수 있습니다. 이는 우리가 하나님의 백성이며, 하나님은 우리의 왕이 되심을 의미합니다. 바로 이 '언약'으로부터 하나님 나라가 시작되며 동시에 하나님 나라 백성의 삶이 시작됩니다. 영원한 하나님 나라와, 그 나라의 권세와, 그 나라의 영광을 기뻐하는 삶이 시작됩니다. 그러므로 주기도문의 첫 단어인 '아버지'라는 개념은 위대한 전환점을 함축하고 있는 셈입니다. 특별함을 느낄 때 -정(情)- 전환이 발생합니다.

셋째, "아버지여"라는 부름입니다. 하나님을 "아버지여"라고 부를 때 이미 실제적인 기도는 시작됩니다. 그러므로 "아버지여"라는 부름은 실천적 전환점이 됩니다. 하나님을 "아버지여"라고 부르는 것은 기도의 구체적인 첫걸음일 뿐만 아니라 그 자체로 완전한 기도가 될 수 있습니다. 아무런 청원 내용이 없어도, 엎드려 "아버지여"라고

기도하는 순간, 마음이 하나님께 상달됩니다. "아버지여"라는 부름 안에 우리 마음의 모든 청원이 담겨 있기 때문입니다. 무엇인가를 행할 때 -의(意)- 전환이 발생합니다.

따라서 주기도문을 이해하고 주기도문의 가치를 느끼는 가운데, 주기도문으로 기도하는 것은 우리 삶의 실제적 전환점이 됩니다. 세상을 바라보는 삶이 아닌 하나님 나라를 바라보는 삶으로의 전환, 세상 나라의 기준이 아닌 하나님 나라의 기준으로 생각하고 살아가는 삶으로의 전환을 주기도문으로 이룰 수 있습니다.

우리가 '하나님 아버지의 아심'을 깨달을 때, 주기도문의 참된 의미를 마음으로 받아들일 때, 그리하여 "아버지여"라고 부르짖기 시작할 때, 하나님 나라를 추구하는 삶으로의 전환이 이루어질 것입니다.

주기도문, 실행을 위한 구조

예수님이 주기도문을 가르쳐 주신 목적은 단지 지적인 깨달음만을 위한 것이 아니었습니다. 하나님 나라의 새롭고 친밀한 공동체성은 "말씀을 듣고 행하는"(눅 8:21) 것에 달려 있기 때문입니다. 따라서 주기도문을 단지 '비전'으로만이 아니라 실행을 위한 '지침'으로 사용하기 위한 과정을 체계적으로 제시할 필요가 있습니다.

첫째, 거룩한 갈망의 구조입니다. 인간은 갈망하는 존재입니다.

문제는 무엇을 갈망하고 있느냐에 있습니다. 주기도문은 거룩한 갈망과 실천의 구조를 보여줍니다. "아버지여"라고 부를 수 있는 자는 거룩한 갈망에 눈을 뜬 자입니다. 그의 갈망은 "나라와 권세와 영광이 아버지께 영원히 있사옵나이다"가 됩니다. 나를 자녀 삼아 주신 하나님의 사랑이 나의 삶의 목적을 새롭게 한 것입니다. 주기도문은 그 사실을 떠올리게 하며(知), 그로 인하여 거룩한 갈망을 품게 하고(情), 그 결과 주기도문의 교훈을 실천할 수 있게 합니다(意). 이것은 이 책의 3부에서 다루고 있습니다.

둘째, 거룩한 습관의 구조입니다. 예수님은 기도의 모범으로 주기도문을 가르쳐 주셨을 뿐만 아니라, 실제로 주기도문의 내용으로 기도하는 본을 보여주셨습니다. 또한 제자들에게 예수님의 본을 따라 기도할 것(모방)을 요구하셨습니다. 예수님의 가르침과 모범 속에 주기도문이 어떤 과정을 통해 실천되고 습관화되는지를 보여주는 구조가 함축되어 있습니다. 주기도문의 실천은 거룩한 습관을 형성하는데, 이 과정에는 신뢰할 수 있는 교사의 모범과 학습자의 모방, 그리고 그것의 지속적인 반복(연습)이 필요합니다. 모범-모방-반복(연습)의 구조를 통해 주기도문이 삶 속에서 구체화 될 수 있습니다. 이것은 책의 4부에서 다루는 내용입니다.

셋째, 거룩한 적용의 구조입니다. 우리는 주기도문 자체 안에 적용 거리가 제시되어 있다는 점을 기억해야 합니다. 이는 '양식 청원',

'용서 청원', '시험 청원'과 관련되어 있습니다. 예수님은 주기도문을 통해 인생의 문제를 세 가지로 정리해 주셨습니다. 물질(양식) 문제, 관계(용서) 문제, 시련 혹은 유혹(시험)의 문제가 그것입니다. 흥미롭게도 주기도문은 이 세 가지 문제의 해법이 됩니다. 아울러 우리는 이 세 가지 문제를 통해 주기도문의 핵심, 즉 '하나님 나라'를 우리 삶의 현장에 적용할 수 있습니다. 양식 문제를 하나님께 맡길 때 하나님의 다스리심을 맛볼 수 있으며, 하나님의 자비를 모방하여 이웃의 잘못을 용서할 때 하나님의 영광을 드러낼 수 있고, 다가오는 시련을 인내하고 유혹을 피할 때 하나님의 뜻이 우리 삶 가운데 펼쳐지는 것을 경험할 수 있다는 말입니다. 이것은 책의 5부에서 다루고 있는 내용입니다.

주기도문, 예수님의 교육적 의도

주기도문은 예수님을 따르는 자들의 사명 선언문과 같습니다. 그리스도인의 사명이 무엇인지 전체적으로 잘 요약해 주고 있기 때문입니다. 우리 삶의 목적은 하나님 나라를 드러내는 것입니다. 주기도문은 우리가 하나님 나라를 드러내며 살 수 있도록 이끌어 줍니다. 따라서 주기도문은 하나님 나라를 추구하며 살도록 이끌어 주는 실행 지침이라고도 할 수 있습니다. 그래서 주기도문은 간결하고 명료합니다. 군더더기가 없습니다. 구조적으로도 정교하게 짜여 있습니다. 흩어짐이 없습니다. 54개 단어들이 하나로 어울려 예수님의 전체 가르침을 잘 압축하고 있습니다. 시작과 마무리 사이에 6개의 청원이 '나라-권세-영광'과 함께 연결되어 하나의 주제를 강조합니다. 바로 하나님 나라입니다. 이를 통해 우리는 주기도문이 교육적 의도를 함축하고 있음을 짐작할 수 있습니다.

그렇습니다. 예수님이 가르침의 핵심 내용을 기도형식으로 우리에게 주신 데에는 특별한 의미가 있습니다. 스텐리 하우어워스(S. Hauerwas)에 따르면, "기독교 신앙은 일련의 신조가 아니라 당신이 배워야 하는 기도"입니다. 따지고 보면 기독교 교리는 기도와 다르지 않습니다. 이는 칼빈(J. Calvin)이 기도를 '믿음의 최상의 실천'이라고 강조한 것과 같은 맥락입니다. 기도의 실천을 강조하는 말입니다. 예수님이 가르침의 핵심을 기도문 형식으로 주신 것은 우리가 매일 실천할 수 있고, 동시에 매일 실천해야 하는 것이기 때문이었습니다. 매일 주기도문이 이끄는 대로 하나님의 다스리심을 믿고 일용할 양식에 만족하는 삶을 실천할 때, 하나님의 명예를 위해 하나님의 자비하심에 따라 이웃의 잘못을 용서할 때, 시련과 유혹에 굴하지 않고 인내함으로 하나님의 뜻을 선택하며 살아갈 때, 우리는 예수님의 발자취를 따르는 하나님 나라 백성으로 세상 가운데 드러나게 될 것입니다.

Part 1

주기도문,
교회교육의 핵심 가치

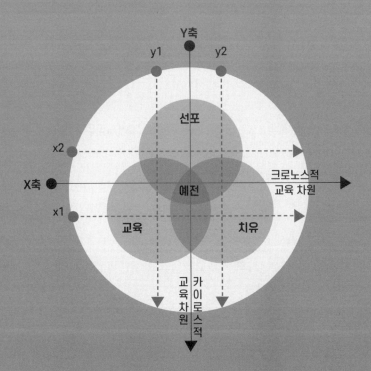

예수께서 모든 도시와 마을에 두루 다니사 그들의 회당에서 **가르치시며** 천국 복음을 **전파하시며** 모든 병과 모든 약한 것을 **고치시니라**(마 9:35).

교육의 카이로스적 차원이란 성령께서 역사하시는 차원을 의미합니다. 교회교육은 성령께서 역사하시는 사역입니다. 즉, 교육에는 하나님께서 선포되는 말씀을 통해 성령으로 거듭나게 하시고(Y), 성령의 감동하심으로 깨달아 부르심에 응하게 하시며(y1), 치유를 통해 예수님을 만나게 하시고(y2), 섬김을 통해 사랑을 경험하게 하시는 것(y2)과 같이 우리가 관여할 수 없는 부분이 포함되어 있습니다.

예수님은 우리에게 카이로스적 교육에 더하여 크로노스적 교육을 감당하길 원하십니다. 더 정확하게는 그것을 명령하셨습니다. "내가 너희에게 분부한 모든 것을 가르쳐 지키게 하라"(마 28:20).

01

예수님의 3대 사역:
교육, 선포, 치유

오늘날 많은 사람들은 '의미' 대신 '행복'을 추구하며 살아갑니다. 마치 행복이 삶의 목적인 양 살아가고 있습니다. 그들의 삶에서 '행복'은 그 자체로 선(善)이 되어갑니다. 곧 행복한 삶이 선한 삶입니다. 물론 행복은 좋은 것입니다. 하지만 행복을 지나치게 강조하거나 그것에 집착하는 것은 바람직하지 않습니다. 모어랜드(J. P. Moreland)는 TV 광고와 같은 행복 일색의 가치관을 가리켜서 얄팍한 가치관이라고 말합니다. 이런 가치관에 물들게 되면 삶의 궁극적 의미와 가치를 상실하게 됩니다. 인간은 본래 드라마와 같이 극적인 것을 추구하는 존재지만, 의미와 가치를 상실하게 되면 진정한 감동 역시 상실하기 마련입니다. 그러다 보니 그들이 진정으로 두려워하는 것은 '고통'이 아니라 '지루함'입니다. 이것이 오늘날 객관적 진리와 가치 대신 즉각적인 욕구 충족을 절대시하는 풍조가 만연하게 된 원인입니다.

하나님 나라의 삼각구도

모어랜드는 이와 같은 풍조를 시대적 위기로 진단하고, 그 위기를 극복할 대안으로 하나님 나라를 제시합니다. "예수와 그 나라에서의 삶으로 돌아가는 것"만이 유일하다는 뜻입니다.[2] 이는 "손으로 짓지 아니한 그 나라(the kingdom)에 살고, 그 나라를 선포하고, 그것을 확장"하는 것입니다.[3] 이를 위해서는 구체적으로 하나님 나라의 삼각구도를 회복해야 합니다. 그것은 첫째, 참된 지성을 회복하는 것이며, 둘째, 영혼이 소성되는 것이며, 셋째, 성령의 능력으로 말미암은 기적을 체험하는 것입니다. 즉, 하나님 나라는 지성, 마음, 성령의 능력으로 세워가는 나라입니다. 이 세 가지는 예수님의 3대 중심 사역에 연결됩니다.

마태복음의 구조

예수님의 3대 중심 사역은 무엇인가요? 우리는 이 질문에 답을 하기 전에 먼저 마태복음의 구조적 특성을 살펴야 합니다. 예수님의 3대 중심 사역이 마태복음의 구조와 함께 드러나기 때문입니다. 마태복음의 특성은 그것이 역사서가 아니라 가르침을 담고 있는 설교라는 점입니다.[4] 마태복음은 주제를 다루는 데 있어서 역사적인 관점이나 연대기적 진술에 중점을 두고 있지 않습니다. 오히려 교육적 의도를 가지고 책 전체 및 각 부분을 세분하여 조직하고 있습니다.[5] 이는 마태복음 전체를 구성하고 있는 부분들의 배열을 살펴보면 알 수 있습니다. 헤르만 리델보스(H. Ridderbos)는 마태복음 전체를 총 다섯 개의 묶음으로 나누고 있습니다.[6] 마태복음의 전체 구성을 정리하면 〈표 1-1〉과 같습니다.

1부 1:1-4:11	2부 4:12-9:34	3부 9:35-16:12	4부 16:13-23:39	5부 24:1-28:20
예수님의 족보, 탄생, 사역 준비	예수님의 공생애 개괄	이스라엘 구원을 위한 고투	고별이 가까이 옴	예수님의 죽음, 부활, 승천

〈표 1-1〉 마태복음의 구성(H. 리델보스)

〈표 1-1〉과 같이 리델보스는 마태복음 4:12-9:34에 예수님의 공적 사역이 개괄적으로 묘사되어 있다고 말합니다. 예수님의 전체 사역을 포괄적으로 스케치하고 있다는 것입니다. 그 안에는 잘 알려진 산상설교(5:1-7:29)가 담겨 있으며, 일련의 기적들(8:1-9:34), 즉 불치병과 각종 질병을 고쳐주신 사건들과 거센 풍랑을 잔잔케 하신 일, 귀신 들린 자들을 온전하게 하신 일들이 집중적으로 기록되어 있습니다. 마태복음은 이와 같은 예수님의 초기 사역을 "가르치시고", "전파하시며", "고치시니라"라는 말로 정리합니다. 이는 곧 예수님의 핵심 사역을 지칭합니다.[7] 이에 대해서는 조금 후에 더 구체적으로 다룰 것입니다.

주목할 것은 마태복음에는 예수님이 행하신 다섯 개의 가르침이 다음과 같이 나타나고 있다는 점입니다.

1) 산상설교(5:1-7:29)

2) 제자들을 파송하심(10:1-42)

3) 비유로 말씀하심(13:1-52)

4) 믿는 자들 사이의 관계(18:1-35)

5) 세상 종말에 대한 설교(24:1-25:46)

이 다섯 개의 교육설교에는 내용의 구성과 제시 방법에 특별한 의미를 부여할 수 있는데, 이는 설교가 끝나는 부분마다 후렴구처럼 '마치시매'를 사용하고 있기 때문입니다.[8]

"예수께서 이 말씀을 마치시매"(마 7:28)

"예수께서 열두 제자에게 명하기를 마치시고"(마 11:1)

"예수께서 이 모든 비유를 마치신 후에"(마 13:53)

"예수께서 이 말씀을 마치시고"(마 19:1)

"예수께서 이 말씀을 다 마치시고"(마 26:1)

이것은 마태복음의 주제가 특별한 의도에 따라 구성된 것임을 보여줍니다. 첫 번째 교육설교(5:1-7:29)는 2부(4:12-9:34) 안에 담겨 있으며, 두 번째(10:1-42)와 세 번째(13:1-52) 교육설교는 3부(9:35-16:12) 안에 담겨 있습니다. 네 번째 교육설교(18:1-35)는 4부에, 마지막 교육설교(24:1-25:46)는 5부에 포함되어 있습니다.

특히 마태복음 10장에는 제자를 부르시고, 파송하시고, 제자들에게 사명을 주신 내용과 사명 수행을 위한 지침이 담겨 있습니다.[9] 리델보스는 이를 가리켜 예수님이 행하신 교육적 활동의 하이라이트라고 말합니다. 이 모든 것을 종합해 볼 때, 마태복음은 "어떤 계획" 또는 "청사진"에 의해 구성된 것임을 알 수 있습니다.[10]

예수님의 3대 사역

여기서 우리가 주목하려고 하는 것은 2부, 즉 마태복음 4:12-9:34의 말씀입니다. 2부에 해당하는 말씀은 예수님께서 하나님 나라 백성들 가운데 행하신 사역을 개략적으로 보여줍니다. 2부는 다음과 같이 세 부분으로 나눌 수 있습니다.

예수님의 사역 개요(마 4:12-25)
예수님의 가르침과 선포(마 5:1-7:29)
예수님의 이적 행하심(마 8:1-9:34)

먼저 마태복음 4:12-25는 예수님의 공생애를 개략적으로 설명하고 있습니다. "예수께서 요한이 잡혔음을 들으시고 갈릴리로 물러가셨다가"(마 4:12)라는 말씀을 통해, 우리는 요한이 옥에 갇힌 것을 하나의 신호로 생각할 수 있습니다. 즉, 예수님의 공적 사역이 시작되었음을 알리는 신호라는 것입니다.[11] "이때부터 예수께서 비로소 전파하여 이르시되 회개하라 천국이 가까이 왔느니라"(마 4:17)라는 말씀에서 "비로소 전파하여"(began to preach)라는 말은 그때부터 계속하여 하나님 나라의 도래를 선포하셨다는 것을 뜻합니다. 하나님 나라의 도래는 예수님이 선포하신 설교의 중심 내용으로, 세상 역사에 하나님의 통치가 결정적으로 개입하셨음을 의미합니다.[12] 이처럼 마태는 예수님이 첫 번째로 천국을 선포하신 이후 몇 명의 제자를 부르신 사건을 언급하고 있습니다. 그리고 이어서 우리가 주목할 예수님의 3대 사역에 관한 말씀이 나옵니다.

> 예수께서 온 갈릴리에 두루 다니사 그들의 회당에서 **가르치시며** 천국 복음을 **전파하시며** 백성 중의 모든 병과 모든 약한 것을 **고치시니**(마 4:23).

예수님의 3대 사역이란 "가르치시며", "전파하시며", "고치시니"와 관련된 사역을 말합니다. 앞에서 언급한 것과 같이, 이어지는 마태복음 5:1-7:29는 예수님이 산 위에서 가르치시고(교육), 동시에 전파하신 사역(선포)을 보여주며,[13] 마태복음 8:1-9:34는 여러 가지 이적과 치유 및 축사(逐邪) 사역을 보여줍니다. 이는 새로운 차원에서 하나님 나라의 창조 사역을 보여주는 것입니다.[14] 흥미로운 것은 같은 말씀이 마태복음 9:35에도 나온다는 사실입니다. 마태복음 4:12-9:34 다음에 나오는 9:35는 4:23과 거의 같은 단어들로 이루어져 있으며, 2부(마 4:12-9:34)와 3부(마 9:35-16:12)를 이어주는 다리 역할을 하고 있습니다.

> 예수께서 모든 도시와 마을에 두루 다니사 그들의 회당에서 **가르치시며** 천국 복음을 **전파하시며** 모든 병과 모든 약한 것을 **고치시니라**(마 9:35).

이를 바탕으로 첫 번째 교육설교가 들어 있는 마태복음 4:17-9:34
의 구조를 〈표 1-2〉와 같이 제시할 수 있습니다.[15]

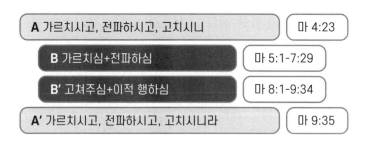

〈표 1-2〉 마태복음 4:17-9:34의 구조

〈표 1-2〉의 구조는 매우 흥미롭습니다. 예수님의 3대 사역이라고
할 수 있는, "가르치시며", "전파하시며", "고치시니라"라는 세 개의
동사가 시작 부분 (A)과 끝부분 (A')에서 그 사이에 있는 내용(B와 B')
을 감싸고 있습니다. 이것은 전체 내용이 가르침, 선포, 치유 사역과
밀접한 관련이 있음을 암시합니다. 실제로 산상설교(마 5:1-7:29)는 예
수님이 가르치신 내용과 전파하신 내용이 무엇인지를 구체적으로
알려주고 있으며,[16] 이어지는 마태복음 8:1-9:34는 고치신 사역과 이
적이 무엇인지 보여줍니다.

예수님의 사역과 가르침

모어랜드가 시대적 위기에 대한 대안으로 제시한 하나님 나라의 삼각구도는 예수님의 3대 중심 사역을 닮았습니다. 첫 번째로 '가르치는 사역'은 그가 말한 참된 '지성을 회복하는 것'과 연결되며, 두 번째로 '전파하는 사역'은 '영혼이 소성되는 것'과 연결되고, 세 번째로 '고치는 사역'은 성령의 능력으로 말미암아 '기적을 체험하는 것'과 연결됩니다. 다시 말해서 가르치는 사역이란 지성을 회복하는 사역이며, 선포하는 사역이란 영혼을 살리는 사역이고, 치유하는 사역은 기적을 체험하는 사역입니다.[17] 지금까지 살펴본 것을 그림으로 정리하면 [그림 1-1]과 같습니다.

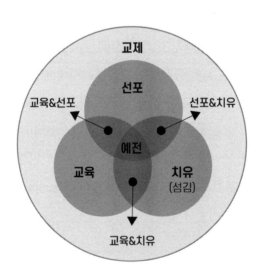

[그림 1-1] 예수님의 3대 사역 & 교회의 5대 사역

[그림 1-1]은 예수님의 3대 사역을 직관적으로 나타냅니다. 특이한 부분은 '치유'와 '섬김'의 상관관계입니다. 예수님의 치유 사역과 섬김 사역은 하나의 범주로 묶을 수 있는 것일까요? 결론부터 말한다면 묶을 수 있습니다. '고치다'라는 동사의 헬라어 '쎄라퓨오'는 '고치다', '건강을 회복시키다', '치료하다'라는 의미로 번역할 수도 있고, '섬기다', '봉사하다'라는 의미로 번역할 수도 있습니다.[18] 따라서 예수님의 치유 사역은 넓은 의미에서 본다면, 섬김 사역입니다.

또한 [그림 1-1]은 예수님이 행하신 그 외의 사역[19] 즉 '예전'[20]과 '교제'[21]까지도 나타내고 있습니다. 예수님이 행하신 세례 받으심, 금식하심, 세례 베풀어 주심, 기도하심, 성찬을 베풀어 주심 등은 '예전'과 관련된 사역이라고 할 수 있으며, 이 모든 사역의 바탕에는 '교제'가 있습니다. 이는 곧 사도행전 2장에 나타나는 초대교회의 5대 사역으로 맥이 이어집니다. 마리아 해리스(M. Harris)에 따르면, 사도행전 2장에 나타난 사건을 중심으로 교회의 사명을 '교제', '예전', '교육', '선포'(전도), '섬김'(봉사) 5가지로 제시할 수 있습니다.[22]

한편 [그림 1-1]을 통해 모든 사역은 줄을 긋듯 명확하게 나누기가 어렵다는 것을 알 수 있습니다. 사실 나눌 수도 없습니다. 예를 들어서, '교제'는 모든 사역의 바탕을 이룹니다. 또한 모든 사역은 '예전'과 연결되어 있습니다. '예배'를 드리는 중에 '가르침', '선포', '섬김', '교제' 사역이 동시에 발생할 수 있기 때문입니다. 그 외에도 '교육'과 '선포'가 겹치는 부분, '교육'과 '치유'(섬김)가 겹치는 부분, '선포'와 '치유'(섬김)가 겹치는 부분이 있습니다. 이렇듯 모든 사역은 그 영역을 기계적으로 나눌 수 없습니다. 다만 이해를 돕기 위해 영역적인 구분을 시도한 것입니다.

가르침과 선포의 사역은 동전의 양면과 같은 특성을 나타냅니다.[23] 이런 관점에서 마태복음 5:1-7:29는 가르침과 관련하여 핵심적인 내용이 담겨 있는 것으로 볼 수 있습니다. 우리가 주기도문을 교육적 관점에서 접근하는 이유가 여기에 있습니다.

정리해 보면, 마태복음은 그 자체가 교육적으로 잘 구성된 구조를 보여줍니다. 마태복음 곳곳에 예수님이 선포하신 다섯 개의 교육설교가 배치되어 있으며, 예수님의 공적 사역을 개괄적으로 보여주는 과정에서 '가르침'이 강조되는 형식을 취하고 있습니다. 특히 산상설교의 구조는 교육적 의도를 더 잘 보여주는데 이에 대해서는 이어지는 2장에서 살펴볼 것입니다.

02

예수님의 교육 핵심:
하나님 나라

교육은 전체 속에서 행해져야 합니다. 그래서 교육이 무엇인지 생각할 때도 전체적 안목에서 접근해야 합니다. 교육만 보아서는 안 됩니다. 아프리카 속담 중에 이런 속담이 있습니다. "한 아이를 키우려면 온 마을이 필요하다." 이는 교육의 전체적 특성을 잘 보여줍니다. 교육은 교사들만의 일이 아닙니다.

우리는 이런 관점을 성경에서도 발견할 수 있습니다. 사도 바울은 골로새 지역의 그리스도인들에게 다음과 같이 말했습니다. "우리가 그를 전파하여 각 사람을 권하고 모든 지혜로 각 사람을 가르침은 각 사람을 그리스도 안에서 완전한 자로 세우려 함이니"(골 1:28). 여기서 '각 사람', '모든 지혜', '각 사람', '각 사람'에 공통으로 붙어 있는 부사는 헬라어로 '파스'인데 '전체' 혹은 '모든'을 의미합니다.[24]

예수님의 사역 핵심

전체 속에서 교육을 본다는 말은 무엇을 의미할까요? 간단히 말하면 '하나님 나라'의 관점에서 교육을 보는 것입니다. '하나님 나라'는 예수님의 사역에 있어서 중심 주제였습니다.[25] 예수님이 공적 사역을 시작하실 때 첫 번째로 선포하신 것이 하나님 나라였으며(마 4:17), 예수님이 가르치신 핵심 교육내용은 사람들이 어떻게 하나님 나라에 들어갈 수 있는지를 보여주는 것이었습니다(마 5:20, 7:21). 예수님은 제자들에게 "나라가 임하시오며 뜻이 하늘에서 이루어진 것 같이 땅에서도 이루어지이다"(마 6:10)라고 기도하도록 가르치셨으며, 예수님이 십자가에서 죽임당하시기 전날 밤, 제자들에게 집중적으로 말씀하신 것도 하나님 나라였습니다(눅 22:22-30). 예수님은 자신이 영광 중에 다시 오실 때 택하심을 받은 자들에게 주실 하나님 나라의 복을 약속하셨으며(마 25:31, 34), 또한 예수님께서 부활하신 후 40일 동안 제자들에게 집중적으로 가르치신 것도 하나님 나라였습니다. "그가 고난 받으신 후에 또한 그들에게 확실한 많은 증거로 친히 살아계심을 나타내사 사십 일 동안 그들에게 보이시며 하나님 나라의 일을 말씀하시니라"(행 1:3). 이처럼 예수님의 공적 사역의 시작부터 마지막 순간까지 그 중심에는 하나님 나라가 있었습니다.

산상설교의 중심

또 다른 관점에서 예수님의 중심 사역을 조명할 수 있습니다. 마태복음은 교육과 하나님 나라의 연관성을 보여줍니다. 우리는 이 책의 1장에서 예수님의 3대 사역 중의 하나가 '가르침'이었음을 살펴보았습니다. 그 가르침이 구체적으로 드러나는 본문이 바로 산상설교입니다(마 5:1-7:29). 산상설교는 그 구조를 통해서도 우리에게 보여주는 바가 있습니다. 김세윤은 산상설교의 전체 구조를 〈표 2-1〉과 같이 제시합니다.[26]

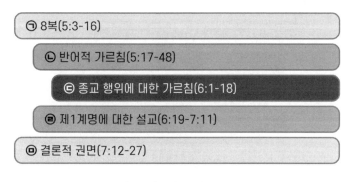

㉠ 8복(5:3-16)

㉡ 반어적 가르침(5:17-48)

㉢ 종교 행위에 대한 가르침(6:1-18)

㉣ 제1계명에 대한 설교(6:19-7:11)

㉤ 결론적 권면(7:12-27)

〈표 2-1〉 산상설교 전체 구조

교육과 산상설교의 중심

〈표 2-1〉의 구조를 통해 우리가 쉽게 알 수 있는 것은 주기도문(6:8-13)이 구조의 중심부에 놓여 있다는 점입니다. 즉, 산상설교의 구조는 주기도문이 산상설교의 중심을 이루고 있음을 잘 보여줍니다. 우리가 이 책의 1장에서 살펴본 바와 같이 산상설교(마 5:1-7:29)에는

예수님의 3대 사역 중에 '가르침'과 '선포'가 집약적으로 담겨 있습니다. 따라서 교육적인 관점으로 산상설교의 구조를 새롭게 조명할 필요가 있습니다.[27] 필자는 〈표 2-2〉와 같이 교육의 관점에서 산상설교의 새로운 구조를 제시해 보았습니다.

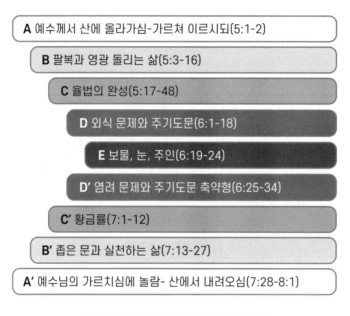

A 예수께서 산에 올라가심-가르쳐 이르시되(5:1-2)

B 팔복과 영광 돌리는 삶(5:3-16)

C 율법의 완성(5:17-48)

D 외식 문제와 주기도문(6:1-18)

E 보물, 눈, 주인(6:19-24)

D' 염려 문제와 주기도문 축약형(6:25-34)

C' 황금률(7:1-12)

B' 좁은 문과 실천하는 삶(7:13-27)

A' 예수님의 가르치심에 놀람- 산에서 내려오심(7:28-8:1)

〈표 2-2〉 교육적 관점으로 본 산상설교의 전체 구조

〈표 2-2〉의 구조는 예수님이 산에 올라가심으로 산상설교가 시작되고(A), 산에서 내려오심으로 산상설교가 끝났음(A')을 보여줍니다. 아울러 우리는 산상설교의 시작과 끝부분에서 '가르치다'란 동사가

사용되고 있음을 발견할 수 있습니다. "예수께서 무리를 보시고 산에 올라가 앉으시니 제자들이 나아온지라 입을 열어 가르쳐 이르시되"(마 5:1-2). "예수께서 이 말씀을 마치시매 무리들이 그의 가르치심에 놀라니 이는 그 가르치시는 것이 권위 있는 자와 같고 그들의 서기관들과 같지 아니함일러라"(마 7:28-29). 이는 산상설교가 교육적 의도에 따라 선포된 내용이라는 것을 짐작하게 합니다.[28]

또한 〈표 2-2〉의 구조에서 우리가 주목해야 할 것은 마태복음 6장과 관련된 부분입니다(D-E-D'). 쉽게 말해서 산상설교는 마태복음 6장을 중심으로 대칭을 이루고 있습니다. 이는 곧 6장이 산상설교의 중심부 역할을 하고 있다는 말입니다. 특히 마태복음 6장에는 주기도문(D)과 주기도문 축약형(D')이 나오고 있습니다. 예수님은 의도적으로 주기도문을 두 가지 패턴을 통해 반복하여 말씀하셨습니다. 이것은 주기도문이 마태복음 6장 안에서 중요한 역할을 하고 있다는 것을 의미하는 동시에, 6장의 전체 내용이 주기도문과 깊게 관련되어 있다는 것을 암시합니다.

주기도문의 핵심

그렇다면 주기도문이 담고 있는 핵심 주제는 무엇인가요? 그것을 알 수 있는 가장 쉬운 방법 중 하나는 주기도문(6:8-13)과 주기도문의 축약형(6:32-33)을 비교해 보는 것입니다.[29] 이를 위해서 〈표 2-3〉에 주기도문의 두 가지 패턴을 더 구체적으로 제시했습니다. 편의상 주기도문(마 6:8-13)은 '주기도문 완전형'으로 칭하기로 합니다.

주기도문 완전형 (마 6:8-13)	주기도문 축약형 (마 6:32-33)
A 그러므로 그들을 본받지 말라 (8a절)	**A'** 이는 이방인들이 구하는 것이라(32a절)
B 너희에게 있어야 할 것을 너희 천부께서 아신다(8b절)	**B'** 너희 천부께서 너희에게 있어야 할 줄을 아신다(32b절)
C 그러므로 너희는 이렇게 기도 하라(9a절)	**C'** 그런즉(33a절)
D 하나님 나라를 위한 청원 (9b-10절)	**D'** 너희는 먼저 그의 나라와 그 의를 구하라(33b절)
E 우리를 위한 청원(11-13절)	**E'** 그리하면 이 모든 것을 너희에게 더하시리라(33c절)

〈표 2-3〉 주기도문의 두 패턴 비교

〈표 2-3〉을 통해 볼 때, '주기도문 완전형'에서 "그러므로 그들을 본받지 말라"(8a절)라는 것은 이방인의 기도 방식인 중언부언하고 말을 많이 하는 것과 연결되어 있습니다(마 6:7). 그들을 본받지 말아야 하는 것은 "하나님 너희 아버지께서" "너희에게 있어야 할 것"을 '아시기' 때문입니다(8b절).[30] 이런 이유로 하나님 나라 백성이 구해야 할 주기도문은 간단명료합니다.

'주기도문 축약형'에서 "이방인들이 구하는 것"(32a절)이란 무엇을 '먹을까' '마실까' '입을까'와 관련된 기도 내용을 말합니다(31절). 그리고 그런 내용으로 기도하는 것에 우선을 두지 말아야 할 근거는 "하늘 아버지께서 너희에게 있어야 할 줄"을 '아심'에 있습니다(32b절).[31] 따라서 하나님 나라 백성이 먼저 구할 것은 "그의 나라와 그의

의"입니다(33b절). 주기도문의 두 패턴이 서로 연결되어 있다는 것을 단적으로 보여주는 것이 8절과 32절이며, 각각의 구절 속에 나타나는 하나님의 '아심'은 연결의 핵심 단어입니다. 그러므로 두 패턴을 비교할 때, 주기도문의 핵심이 먼저 구할 것, 즉 하나님 나라에 있다는 것을 알 수 있습니다(33b절).

하나님 나라의 의미

그렇다면 주기도문이 지향하고 있는 하나님 나라는 무엇인가요? 간략하게 말해서 하나님 나라는 왕이신 하나님이 통치하시는 나라입니다. 이를 좀 더 구체적으로 이해하는 방법은 다음과 같습니다. 하나님 나라의 역사성(시간)을 살피고, 하나님 나라와 세상 나라의 차이점을 비교하며, 하나님 나라의 '왕의 통치'와 '백성의 의무'를 살피는 것입니다.

첫째, 하나님 나라의 역사성이란 하나님 나라의 시작과 진행 그리고 끝을 이해하는 것입니다. 하나님 나라는 '이미' 시작된 나라입니다. 구약에서 그림자와 같이 진행되었던 하나님 나라가 예수 그리스도께서 이 땅에 오심으로 실체를 드러낸 것입니다(마 4:17). 그리고 하나님 나라는 '현재' 이 땅에서 경험할 수 있는 나라입니다. 그래서 하나님 나라가 말에 있지 않고 능력에 있다는 것은 하나님 나라를 '지금' 경험할 수 있다는 말입니다(고전 4:20). 또한 하나님 나라는 '아직' 완성되지 않은 나라입니다. 예수 그리스도의 재림을 통해 완전하게 실현될 것이기 때문입니다. 따라서 하나님 나라를 기다리고 사모하는 것이 중요합니다.

둘째, 하나님 나라는 이 세상에 속한 나라가 아닙니다(요 18:36). 그래서 하나님 나라는 먹고 마시는 것이 아니라 "성령 안에 있는 의와 평강과 희락"을 누리는 나라입니다(롬 14:17). 부자가 하나님 나라에 들어가는 것은 불가능에 가까운 일이지만, 심령이 가난한 자들에게는 약속된 나라입니다(마 19:23, 마 5:3). 하나님 나라는 물과 성령으로 출생한 자만이 볼 수 있고 들어갈 수 있는 나라입니다(요 3:3-6). 하나님 나라는 지혜롭고 슬기 있는 자들에게는 가려져 있으나 어린 아이들에게는 드러나는 나라입니다(마 11:25). 하나님 나라는 먼저 된 자들이 나중 되고, 나중 된 자들이 먼저 되는 것처럼 순위 역전이 일어나는 나라입니다(마 19:30). 하나님 나라는 섬김을 받는 자가 아니라 섬기는 자가 큰 나라입니다(눅 22:27).

셋째, 주기도문에 나타난 하나님 나라를 다음과 같이 설명할 수 있습니다. 하나님 나라는 왕이신 하나님이 먹이시고 입히시기 때문에 일용할 양식을 염려할 필요가 없는 나라입니다. 하나님 나라는 갚을 수 없이 큰 빚을 탕감받았기에 서로 용서하며 사는 나라입니다. 하나님 나라는 왕이신 하나님이 영원히 보호하시는 나라입니다(마 6:11-13). 그렇기에 하나님 나라 백성은 왕이신 하나님의 명예를 위해 살며, 하나님의 통치를 갈망하고, 하나님의 뜻이 이루어지길 원하고 그 뜻을 기꺼이 선택하며 살아야합니다(마 6:9-10). 즉, 주기도문은 그 자체로 하나님 나라를 이해할 수 있는 실제적인 하나님 나라 학습원리입니다.

압축된 핵심 가치

예수님의 사역 중심에는 하나님 나라가 있었습니다. 또한 예수님이 행하신 가르침의 핵심 역시 하나님 나라에 있었습니다. 산상설교에는 예수님의 가르침과 선포의 핵심 내용이 압축되어 있습니다. 그리고 그 중심에 주기도문이 있습니다. 결국 주기도문은 예수님이 가르치신 교육내용의 요약이라 할 수 있습니다. 예수님의 핵심 가치가 주기도문에 잘 압축되어 있다는 말입니다. 김세윤은 이에 대해 다음과 같이 말합니다.

'주기도문'은 주 예수 그리스도의 하나님 나라 복음과 그가 의도한 하나님과 우리와의 관계를 가장 잘 압축하여 표현하는 것으로, 신약신학과 기독교 신앙의 근본이며 우리가 드리는 기도의 정형을 제시하기도 합니다. 따라서 이 기도를 정확하고 깊이 이해하는 일은 모든 그리스도인들에게 필수적으로 요청되는 바입니다. 우리가 날마다 이 기도를 드리며 이 기도의 정신에 합당하게 사는 것이 곧 하나님 나라 백성으로서 사는 것을 의미합니다.[32]

그러므로 예수의 하나님 나라 운동에 동참하는 모든 제자들이 함께, 항상, 가장 기본적으로 드려야 하는 기도가 주기도문이며, 이는 또한 기독교 신앙의 중심적인 자리를 차지하는 것임을 알 수 있습니다. 다시 말하면, 주기도문은 예수님의 가르침과 사역 전체의 요약이라고 할 수 있습니다.[33]

그동안 우리는 주기도문을 어떤 마음과 생각으로 대했었나요? 주기도문의 세세한 의미는 차치하더라도 그 중요성에 대하여 공감하고 있었던가요? 예수 그리스도의 사역 중심에 하나님 나라가 있었으며, 주기도문에 그 하나님 나라가 녹아 있는 것이라면, 오늘 우리에게 있어서 하나님 나라는 무엇인가요? 우리는 주기도문을 암송할 때마다 하나님 나라를 떠올리고 있나요? 이것들을 자문해보지 않을 수 없습니다.

"주는 그리스도시오 살아계신 하나님의 아들이시니이다"(마 16:16)라는 놀라운 베드로의 고백을 전환점으로 하여 예수께서 "비로소" 십자가와 부활의 사역을 드러내셨을 때, 어처구니없게도 베드로는 그것을 가로막는 자가 되었습니다. "주여 그리 마옵소서 이 일이 결코 주께 미치지 아니하리이다"(마 16:22). 베드로는 인간적인 생각으로 십자가와 부활 사역을 가로막았던 것입니다.

이때 예수님은 베드로를 향해 "사탄아 내 뒤로 물러가라 너는 나를 넘어지게 하는 자로다 네가 하나님의 일을 생각하지 아니하고 도리어 사람의 일을 생각하는도다"(마 16:23)라며 크게 책망하셨습니다. 여기서 "하나님의 일"은 다르게 말해서 "하나님 나라의 일"입니다. 예수님은 곧바로 다음과 같이 말씀하셨습니다. "누구든지 나를 따라오려거든 자기를 부인하고 자기 십자가를 지고 나를 따를 것이니라"(마 16:24). 칼빈은 이러한 삶을 가리켜 그리스도인의 삶의 핵심이라고 말합니다.[34] 즉, 그리스도인의 자기부정이란 자신의 뜻을 관철하기 위해 기도하는 것이 아니라 하나님의 뜻이 이루어지길 기도하는 것이며, 자신의 영광을 추구하는 것이 아니라 하나님의 이름과 그분의 영광을 구하는 것입니다.

하나님의 뜻에 온전히 헌신하며, 하나님이 주시는 복을 신뢰하고 그분만을 의지하는 것이 바로 하나님 나라를 추구하는 것입니다. 그리고 이것을 잘 드러내 주는 것이 바로 주기도문입니다. 하나님 나라를 추구하는 삶은 곧 주기도문의 정신으로 살아가는 것입니다. 세상 나라는 자신을 드러내는 것이 목적인 나라입니다. 자신의 이름을 즐거워합니다. 자신의 뜻을 펼쳐 보이는 것이 능력입니다. 섬김을 받는 자리에 오르는 것이 성공입니다. 그러나 하나님 나라는 자신을 부인하는 나라입니다. 아버지의 명예를 위해 삽니다. 하나님이 맡겨주신 사명을 감당하는 것이 행복입니다. 예수님이 그렇게 하신 것처럼, 하나님의 계획을 기뻐하고 그분의 뜻에 기꺼이 순종하는 삶을 삽니다. 이것이 바로 하나님 나라를 핵심 가치로 삼고 살아가는 삶입니다. 전체를 주목하는 것이 하나님 나라를 바라보는 것이라면, 예수님의 사역의 큰 그림을 보게 하는 주기도문은 전체를 조망할 수 있도록 안내하는 일종의 청사진입니다. 주기도문을 통해 우리는 하나님 나라를 바라볼 수 있습니다. 주기도문은 하나님 나라를 보여주는 영적 창문입니다.

03
예수님의 교육 명령:
권위, 명령, 약속

오늘날 우리는 '초연결' 시대를 살아가고 있습니다. '초연결'(Hyper-Connectivity)이란 사람과 사물이 물리적 공간이나 가상공간의 경계 없이 서로 유기적으로 연결되어 소통하고 상호작용하는 것을 말합니다. 교육도 일종의 연결입니다. 교사와 학생 사이의 연결, 학생과 학생 사이의 연결, 학생과 교육 자료의 연결을 시도하는 것이 교육입니다.[35] 파커 팔머(P. J. Palmer)는 오늘날을 가리켜서 이분법적 사고방식이 지식 획득의 방법이 되어버린 시대라고 말합니다.[36] 그 결과 우리의 현실 감각이 파편화되었으며, 인생의 전체성과 경이감이 파괴되었다고 말합니다. 그러므로 중요한 것은 '상호 연결성'을 중시하는 관대한 마음의 습관을 기르는 일입니다. 왜냐하면 이것이 바로 좋은 교육의 바탕이 되기 때문입니다.

교사와 연결고리

가르치는 자의 매개체 역할, 즉 '연결고리' 혹은 '관절'과 같은 역할을 제대로 보여주는 성경이 바로 에베소서 4:11-16입니다.[37]

> 11 그가 어떤 사람은 사도로, 어떤 사람은 선지자로, 어떤 사람은 복음 전하는 자로, 어떤 사람은 목사와 교사로 삼으셨으니 12 이는 성도를 온전하게 하여 봉사의 일을 하게 하며 그리스도의 몸을 세우려 하심이라 13 우리가 다 하나님의 아들을 믿는 것과 아는 일에 하나가 되어 온전한 사람을 이루어 그리스도의 장성한 분량이 충만한 데까지 이르리니 14 이는 우리가 이제부터 어린 아이가 되지 아니하여 사람의 속임수와 간사한 유혹에 빠져 온갖 교훈의 풍조에 밀려 요동하지 않게 하려 함이라 15 오직 사랑 안에서 참된 것을 하여 범사에 그에게까지 자랄지라 그는 머리니 곧 그리스도라 16 그에게서 온 몸이 각 마디를 통하여 도움을 받음으로 연결되고 결합되어 각 지체의 분량대로 역사하여 그 몸을 자라게 하며 사랑 안에서 스스로 세우느니라(엡 4:11-16).

헬라어 원문에 따르면, 에베소서 4:11-16은 하나의 긴 문장으로 이루어져 있는데, 이는 '연결고리' 혹은 '관절'이란 개념과 매우 잘 어울리는 문장 구조입니다.[38] "그가 어떤 사람은 사도로, 어떤 사람은 선지자로, 어떤 사람은 복음 전하는 자로, 어떤 사람은 목사와 교사로 삼으셨으니"(11절)라는 말씀에서 '사도', '선지자'는 초대교회 상황에 특정된 직분입니다. '복음 전하는 자', '목사와 교사'는 오늘날 우리 시대에 해당하는 직분입니다. 앤드류 링컨(Andrew T. Lincoln)에 따르면, 다섯 개 직분의 공통점은 '가르치는 일'과 관련되어 있습니다. 이 가운데서 '목사와 교사'는 헬라어 원문에 하나의 관사로 묶여 있을 뿐 아니라 의미상으로도 긴밀하게 연결되어 있습니다.[39] 이것은 두 가지 의미로 해석할 수 있습니다. 하나는 목사의 직무가 가르치는 사역과 밀접하게 연결되어 있다는 점이고, 다른 하나는 목사의 사역에 있어서 교사의 협력이 반드시 필요하다는 점입니다. 따라서 예수님의 3대 사역에 따라 목회자 옆에 확실하게 세워져야 할 동역자는 다음과 같습니다. 첫째, 복음 전도자, 둘째, 교사, 셋째, 봉사자들입니다. 이 균형이 건강한 목회를 좌우합니다.

그러면 직분자를 세우는 목적은 무엇인가요? "성도(聖徒)를 온전하게 하여 봉사의 일을 하게 하며 그리스도의 몸을 세우려"(12절) 하는 데 있습니다. 즉, 교사의 주된 목적은 그리스도인을 '온전하게' 하는 데 있다는 것입니다. 12절을 통해 볼 때, 교회는 그리스도의 몸이며, 그리스도인들은 그 몸을 이루는 지체(肢體)라고 한다면, 그리스도의 몸을 세우는 역할을 하는 이들이 교사입니다. 교회는 어떻게 세워지나요? "그에게서 온 몸이 각 마디를 통하여 도움을 받음으로 연결되고 결합되어 각 지체의 분량대로 역사하여 그 몸을 자라게 하며 사랑 안에서 스스로 세우느니라"(16절). 여기서 '마디'(하페), 즉 '관절'의 역할이 목사와 교사의 역할입니다.[40] 교사는 예수님의 몸인 교회의 '마디'입니다. 이런 교사의 역할로 교회가 하나로 연결되고 결합 되어 자라게 되어 있습니다. 교사는 몸인 교회의 지체와 지체를 연결해

주는 연결고리 역할을 합니다.

일꾼들을 보내 주소서

> 35 예수께서 모든 도시와 마을에 두루 다니사 그들의 회당에서 가
> 르치시며 천국 복음을 전파하시며 모든 병과 모든 약한 것을 고치시
> 니라 36 무리를 보시고 불쌍히 여기시니 이는 그들이 목자 없는 양
> 과 같이 고생하며 기진함이라 37 이에 제자들에게 이르시되 추수할
> 것은 많되 일꾼이 적으니 38 그러므로 추수하는 주인에게 청하여 추
> 수할 일꾼들을 보내 주소서 하라 하시니라(마 9:35-38).

마태복음 9:35-38은 내용뿐만 아니라 전체 맥락에서 보여주는 구
조 역시 매우 흥미롭습니다. 즉, 마태복음 9:35-38은 마태복음 4:12-
9:34와 마태복음 9:35-16:12를 연결하는 동시에, 예수님의 교육설교
1(마 5:1-7:29)과 교육설교2(마 10:1-42)를 연결해 줍니다.[41] 예수님은 마
태복음 9:37-38에서 특별히 '일꾼'을 언급하셨는데, 이는 의미상으
로 연결고리 역할을 합니다. '일꾼'에 해당하는 헬라어 '에르가테스'
란 '일하는 사람', '노동자'라는 뜻도 있지만, 비유적으로 '교사'를 의
미합니다. 무슨 말인가요? 교육적 관점에서 예수님의 추수 비유 속
에 나오는 '일꾼'을 우리는 '교사'로 볼 수 있다는 것입니다.

마태복음 9:36에는 교사이신 예수님의 긍휼히 여기는 마음이 잘
나타납니다. 예수님은 무리를 보시고 불쌍히 여기셨습니다. 참된 교
육은 긍휼의 마음에서 시작됩니다. '예수'란 이름의 뜻이 무엇인가

요? "아들을 낳으리니 이름을 예수라 하라 이는 그가 자기 백성을 그들의 죄에서 구원할 자이심이라 하니라"(마 1:21). 그렇습니다. '긍휼'이 많으신 예수님의 관심은 하나님 나라 백성에 있습니다. 오늘 우리의 관심은 어디에 있습니까? 우리의 긍휼은 누구를 향해 흐르고 있습니까? "긍휼히 여기는 자는 복이 있나니 그들이 긍휼히 여김을 받을 것임이요"(마 5:7). 하나님 나라 백성을 긍휼히 여기는 마음이 하나님 나라 일꾼의 마음입니다.

이어서 예수님은 목자의 중요성을 말씀하십니다. 무리를 불쌍히 여기신 이유가 무엇인가요? 목자 없는 양과 같았기 때문입니다. "고생하며 기진함이라"(36절)라는 말은 목자 없는 양의 상태를 말합니다. '고생하며'(에스퀼메노이)란 단어의 원어 '스퀼로'는 '살을 벗기다', '몸을 찢다', '깊은 상처를 내다'라는 뜻입니다. 목자가 없으면, 상처 나기 쉽고, 상처 난 양은 죽을 확률이 높아집니다. 케빈 리먼과 윌리엄 펜택(Kevin Leman & William Pentak)의 책 『양치기 리더십』에 보면 목자 없는 양의 상태가 적나라하게 나옵니다.[42] 목자 없는 양들은 각종 들짐승에 노출되어 그들의 희생물이 되기 쉽습니다. 따라서 늘 두려움에 움츠러 살게 되고, 해충의 공격에 무방비 상태이며, 시력이 좋지 않아 날카로운 장애물에 의해 상처를 입기 쉽습니다. 상처가 난 부위를 방치하게 되면 그곳에 금파리가 알을 낳아 부패하게 되고 그것으로 인해 죽을 수도 있습니다.

양들이 고통 가운데 있는 이유는 다름이 아니라 목자가 없기 때문입니다. 양에게 있어서 가장 큰 위협은 목자의 부재입니다. 예수님은 무리가 불쌍한 원인을 "일꾼이 적으니"(37절)에 있다고 말씀하십니다. 이것이 문제의 본질입니다. 사명을 감당해야 할 하나님의 백성이 침묵하고 있는 것, 이것이 하나님 나라의 걸림돌입니다. 그래서 예수님은 제자들에게 "일꾼들을 보내어 주소서"(38절)라고 기도할 것을 말씀하셨습니다. 일꾼 요청 기도를 명하신 것입니다.

일꾼을 부르신 예수님

이어지는 마태복음 10장은 일꾼을 세우는 내용으로 시작합니다.[43] 예수님은 일꾼을 세우는데 신중하셨습니다. 이는 예수님이 일꾼을 세우시는 방식을 통해 확인할 수 있습니다.

첫째, 예수님은 제자들을 부르셨습니다. 제자들이 찾아온 것이 아니라 예수님이 먼저 부르신 것입니다. 오늘날 사명자는 어떻게 부름을 받습니까? 두 가지입니다. 하나는 성령께서 부르시는 경우입니다. 성령님이 우리 마음을 감동하심으로 사명을 감당할 마음을 주십니다. 다른 하나는 교회, 즉 공동체의 리더인 목회자를 통해 부르시는 경우입니다. 그러므로 우리가 교사 혹은 직분자로 부르심을 받을 때 순종해야 합니다. 그 부르심에 순종하는 자가 복이 있습니다.

둘째, 예수님은 제자들에게 권능을 주셨습니다. "예수께서 그의 열두 제자를 부르사 더러운 귀신을 쫓아내며 모든 약한 것을 고치는 권능을 주시니라"(마 10:1). 이는 상식적으로 이해하기 어려운 점입니다. 제자들은 이제 막 부름을 받았습니다. 초보자에 불과합니다. 능력을 주시더라도 제자훈련이 끝나는 즈음에 주시는 것이 맞지 않을까요? 그런데 예수님은 제자들을 부르시자마자 놀라운 권능을 주셔서 사역을 감당하게 하셨습니다.

여기에 예수님의 교육적 의도가 담겨 있습니다. 하나님 나라는 이론으로 배우는 것이 아니기 때문입니다. 제자들은 하나님 나라를 선포하는 중에 말씀의 능력을 경험하게 될 것입니다. 그리고 예수님이 주신 권능으로 병든 자를 고치고 귀신을 내어 쫓으면서 하나님 나라의 실제를 체험하게 될 것입니다. 하나님 나라는 실제입니다. 예수님은 사역을 통해 하나님 나라를 배우게 하셨습니다.

셋째, 예수님은 제자들을 파송하시면서 사명을 주셨습니다. 첫 번째 사명은 '가라'는 말씀이고(6절), 두 번째 사명은 '전파하라'는 말씀입니다(7절). 세 번째 사명은 '고쳐주라'는 말씀입니다(8절). 그런데 예수님의 3대 사역을 기준으로 볼 때, '가르치라'는 명령이 빠져있습니다.[44] 그 이유는 무엇일까요? 이것 역시 앞에서 언급했던 두 번째 방식과 같은 맥락이라고 할 수 있습니다. 즉, 예수님은 사역을 감당하는 가운데 제자들이 배우도록 의도하신 것입니다. 현장에 참여하여 사명을 감당하고, 은혜를 체험하는 가운데 배우라는 뜻입니다. 하나님 나라는 주님의 제자라면 무엇보다 먼저 배워야 할 주제입니다. 그래서 예수님은 제자들이 복음을 전파하고, 약한 자들을 일으켜 세우며, 귀신들과 대적함으로 하나님 나라를 배우길 원하셨습니다.

이것은 히브리적 교육개념과도 맥을 같이합니다. 구약성경에서 '가르치다'란 동사는 '라마드'입니다. 그런데 이 동사는 '배우다'란 뜻도 가지고 있습니다. "이스라엘아 이제 내가 너희에게 가르치는 규례와 법도를 듣고 준행하라 그리하면 너희가 살 것이요 너희 조상의 하나님 여호와께서 너희에게 주시는 땅에 들어가서 그것을 얻게 되리라"(신 4:1). 이 구절에서 '가르치는'(메람메드)이란 동사의 원형인 '라마드'는 '가르치다'라는 뜻으로 사용되었습니다. 같은 동사가 신명기 5장에도 나옵니다. "모세가 온 이스라엘을 불러 그들에게 이르되 이스라엘아 오늘 내가 너희의 귀에 말하는 규례와 법도를 듣고 그것을 배우며 지켜 행하라"(신 5:1). 이 구절에서 '배우며'(우레마드템)란 동사의 원형 역시 '라마드'인데, 이때는 '배우다'라는 뜻으로 사용되었습니다. 이처럼 '라마드' 동사는 '가르치다'라는 뜻과 함께 '배우다'라는 뜻을 포함하고 있습니다. 가르침은 배움을 전제할 때만이 가능하다는 것입니다. 따라서 교사는 가르치기에 앞서 배움을 생각해야 합니다.

그렇습니다. 성경에서 교육은 단순히 가르치는 것만을 의미하지 않습니다. 배우는 것이 교육에 포함되어 있습니다. 따라서 교사는 가르치기만 해서는 안 됩니다. 배우는 것도 잘해야 합니다. 예수님은 제자들이 먼저 하나님 나라를 잘 배우길 원하셨습니다. 그래서 제자들에게 "내게 배우라"고 말씀하신 것입니다. "나는 마음이 온유하고 겸손하니 나의 멍에를 메고 내게 배우라 그리하면 너희 마음이 쉼을 얻으리니"(마 11:29). 또한 예수님은 "너희는 랍비라 칭함을 받지 말라 너희 선생은 하나요 너희는 다 형제니라"(마 23:8)라고 말씀하셨습니다. 이 말씀은 배울 생각은 없이 선생의 자리만을 고집하는 바리새인과 서기관들을 빗대 하신 말씀입니다.

하지만 오해가 있어서는 안 됩니다. 부름을 받았을 때, "저는 부족해서 더 배우고 난 다음에 사명 감당하겠습니다."라고 답변하는 것은 예수님의 교훈과는 거리가 멉니다. 하나님 나라에서는 배움과 가르침, 배움과 사역이 동시에 일어난다는 사실을 기억할 필요가 있습니다. 이 말은 준비 없이 사역해도 된다는 의미가 아닙니다. 생각해봅시다. 제자들이 부름에 응한 것은 그들이 준비된 상태여서가 아니었습니다. 부름을 받았기 때문이었습니다. 따라서 성령의 감동하심을 통해 부름을 받았거나 공동체의 리더를 통해 부름을 받은 그리스도인은 한 사람도 예외 없이 배움과 가르침의 자리인 사역의 현장으로 나아가야 합니다.

가르쳐 지키게 하라

4복음서 중에서 마태복음은 다른 복음서와는 다르게 교육을 독특하게 강조하고 있습니다. 특히 마태복음 28:18-20은 그것을 분명하게 보여줍니다.

> 18 예수께서 나아와 말씀하여 이르시되 하늘과 땅의 모든 권세를 내게 주셨으니 19 그러므로 너희는 가서 모든 민족을 제자로 삼아 아버지와 아들과 성령의 이름으로 세례를 베풀고 20 내가 너희에게 분부한 모든 것을 가르쳐 지키게 하라 볼지어다 내가 세상 끝날까지 너희와 항상 함께 있으리라 하시니라(마 28:18-20).

이 세 구절은 〈표 3-1〉과 같이 아름다운 구조를 이루고 있습니다.

A 왕의 권위: 하늘과 땅의 모든 권세(18절)
X 왕의 명령: 제자 삼아 세례 주고 가르쳐 지키게(19-20a절)
A' 왕의 약속: 끝날까지 함께 있으리라(20b)

〈표 3-1〉 예수님의 지상 명령

〈표 3-1〉을 통해 볼 때, 왕의 권위와 왕의 약속이 왕의 명령을 감싸고 있습니다. 우주의 왕이신 예수님이 하늘과 땅의 모든 권세를 가지고 하신 명령이며, 명령 수행자와 함께하시겠다는 약속이 보장된 명령입니다. 따라서 우리는 예수님의 지상 최후의 명령을 동사를 중심으로 살펴볼 필요가 있습니다. 본문에서 주동사는 '제자삼다'(마쎄튜오) 하나뿐이며, 나머지는 '제자삼다'를 수식하는 분사 형태 동사입니다.

'제자삼다'란 동사는 주동사이면서 동시에 복합적인 의미를 내포합니다. 이 단어를 중심으로 분사 형태의 동사들이 연결되어 있습니다. 첫째, '가라'는 명령입니다. 제자들이 가서 해야 할 사명은 제자를 삼는 일입니다. 말씀을 선포하고, 하나님 나라를 선포하여 제자가 되게 하는 것입니다. 예수를 주로 고백하게 하는 일입니다. 이 일에 전도자가 필요합니다. 둘째, '세례를 베풀고'라는 말은 제자로 삼는 것이 곧 세례를 베푸는 일임을 의미합니다. 이것은 제사장적인 사명이라고 할 수 있습니다. 즉, 제자로 삼아 세례를 베풀고 성찬에 참여하는 자가 되게 하라는 것입니다. 셋째, '가르쳐'라는 말은 제자를 양육하는 것을 의미합니다. 이는 곧 예수님이 가르쳐 주신 것을 일목요연하게 정리하여 구체적인 계획에 따라 가르치는 일을 말합니다. 넷째,

'지키게 하라'라는 말은 사실 '가르쳐'와 연결되어 있습니다. 배운 것을 실천하도록 이끄는 일입니다. 이는 배운 것을 실천하도록 세심하게 돌보고 훈련하는 과정까지도 포함합니다.

교육의 양면성과 전체성

교회교육은 하나님 나라 백성 만들기 프로젝트입니다. 구약의 경우 하나님은 친히 이스라엘 백성을 가르치기도 하셨으며, 선지자들을 통해서도 이스라엘 백성을 가르치셨습니다. 우리가 생각할수록 놀라운 것은 하나님이 하나님 나라 교육을 연약한 우리에게 위임하셨다는 사실입니다. 교육에 있어서 하나님은 우리와 함께 목표를 이루어 가십니다. 이런 면에서 볼 때, 교회교육은 크게 카이로스적 차원과 크로노스적 차원으로 구분하여 살펴볼 수 있습니다. 먼저 그림으로 표현하면 [그림 3-1]과 같습니다.

[그림 3-1]에서 주목할 것은 첫째, 교육의 카이로스적 차원입니다(Y축). 일반적 순서에 따르면 X축을 먼저 다루어야 하지만, 기독교교육의 시작은 언제나 하나님의 은혜로부터 시작된다는 점을 기억한다면, Y축으로 시작하는 것을 이해할 수 있을 것입니다. '카이로스'란 시간의 개념 중에서 역사 속에 침투해 들어오는 시간을 말합니다. 즉, 사건이 발생하는 시간을 말합니다. 따라서 교육의 카이로스적 차원이란 성령께서 역사하시는 차원을 의미합니다. 교회교육은 성령께서 역사하시는 사역입니다. 즉, 교육에는 하나님이 선포되는 말씀을 통해 성령으로 거듭나게 하시고(Y), 성령의 감동하심으로 깨

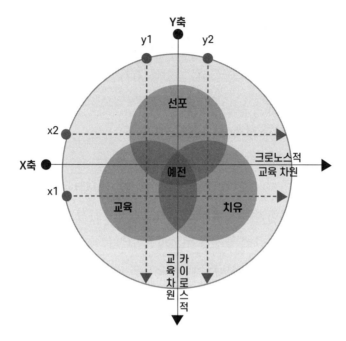

[그림 3-1] 교육적 균형

달아 부르심에 응하게 하시며(y1), 치유를 통해 예수님을 만나게 하
시고(y2), 섬김을 통해 사랑을 경험하게 하시는 것(y2)과 같이 우리가
관여할 수 없는 부분(물론 하나님이 이 사역에도 우리를 사용하시지만)이 포
함되어 있습니다.

빌립 집사가 성령의 감동하심으로 에디오피아 간다게의 국고성을
맡은 자에게 나아간 일, 그리고 성령의 역사로 인해 그가 예수님을
믿고 세례를 받게 된 사건을 그 예로 들 수 있습니다(행 8:26-39). 우리
가 성령의 감동으로, 잃어버린 어린 양에게 '가서', 받은 은혜를 힘입
어 하나님 나라를 선포할 때, 그리고 성령의 이끄심에 따라 예수님의

사랑으로 섬길 때, 바로 카이로스적 교육이 발생합니다. 이는 곧 성령께서 우리를 통해 진행하시는 교육입니다.

둘째, 교육의 크로노스적 차원입니다(X축). 예수님은 카이로스적 교육에 더하여 우리가 크로노스적 교육을 감당하길 원하십니다. 더 정확하게는 그것을 명령하셨습니다. "내가 너희에게 분부한 모든 것을 가르쳐 지키게 하라"(마 28:20). 여기서 "내가 분부한 모든 것"이란 우리가 계획을 세워 가르쳐야 할 내용을 의미합니다. [그림 3-1]에서 볼 때, '예전'(X), '교육'(x1), '선포'(x2), '치유' 혹은 '섬김'(x1), '교제'와 관련된 내용을 포함합니다. 이것이 바로 크로노스적 교육입니다. 매주 가르칠 내용을 준비하여, 예수님이 분부하신 바를 빠짐없이 가르치는 것을 말합니다. 교회학교가 필요한 이유이며, 매 주일 배워야 할 교재가 필요한 이유입니다.

우리가 앞에서 살펴본 것처럼, 교육은 전체적 안목에서 볼 때 그 개념을 정확하게 알 수 있습니다. 전체적 안목은 바로 하나님 나라를 통해 보는 것입니다. 하나님 나라의 전초기지라고 할 수 있는 교회는 두 가지 균형에 힘을 써야 합니다. 하나는 사역의 균형입니다. 예수님이 하나님 나라를 위해 '가르치시고', '전파하시고', '고치셨던 것'처럼 교회는 가르침, 선포, 섬김의 사명과 사역의 균형을 이뤄야 합니다. 다른 하나는 교육의 균형입니다. 성령께서 주도하시는 카이로스적 교육과 우리에게 맡겨주신 크로노스적 교육이 균형을 이루어야 합니다. 이것은 또 다른 관점에서 교육을 전체로 보는 것입니다. 그리고 이것이 한 영혼을 하나님 나라 백성으로 세우기 위해 온 교회가 필요한 이유입니다.

Part 1

주기도문, 교회교육의 핵심 가치

1) Moreland, J. P.(2008).『하나님 나라의 삼각구도』홍병룡 역. 서울: 복 있는 사람. p.38-39.

2) Ibid., p.23.

3) Ibid., p.25.

4) 예수님의 가르침(설교)은 다양하게 표현되는데, 강론, 강화, 교훈, 수훈 등입니다. 이 책에서는 교육적 의도를 가지고 '설교' 혹은 '교육설교'라는 용어를 혼용할 것입니다. 실제로 예수님의 가르침에는 '디다스코'와 '케뤼소'의 의미가 복합적으로 담겨 있습니다.

5) Ridderbos, H. N.(1999).『마태복음(상)』오광만 역. 서울: 여수룬. p.30. 리델보스는 마태복음을 가리켜 "사상이 풍부한 작품이며, 아주 사소한 부분까지 그 목적과 계획에 부합된 사상들로 가득 차 있다. 의미심장한 사상들을 통하여 그 중심 되는 주제 문제를 다루어 가는 착상과 방법의 장엄함을 놓고 볼 때 마태복음은 신구약의 역사서들 어느 것과도 비견할 수 없을 만큼 탁월하다."라고 말합니다.

6) Ibid., p.35.

7) Ibid., p.34.

8) Ibid., p.33.

9) 마태복음 10장의 교육적 의미에 관해서는 이 책의 3장에서 더 자세하게 다루고 있습니다.

10) Ibid., p.33.

11) Ibid., p.126.

12) Ibid., p.130.

13) 가르침(디다케)과 선포(케리그마)의 사역은 형태적으로 동일성이 있으면서 성격상 구분이 가능합니다. 폴 트루니에(P. Tournier)는 이 둘의 차이를 다음과 같이 설명합니다. "'케리그마'의 목표는 사건의 선언이다. 즉, 지금 일어나고 있는 어떤 일을 선포하는 것이다. 바로 이 점에서 '케리그마'는 이론적 교리에 대한 교육과 본질적으로 다르다." Tournier, P.(2015).『모험으로 사는 인생』정동섭, 박영민 역. 서울: IVP. p.130.

14) Schreiner, Thomas R.(2013). *The King in his beauty: a Biblical theology of the Old and New Testaments*. Grand Rapids: Baker Academic. p.445. 아울러 토마스 슈라이너(T. Schreiner)는 마태복음 4:23과 9:35(예수님의 열두 제자의 사역과도 연계하여)는 예수님의 3대 사역들을 통해 하나님 나라가 임한 것을 요약 진술하고 있다고 말합니다.

15) 황창기(1986). "산상보훈의 위치와 구약적 배경".「고신대학논문집」제14호. p.349.

16) 마태복음 5:1-7:29에 관한 구체적인 내용은 이 책의 2장에서 다루고 있습니다.

17) 모어랜드는 자신의 하나님 나라 삼각구도와 닮은꼴을 마이클 그린(Michael Green)의 『초대교회의 복음전도』에서 찾고 있습니다. 그린은 초대교회가 폭발적으로 부흥한 원인을 세 가지로 들고 있는데, "첫째, 설득력 있는 변증과 기독교 비판가들보다 우월한 사고의 능력, 둘째, 신자들의 변화된 성품과 성경적 동정심, 셋째, 성령에 힘입어 치유, 축귀, 예언의 능력 등을 발휘함으로써 하나님 나라의 권능을 밝히 드러낸 것"이라고 말합니다. 이 역시 예수님의 3대 중심 사역과 유사합니다. Moreland, J. P.(2008).『하나님 나라의 삼각구도』op. cit, p.170.

18) "또 무엇이 부족한 것처럼 사람의 손으로 섬김을 받으시는 것이 아니니 이는 만민에게 생명과 호흡과 만물을 친히 주시는 이심이라"(행 17:25)에서 '섬김을 받으시는'(쎄라퓨에타이)의 원형 동사가 바로 '쎄라퓨오'입니다. 그리고 "또한 모세는 장래에 말할 것을 증언하기 위하여 하나님의 온 집에서 종으로서 신실하였고"(히 3:5)에서 '종'(servant)이란 단어의 헬라어 '쎄라폰'에서 '쎄라퓨오'가 유래했습니다.

19) 예수님이 공적 사역 기간에 행하신 일들에는 다음과 같은 것들이 있습니다. 예수님은 세례를 받으셨으며, 금식하셨으며, 사탄을 물리치셨으며, 성경을 읽으셨으며, 전파하셨으며, 가르치셨으며, 제자를 부르셨으며, 제자들에게 능력을 주셨으며, 제자들을 파송하셨으며, (제자들을 통해) 세례를 베푸셨으며, 각종 병자를 고치셨으며, 많은 기적을 행하셨으며, 죽은 자를 살리셨고, 홀로 기도하셨으며, 함께 기도하셨으며, 제자들과 동행하셨으며, 때마다 예루살렘에 올라가셨으며, 성전을 정화하셨으며, 성찬을 베푸셨으며, 십자가를 지셨으며, 십자가에서 죽임당하셨으며, 부활하셨으며, 승천하셨습니다.

20) '예전'(레이투르기아)이란 제사장적 사역을 의미합니다. 신약시대의 제사장적 사역이란 쉽게 말해서, 기도, 세례, 성찬, 예배 등을 가리킵니다. 사도행전 2장의 상황에서 볼 때, 먼저 말씀을 듣고 은혜를 받은 자들이 "너희가 회개하여 각각 예수 그리스도의 이름으로 세례를 받고 죄 사함을 받으라"(행 2:38)라는 베드로의 권면에 따라 회개하고 세례를 받은 일이 있었습니다(행 2:41). 성도가 된 것입니다. 그리고 그들은 세례를 받은 것으로 그치지 않고 "떡을 떼며"(행 2:42, 46) 기쁨 가운데 그것을 함께 나눴습니다. 여기서 '떡을 떼며'란 예수님이 명령하신 성찬에 참여한 것을 말합니다. 또한 "기도하기를" 힘쓰고, "하나님을 찬미하며" 예배했습니다.

21) '교제'(코이노니아)의 특징은 다른 사역의 배경을 이루고 있는 것입니다. 즉, 교육하는 가운데 교제가 일어나며, 성례를 집행하는 가운데도 일어납니다. "사도의 가르침을 받아 서로 교제하고 떡을 떼며 오로지 기도하기를 힘쓰니라"(행 2:42). 또한 교제는 "믿는 사람이 다 함께"(행 2:44) 있을 때 일어나며, "마음을 같이하여 성전에 모이기를"(행 2:46) 힘쓸 때 가능합니다.

22) Harris, M.(1997). 『교육목회 커리큘럼』 고용수 역. 서울: 한국장로교출판사. p.21-22.

23) 월터 노벨은 마태복음 28:19-20의 본문을 다루면서, 전도와 교육이 동전의 양면과 같다고 말합니다. Walter, H. Norvell(2003). "The Great Commission Imperative of Teaching: Why Christian Education Should Be On the Cutting Edge of the Church's Mission Today" *Journal for Baptist Theology and Ministry*. Vol. 1 No. 2.(94-106). p.97.

24) 골로새서 1:28은 로마서 11:36과 함께 코메니우스(J. A. Comenius)의 '판소피아 사상'을 구성하는 핵심 성경 구절입니다. 그의 '교육적 모토'라고 할 수 있는 '모든 사람'(판테스), '모든 것'(판타), '철저하게'(판토스)의 근원지가 바로 골로새서 1:28입니다. 나현규(2015). 『판소피아와 교육』 서울: 학지사. p.93, 105. 코메니우스는 교육의 전체성과 관련하여 다음과 같이 말합니다. "첫째, 모든 사람(everyone)은 지금 전체적인 교육(universal education)의 유익을 받아야만 한다. 둘째, 그들은 모든 내용(every respect)으로 교육을 받아야 한다. 셋째, 그 결과로 그들은 전적으로 문화인(wholly civilised)이 되어야 한다." Comenius, J. A.(1986). *Comenius's Pampaedia or Universal Education*. trans by A. M. O. Dobbie. London: Buckland. p.20.

25) Ladd, G. E.(1959). *The Gospel of the Kingdom*. Michigan: Grand Rapids. p.14-15. 래드는 『예수와 하나님 나라』라는 책에서도 같은 맥락으로 언급하고 있습니다. 즉, "예수의 메시지와 사명의 중심"에는 "하나님의 통치"가 있다는 것을 반어적으로 언급하고 있으며, 예수님이 전한 메시지가 하나님 나라였다는 점에 대해 신약 학자들이 일반적으로 동의하고 있음을 언급합니다. Ladd, G. E.(1988). 『예수와 하나님 나라』 이태훈 역. 서울: 도서출판엠마오. p.9, 149.

26) 김세윤(2009). 『주기도문 강해』 서울: 두란노아카데미. p.25.

27) 리델보스(H. Ridderbos)는 산상설교 자체가 예수님의 가르침의 전형적인 형식(the typical form of teaching)을 보여준다고 말합니다. Ridderbos, H. N.(1957). *When the Time had Fully Come: Studies in N.T. Theology*. Jordan Station, ON.: Paideia Press. p.27.

28) 이와 관련된 예로써 산상설교 안에 포함된 주기도문의 교육적 특성을 생각해 볼 수 있습니다. 김세윤에 따르면, 주기도문 연구에 있어서 '마태판'과 '누가판'을 서로 비교할 필요가 있는데, 마태가 '송영' 및 청원의 내용을 확대한 이유를 다음과 같이 말합니다. "그러면 마태는 왜 이런 부분을 더 확대했습니까? 이 주기도문의 뜻을 분명하고 더 풍부하게 하기 위해서라고 볼 수 있습니다." 마태판의 특징은 독자의 이해를 돕기 위해 내용을 확대했을 것이라는 말입니다. 한마디로 말해서 교육적 의도에 따라 그렇게 했다는 것입니다. 김세윤(2009). 『주기도문 강해』 op. cit., p.45-49.

29) 필자와 유사한 맥락에서 김세윤은 33절을 "주기도문의 요약"으로 볼 수 있다고 말합니다. 김세윤(2009). 『주기도문 강해』 op. cit., p.54.

30) "또 기도할 때에 이방인과 같이 중언부언하지 말라 그들은 말을 많이 하여야 들으실 줄 생각하느니라 그러므로 그들을 본받지 말라 구하기 전에 너희에게 있어야 할 것을 하나님 너희 아버지께서 아시느니라"(마 6:7-8).

31) "그러므로 염려하여 이르기를 무엇을 먹을까 무엇을 마실까 무엇을 입을까 하지 말라 이는 다 이방인들이 구하는 것이라 너희 하늘 아버지께서 이 모든 것이 너희에게 있어야 할 줄을 아시느니라"(마 6:31-32).

32) 김세윤(2009). 『주기도문 강해』 op. cit., p.6.

33) Ibid., p.19.

34) Calvin, J.(1988). 『기독교강요(중)』 김종흡, 신복윤, 한철하 역. 서울: 생명의 말씀사. p.200-215. 기독교강요. 3.7.1-10.

35) 니콜라스 월터스토프(N. Wolterstorff)는 교육의 역할이 '가교적 요소'를 세우는 것이라고 말합니다. 즉, 다리를 놓아주고, 연결해 주는 역할을 의미합니다. "내가 이제야 알게 된 것은, 우리가 해야 할 일들 중 하나는 교육과정 속에 가교적 요소를 세우는 것이고, 그것의 목적은 학생들이 자신들이 특정한 방식으로 행동하는 이유를 가지고 일하도록 하는 것이다." Wolterstorff, N.(2014). 『샬롬을 위한 교육』 신영순, 이민경, 이현민 역. 서울: SFC. p.325.

36) Palmer, P. J.(2010). 『가르칠 수 있는 용기』 이종인, 이은정 역. 서울: 한문화. p.133-134.

37) 나현규(2020). 『코메니우스와 연결고리』 경기: 크레도북스. p.170-171. cf. p.63-70.

38) Lincoln, A. T.(1990). *Ephesians*. Word Biblical Commentary. Vol. 42. Dallas, TX: Word Books. p.262.

39) Bruce, F. F.(1984). T*he Epistles to the Colossians, to Philemon, and to the Ephesians.* New International Commentary on the New Testament. Grand Rapids, MI: Eerdmans. p.348.

40) Lincoln, A. T.(1990). *Ephesians*. op. cit., p.262.

41) 1장을 참조하시기 바랍니다.

42) Leman, K. & Pentak, W.(2006). 『양치기 리더십』김승욱 역. 서울: 김영사. p.67-68.

43) 비록 마태복음 10장 1절, 2절에는 일꾼이 열두 사도로 기록되어 있지만, 누가복음 10장에서는 70명의 제자를 파송한 것으로 기록되어 있습니다(눅 10:1).

44) 윔 워렌(W. J. C. Weren)은 마태복음 10:1이 마태복음 4:23과 9:35에서 말씀하고 있는 예수님의 사역을 요약해서 그려주고 있다고 말하면서, 마태복음 28:20까지는 '가르침'(teaching)에 대한 임무가 주어지지 않고 있다고 말합니다. Weren, W. J. C.(2006). "The macrostructure of Matthew's Gospel: A New Proposal". *Biblica*, n. 87 Fasc. 2, 171-200. p.193.

Part 2

주기도문,
삶의 문제 해법 가이드

A 외식 문제와 주기도문 완전형(마 6:1-18)

    a   구제, 기도할 때 외식하지 말라(1-7절)
       x   아버지께서 아심, 주기도문(8-13절)
    a′   용서, 금식할 때 외식하지 말라(14-18절)

B 보물: 보물 있는 곳(땅-하늘)에 마음 있음(마 6:19-21)

    X 눈: 온몸의 등불(마 6:22-23)

B′ 주인: 두 주인(하나님-재물)을 섬길 수 없음(마 6:24)

A′ 염려 문제와 주기도문 축약형(마 6:25-34)

    a   무엇을 먹을까 염려하지 말라(25-31절)
       x   아버지께서 아심, 주기도문 축약형(32-33절)
    a′   내일 일을 염려하지 말라(34절)

"그러므로 너희는 이렇게 기도하라"라는 말씀 이후에 곧바로 주기도문을 가르쳐 주신 것은 곧 우리가 하나님 나라를 위한 기도, 즉 주기도문을 통해 외식에 관한 근본적인 문제를 떨쳐버릴 수 있음을 의미합니다.

하나님 나라는 '염려하지 말라'는 명령에 순종할 수 있는 열쇠가 됩니다. '염려'에 대한 문제의 답이 '하나님 나라'인 셈입니다. 하나님 나라는 삶의 실제적인 문제인 염려를 극복하는 현실적인 방법입니다.

우리가 주기도문으로 기도하다 보면 분리되었던 우리의 관점이 '하나님 나라'로 모입니다. '재물'이 우리에게 주인 행세를 할 때, 먼저 하나님 나라를 구하게 하는 주기도문이 우리를 깨우칠 것입니다.

04
주기도문으로
'위선' 극복하기

"위선을 좋아하는 사람은 없다. 그러나 복음이 우리를 자유롭게 하기 전까지 위선 앞에서 자유로울 수 있는 사람도 없다. 에덴동산의 아담과 하와가 그랬고, 이스라엘의 첫 번째 왕 사울이 그랬고, 하나님의 백성 이스라엘이 그랬고, 율법에 열심을 내던 바리새인이 그랬다."[1] 그러면 우리는 어떤가요? 우리 중에 누구도 위선의 문제에서 예외일 수 없습니다. 그만큼 '외식'의 문제는 우리의 피부와 같이 가까이에 있습니다.

위선자: 가장하는 사람

예수님은 마태복음 6장을 시작하면서 '외식'의 문제를 겹겹으로 제시하셨습니다. 6장 전체를 놓고 볼 때, 적지 않은 분량을 '외식' 문제에 할애하셨습니다. 강조하신 것입니다. 구제에 관한 선한(긍휼) 일, 기도와 같이 경건한 일, 용서에 관한 선한(긍휼) 일, 금식과 같이 경건한 일을 번갈아 가며 두 번에 걸쳐 반복하셨습니다. 그만큼 위선의 문제는 간단치 않습니다.

'외식'(휘포크리테스)이라는 말의 뜻은 세 가지로 정리할 수 있습니다. 첫째, '대변자', '해석자'를 의미합니다. 여기에는 딱히 부정적인 의미가 없습니다. 둘째, '배우', '무대 연기자'란 뜻으로도 번역할 수 있습니다. 간혹 '외식'이란 단어를 '무대 연기자'로 번역하면서 부정적인 의미와 연결 짓는 경우가 있습니다. 물론 연기자가 자신이 연기하는 인물의 역할과 자기의 실존을 혼동할 경우에는 해당할 수도 있을 것이지만, '무대 연기'를 하나의 일로 보면 사실 부정적으로 볼 것이 아닙니다. 문제가 되는 경우는 바로 세 번째 의미와 관련되어 있습니다.

세 번째 의미는 '가장하는 사람'(a pretender) 혹은 '부당한 주장을 하는 사람'을 말합니다. 이 경우 '외식'이란 말에는 철저하게 노림수가 담겨 있습니다. 예를 들어, 영어로 'the pretender to the crown'이란 숙어는 '왕 위를 노리는 사람'을 뜻합니다.[2] 이 세 번째 의미가 마태복음 6장에 나오는 '외식'의 본질적인 뜻입니다. 그리고 이런 관점에서 본다면, 아담과 하와는 최초의 외식자인 셈입니다. "여자가 그 나무를 본즉 먹음직도 하고 보암직도 하고 지혜롭게 할 만큼 탐스럽기도 한 나무인지라 여자가 그 열매를 따먹고 자기와 함께 있는 남편에게도 주매 그도 먹은지라"(창 3:6). 피조물인 존재가 창조자의 자리를 노린 것입니다. 창조자인 양 가장한 것입니다.

이것이 바로 죄의 본질입니다. 죄란 하나님이 없이는 살 수 없는 존재가 하나님을 부인하는 것입니다. "어리석은 자는 그의 마음에 이르기를 하나님이 없다 하도다 그들은 부패하며 가증한 악을 행함이여 선을 행하는 자가 없도다"(시 53:1). 하나님을 부인하는 양태는 여러 가지입니다. 피조물이 자신을 인생의 주관자로 생각하고, 자기를 영광의 주인이라고 생각하며, 자기 힘으로 살아갈 수 있는 것처럼 생각하고 말하는 것입니다. 하나같이 왕의 자리를 노리는 셈법입니다.

구제와 긍휼

1 사람에게 보이려고 그들 앞에서 너희 의를 행하지 않도록 주의하라 그리하지 아니하면 하늘에 계신 너희 아버지께 상을 받지 못하느니라 2 그러므로 구제할 때에 외식하는 자가 사람에게서 영광을 받으려고 회당과 거리에서 하는 것 같이 너희 앞에 나팔을 불지 말라 진실로 너희에게 이르노니 그들은 자기 상을 이미 받았느니라 3 너는 구제할 때에 오른손이 하는 것을 왼손이 모르게 하여 4 네 구제함을 은밀하게 하라 은밀한 중에 보시는 너의 아버지께서 갚으시리라 5 또 너희는 기도할 때에 외식하는 자와 같이 하지 말라 그들은 사람에게 보이려고 회당과 큰 거리 어귀에 서서 기도하기를 좋아하느니라 내가 진실로 너희에게 이르노니 그들은 자기 상을 이미 받았느니라(마 6:1-5).

예수님의 첫 번째 언급은 '구제'(엘레에모쉬네)에 관한 것이었습니다. '구제'란 본래 '긍휼'(엘레오스)의 마음으로부터 시작됩니다. 즉, 하나님의 마음에서 시작됩니다. 문제는 구제할 때 '외식'이 끼어들 수 있다는 사실입니다. 본문에서 '외식'의 모습은 "사람에게 보이려고" 그들 앞에서 의를 행하는 것으로 나타나며(1절), "사람에게서 영광을 받으려고" 구제하면서 나팔을 부는 것으로 나타납니다(2절). 그 결과는 무엇인가요? 그들은 '사람에게 영광을 받음'으로 그것이 그들에게 상(賞)이 됩니다. 문제는 하나님께 기대할 상이 없다는 것입니다.

이방인이라면 애초에 하나님께 기대하는 상 자체가 없습니다. 그러나 예수께서 말씀을 선포하고 계신 대상은 그리스도인들입니다. 그리스도인이 하나님으로부터 상을 기대할 수 없다면, 가장 비참한 그리스도인이 되는 것입니다. 그래서 하나님 나라 백성은 구제할 때 '주의'해야 합니다. 왼손이 하는 것을 오른손이 모르게 해야 합니다. 은밀하게 해야 합니다. 그래야 우리의 하늘 아버지께서 갚아주십니다. 어떤 면에서 구제의 궁극적 목적은 '하나님의 보심'에 있습니다. 구제는 사람 앞에서가 아니라 하나님 앞에서 행해야 합니다. 참된 구제는 드러내 놓고 하는 것이 아니라 은밀하게 행하는 것이어야 합니다. 왜냐하면 은밀한 구제에 하나님의 '보심'(블레포), 즉 하나님의 관심이 있기 때문입니다. 하나님은 은밀하게 행하는 자녀의 선한 행위를 기뻐하십니다. 그리고 하나님의 기뻐하심이 바로 하나님 나라 백성의 본질적 보상이 됩니다.

은밀한 기도

> 6 너는 기도할 때에 네 골방에 들어가 문을 닫고 은밀한 중에 계신 네 아버지께 기도하라 은밀한 중에 보시는 네 아버지께서 갚으시리라 7 또 기도할 때에 이방인과 같이 중언부언하지 말라 그들은 말을 많이 하여야 들으실 줄 생각하느니라 8 그러므로 그들을 본받지 말라 구하기 전에 너희에게 있어야 할 것을 하나님 너희 아버지께서 아시느니라(마 6:6-8).

예수님이 두 번째로 말씀하신 주제는 '기도'에 관한 것입니다. '기도'란 주제는 마태복음 6장 전체에서 중요한 것이지만, 예수님은 '외식'과 연결하여 말씀하셨습니다. 기도와 관련된 위선 역시 "사람에게 보이려고"(5절) 하는 것에 초점이 맞추어져 있습니다. 그래서 위선자는 많은 사람이 보는 곳에서 기도하는 것을 좋아합니다. 그리고 많은 사람이 기도하는 모습을 본 것 자체(사람들의 시선 자체)가 그 기도에 대한 상입니다. 하나님이 주시는 기도 응답은 없습니다. 기도하는 목적이 하나님께 응답을 받는 것이라면, 위선적인 기도의 결과는 매우 충격적입니다.

기도에 있어서 중요한 점도 '은밀함'에 있습니다. 예수님은 그것을 "골방에 들어가 문을 닫고" 기도하는 것으로 말씀하셨습니다. 여기서 말하는 '골방', '문을 닫음'은 단지 물리적인 장소나 환경만을 의미하지 않습니다. 강조점은 아버지'께'('토' 파트리)에 있습니다. 우리의 아버지께 집중하는 것이 기도의 포인트입니다.

위선적인 기도에서 나타나는 또 다른 모습이 있습니다. 바로 '중언부언'하고 '말을 많이' 하는 모습입니다(7절). 사람에게 보일 목적으로 시작된 기도는 애초부터 기도의 내용이 중요하지 않습니다. 기도 내용이 없다는 것은 기도를 듣는 대상에 관심이 없다는 증거입니다. 그가 집중하는 것은 오로지 길게 기도하는 모습을 '보여주는' 것입니다. 중언부언하며, 말을 많이 할 수밖에 없습니다. 이에 대해 예수님은 "너희는 이렇게 기도하라"라고 말씀하시면서 주기도문을 가르쳐 주셨습니다.

용서와 긍휼

14 너희가 사람의 잘못을 용서하면 너희 하늘 아버지께서도 너희 잘못을 용서하시려니와 15 너희가 사람의 잘못을 용서하지 아니하면 너희 아버지께서도 너희 잘못을 용서하지 아니하시리라(마 6:14-15).

'은밀한 기도'(마 6:6-8) 이후 주기도문이 나오지만, 여기서 주기도문을 다루기에는 아직 이릅니다. '외식'의 주제가 계속되고 있기 때문입니다. 예수님이 외식과 관련하여 말씀하신 세 번째 주제는 마태복음 6:14-15에 나오는 '용서'에 관한 것입니다. 이 주제는 마태복음 6:1-18의 흐름에 어울리지 않는 것처럼 보입니다. '구제', '기도', '금식'이란 주제와 연계성이 없어 보인다는 것입니다. 그래서 14-15절을 단지 주기도문에 나왔던 용서에 관한 기도(12절)의 반복으로 간주하는 견해도 있습니다.

그러나 단순히 강조하기 위해 반복했다고 보기에는 마태복음 6장의 잘 짜인 구조에 어울리지 않습니다. 분명한 차이점은 마태복음 6:12는 기도 내용이라는 점이며, 마태복음 6:14-15는 그렇지 않다는 것입니다. 오히려 14-15절은 긍휼을 베푸는 선한 행위로 보는 것이 마태복음 6장의 구조에 어울립니다. 우리는 그 근거를 마태복음 18장에서 발견할 수 있습니다. 마태복음 18:21-35에는 도저히 갚을 수 없는 빚을 진 사람 이야기가 나옵니다. 이 이야기의 핵심 주제는 '용서'입니다. 예수님은 이 이야기를 다음과 같이 마무리하십니다. "너희가 각각 마음으로부터 형제를 용서하지 아니하면 나의 하늘 아버지께서도 너희에게 이와 같이 하시리라"(마 18:35).

또한 이 이야기에서 우리가 주목할 관점 중 하나가 긍휼입니다. "만 달란트 빚진 자"에서 '만'이라는 숫자는 헬라어에서 가장 큰 숫자에 해당하며, '달란트'는 가장 큰 화폐의 단위입니다. 따라서 이 둘의 조합은 사실상 셀 수 없을 만큼 큰 액수를 의미합니다.[3] 예수님 당시 로마 정부에 내기 위해 갈릴리와 베뢰아 지역에서만 거둔 1년 동안의 세금 액수가 이백 달란트밖에 되지 않은 것을 보면 그것이 얼마나 많은 돈인지 알 수 있습니다.[4] 만 달란트의 빚을 주인이 탕감하여 준 이유는 다른 데 있지 않습니다. 주인이 그를 "불쌍히 여겨 놓아 보내며 그 빚을 탕감하여" 준 것입니다. "불쌍히 여겨"(스플랑크니스쩨이스)라는 단어는 측은한 상대방으로 인해 창자가 끊어지는 것과 같은 고통이 느껴지는 마음 상태를 의미합니다. 예수님은 또 다른 단어를 사용하십니다. "내가 너를 불쌍히 여김과 같이 너도 네 동료를 불쌍히 여김이 마땅하지 아니하냐 하고"(33절). 이 구절에 사용된 "불쌍히 여김"(엘레에사이)이라는 동사는 마태복음 6:2에 사용된 '구제'(엘레에모쉬네)라는 단어와 그 뿌리가 같습니다.[5] 한마디로 말해서 용서는 긍휼의 마음에서 시작됩니다.[6] 그래서 예수님은 '마음으로부터' 용서하는 것이 중요하다고 말씀하신 것입니다. 용서하지 않고 하나님 앞에 나아온다는 것 자체가 일종의 '위선'입니다. 자신은 긍휼을 베풀지 않으면서 하나님의 긍휼을 구하러 나오는 것이기 때문입니다.

은밀한 금식

> 16 금식할 때에 너희는 외식하는 자들과 같이 슬픈 기색을 보이지 말라 그들은 금식하는 것을 사람에게 보이려고 얼굴을 흉하게 하느니라 내가 진실로 너희에게 이르노니 그들은 자기 상을 이미 받았느니라 17 너는 금식할 때에 머리에 기름을 바르고 얼굴을 씻으라 18 이는 금식하는 자로 사람에게 보이지 않고 오직 은밀한 중에 계신 네 아버지께 보이게 하려 함이라 은밀한 중에 보시는 네 아버지께서 갚으시리라(마 6:16-18).

끝으로 네 번째 말씀은 '금식'에 관한 것입니다. 금식도 기도와 같이 경건한 일에 속합니다. 우리는 다시 한 번 경건한 일과 관련하여 외식이 끼어들 수 있다는 사실을 기억해야 합니다. 경건한 일은 그 자체로 경건한 것이 아닙니다. 그 일을 행하는 사람의 마음과 자세가 중요하기 때문입니다. 먼저 금식하는 목적을 분명히 해야 합니다. 왜 금식합니까? 금식하는 이유는 우리의 기도가 하나님께 상달되게 하려는 것입니다(사 58:4).[7] 이전과 달리 요즘은 금식하며 기도하는 경우가 많이 줄었지만, 이 땅에서 우리의 신앙생활에는 '금식'이 필요할 때가 있습니다.

다윗은 병든 아들을 위해 금식하며 기도했으며(삼하 12:16), 에스라는 평탄한 귀환 길을 위해 금식하며 기도했으며(스 8:23), 느헤미야는 예루살렘의 비참한 소식을 들었을 때 금식하며 기도했으며(느 1:4), 에스더는 목숨을 걸고 왕 앞에 나아가기 위해 금식하며 기도했으며(에 4:16), 다니엘은 이스라엘 백성의 죄로 인하여 금식하며 기도했으며(단 9:1), 선지자 안나는 예루살렘의 구속을 위해 성전을 떠나지 않고 주야로 금식하며 기도했으며(눅 2:37), 예수님은 공적 사역을 앞두고 40일을 금식하셨으며(마 4:2), 예수님의 제자들 역시 예수님이 승천하신 후 금식하며 기도해야 했으며(마 9:15), 선교사 파송을 앞두고 안디옥 교회가 금식하며 기도했습니다(행 13:2-3). 이처럼 신앙생활 중에 금식하며 기도해야 할 때가 있습니다.

금식한다는 것은 상황이 절박하다는 것을 의미합니다. 개인이든, 공동체든 간에 상황의 절박함 때문에 금식하는 것입니다. 모세 시대 이래로 이스라엘 백성은 속죄일에 금식하였고(레 16:29, 23:29), 국가적인 재난 앞에서 하나님께 겸비한 자세로 나아가기 위해 특별한 금식일을 선포했으며(삼상 7:5-6), 바벨론이 예루살렘을 파괴한 이후에는 그 일을 애통해하며 정기적으로 금식하기 시작했습니다. 또한 공동의 금식 외에도 유대인들은 개인적으로 '참회', '영적인 집중' 등을 목적으로 금식을 실천하기도 했습니다(마 11:18, 눅 2:37, 행 13:2, 14:23). 심

지어 엄격한 유대인들은 일주일에 두 번씩 월요일과 목요일에 금식했습니다(눅 18:12).[8]

예수님은 금식하는 관행 자체를 정죄하신 것은 아닙니다(마 9:15).[9] 문제는 외식하는 금식입니다. 외식하는 사람은 자신의 경건한 모습을 보여주기 위한 목적으로 의도적으로 "슬픈 기색"을 나타냈으며, 심지어 "얼굴을 흉하게" 했습니다. 세수하지 않은 얼굴에 먼지와 재를 덮어서 알아볼 수 없는 얼굴을 만드는 것입니다(사 58:5). 그리고 그 목적은 "금식하는 것을 사람에게 보이려고" 함에 있습니다. 이에 대해 예수님은 분명하게 말씀하십니다. "내가 진실로 너희에게 이르노니 그들은 자기 상을 이미 받았느니라"(마 6:16). 금식은 사람에게 보이기 위한 것이 아닙니다. 은밀한 중에 계신 하늘 아버지께 보여드리기 위한 것입니다. 그럴 때 하나님은 간절하고 절박한 기도에 응답해 주십니다. "은밀한 중에 보시는 네 아버지께서 갚으시리라"(마 6:17-18).

주기도문과 위선의 문제

지금까지 살펴본 마태복음 6:1-18의 말씀은 전체를 통해 볼 때 새롭게 다가오는 것이 있습니다. 구조를 통해 볼 때 새로운 의미를 깨달을 수 있다는 말입니다. 마태복음 6:1-18의 구조는 〈표 4-1〉과 같습니다.

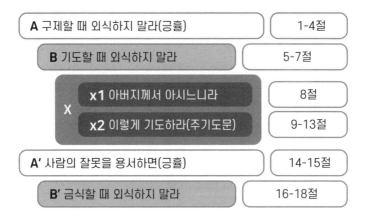

A 구제할 때 외식하지 말라(긍휼)		1-4절
B 기도할 때 외식하지 말라		5-7절
X	**x1** 아버지께서 아시느니라	8절
	x2 이렇게 기도하라(주기도문)	9-13절
A' 사람의 잘못을 용서하면(긍휼)		14-15절
B' 금식할 때 외식하지 말라		16-18절

〈표 4-1〉 마태복음 6:1-18의 구조

〈표 4-1〉의 구조를 통해 볼 때, '구제'(A)와 '용서'(A')의 문제는 '긍휼의 마음'이라는 관점에서 대칭을 이루며, '기도'(B)와 '금식'(B')은 '경건한 일'이라는 관점에서 대칭을 이룹니다. 마태복음 6:1-18에서 '구제'와 '용서' 문제, 그리고 '기도'와 '금식'의 문제가 서로 대칭을 이루는 가운데, 주기도문이 그 중심부에 놓이는 구조를 보여줍니다. 이를 통해 알 수 있는 것은 위선의 문제가 간단치 않다는 사실입니다. 구제와 같이 선한 일에도, 기도와 같이 거룩한 일에도, 용서와 같이 긍휼의 마음에도, 금식과 같이 절박한 상황에도 '위선'이 끼어들 수 있음을 본문이 보여주고 있습니다.

한편 〈표 4-1〉의 구조는 주기도문이 삶 속에 슬그머니 끼어드는 위선의 문제를 극복하는 대안임을 보여줍니다. '외식' 문제의 핵심은 "사람에게서 영광을 받으려고" 하는 것에 있습니다. 이는 주기도문과 정반대의 자세입니다. 우리는 구조의 중심부(X)에 나오는 예수님의 말씀에 주목할 필요가 있습니다. "그러므로 그들을 본받지 말라 구하기 전에 너희에게 있어야 할 것을 하나님 너희 아버지께서 아시느니라"(마 6:8). 예수님은 "하나님 너희 아버지께서" '아신다'는 사실을 강조하십니다. 그러므로 우리는 주기도문에 따라 기도해야 합니다. "그러므로 너희는 이렇게 기도하라"라는 말씀 이후에 곧바로 주기도문을 가르쳐 주신 것은 곧 우리가 주기도문을 통해 외식에 관한 근본적인 문제를 떨쳐버릴 수 있음을 의미합니다. 우리가 집중할 것은 사람에게 받을 영광이 아니라 하나님의 명예이며, 하나님의 나라이며, 하나님의 뜻입니다. 주기도문은 사람이 아니라 하나님께 집중하게 합니다. 사람의 영광이 아니라 하나님의 영광에 주목하게 합니다. 이 땅의 상이 아니라 하나님 나라의 상을 바라보게 합니다.

05
주기도문으로
'염려' 물리치기

25 그러므로 내가 너희에게 이르노니 목숨을 위하여 무엇을 먹을까 무엇을 마실까 몸을 위하여 무엇을 입을까 염려하지 말라 목숨이 음식보다 중하지 아니하며 몸이 의복보다 중하지 아니하냐 26 공중의 새를 보라 심지도 않고 거두지도 않고 창고에 모아들이지도 아니하되 너희 하늘 아버지께서 기르시나니 너희는 이것들보다 귀하지 아니하냐 27 너희 중에 누가 염려함으로 그 키를 한 자라도 더할 수 있겠느냐 28 또 너희가 어찌 의복을 위하여 염려하느냐 들의 백합화가 어떻게 자라는가 생각하여 보라 수고도 아니하고 길쌈도 아니하느니라 29 그러나 내가 너희에게 말하노니 솔로몬의 모든 영광으로도 입은 것이 이 꽃 하나만 같지 못하였느니라 30 오늘 있다가 내일 아궁이에 던져지는 들풀도 하나님이 이렇게 입히시거든 하물며 너희일까보냐 믿음이 작은 자들아 31 그러므로 염려하여 이르기를 무엇

을 먹을까 무엇을 마실까 무엇을 입을까 하지 말라 32 이는 다 이방인들이 구하는 것이라 너희 하늘 아버지께서 이 모든 것이 너희에게 있어야 할 줄을 아시느니라 33 그런즉 너희는 먼저 그의 나라와 그의 의를 구하라 그리하면 이 모든 것을 너희에게 더하시리라 34 그러므로 내일 일을 위하여 염려하지 말라 내일 일은 내일이 염려할 것이요 한 날의 괴로움은 그 날로 족하니라(마 6:25-34).

"당신이 걱정하는 90%는 일어나지 않는다."[10] 따라서 문제에 집착하지 말고 잊을 것은 잊어버리고 포기할 것은 과감하게 포기하라. 그러기 위해서는 감정에 휘둘리지 말고 이성으로 자신의 내면을 지배하라. 또한 운명이라는 굴레 속에서 방황하지 말고 현재에 충실하게 살아가라. 기억할 것은 타인의 '인정'에 목말라 하지 말고 자신을 사랑하라.

이와 같은 처세술로 '염려'의 문제가 해결될 수 있다면, 염려는 그리 심각한 문제는 아닐 것입니다. 물론 심리적 처세술이 전혀 필요하지 않다거나, 도움의 여지가 없다는 것은 아닙니다. 한계가 있다는 말입니다. 염려는 단순하게 심리적인 문제에 국한되지 않습니다. 영적인 문제가 포함되어 있습니다. 그러므로 그 해법 역시 영적인 차원에서 제시되어야 합니다.

마태복음 6:25-34는 '염려' 문제에 집중합니다. 예수님은 '염려' 문제가 가볍지 않다는 것을 직접적으로 보여주십니다.[11] '외식'의 문제와 마찬가지로, 염려를 다룸에 있어서 기억해야 할 것이 전체적인 문맥입니다. 25절은 '그러므로'라는 접속사로 시작합니다. 이 접속사는 독자에게 전체 문맥을 보게 합니다. 또한 접속사는 31절, 34절에 연속적으로 나오는데, 이는 곧 25-34절이 하나의 단락을 이루고 있음을 보여줍니다. 실제로 염려 문제는 마태복음 6장 전체의 문맥 속에서 보아야 합니다. [12)

염려와 조각내기

'염려하다'(메림나오)란 동사는 '나누다', '조각을 내다'라는 뜻의 헬라어 '메리조'에서 파생되었습니다. 따라서 '염려'란 나누고, 분리하고, 분열시키는 것과 관련되어 있습니다. 전체를 간과한 채 사실을 부분으로 조각낼 때, 염려에 사로잡히게 됩니다. 큰 그림을 무시한 채, 해법을 찾는다는 명목으로 문제를 조각낼 때 결국 염려에 붙들리게 되는 것입니다.

우리의 정신 질서에 있어서 전체를 생각하는 안목은 매우 중요합니다. 왜냐하면 부분과 전체의 조화 속에서 우리의 정신은 안정감을 누리기 때문입니다. 즉, 부분은 전체에 속한 일부라는 사실을 알 때 전체가 주는 안정감을 누리게 됩니다. 물리학자였던 데이비드 봄(D. Bohm)은 말하길, "조각내기는 정신을 크게 어지럽히며 끊임없이 문제를 만든다. 또 명쾌한 인식을 방해해 그러한 문제를 더욱 풀기 어렵게 한다."[13)라고 했습니다. 이는 곧 전체적인 안목이 필요하다는 말입니다.

'건강'이란 개념 역시 '전체'라는 개념과 깊이 관련되어 있습니다. 영어의 '건강(health)'이란 단어는 '전체(whole)'를 뜻하는 앵글로색슨어

'할레(hale)'에서 파생된 것입니다. 몸 '전체'가 건강하지 않으면 '건강하다'고 말할 수 없습니다. 이것은 또한 '완전함'을 의미하는 히브리어 '샬렘'과 같은 맥락에 놓여 있습니다.[14] '완전함'이란 또 다른 차원의 '전체성'이기 때문입니다.

이와 같은 사실은 '건강함'이 인간의 전인적 차원과 연계되어 있음을 보여줍니다. 즉, 신체와 관련해서도 건강은 전체성의 문제이며, 정신 영역뿐 아니라 영적 차원에서도 건강은 전체성과 관련되어 있습니다. 결국 전체성이란 신체적 영역, 정신적 영역, 영적 영역을 모두 포괄합니다.

건강함이란 완전하신 하나님과 그가 창조하신 세계 전체를 하나로 볼 수 있느냐 없느냐의 문제에 달려 있습니다. 그 둘이 분리되어 있다는 것은 창조주 하나님을 인정하지 않는 상태를 말합니다. 자신의 삶에서 하나님을 제외한 것입니다. 건강하지 않은 상태입니다. 반대로 건강한 상태는 하나님을 중심으로 전체를 봅니다. 다르게 말해서, 하나님 나라 관점으로 보는 것입니다. 하나님 나라는 전체를 건강하게 바라보는 세계관을 열어 줍니다.

마태복음 6:25-31의 구조

여기서 우리는 예수님이 제시하신 두 장의 그림 카드를 발견합니다. '공중의 새', '들의 백합화'입니다. 더 정확하게 말하면 그림이 아니라 실물입니다. 영상도 아니고, 가상현실(VR)도 아닌, 현실 세계(실물)를 보여주십니다. 쉽게 말해서 교육매체를 제시하신 셈입니다. 마태복음 6:25-31의 구조를 〈표 5-1〉과 같이 제시할 수 있습니다.

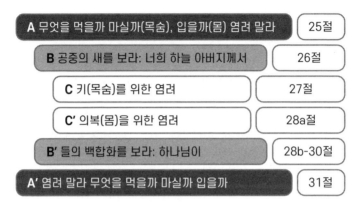

〈표 5-1〉 마태복음 6:25-31의 구조

〈표 5-1〉을 통해 볼 때, 25절(A)과 31절(A')은 '먹을 것', '마실 것', '입을 것'에 관한 모든 염려를 다루고 있습니다. 이 중에서 '먹을 것'과 '마실 것'이 '목숨'과 관련된 것이라면, '입을 것'은 '몸'과 관련된 것입니다. 또한 26-27절(B, C)이 '목숨'과 관련된 것이라면, 28-30절(B', C')은 '몸'과 관련된 것입니다. '목숨'에 관한 것이 '몸'에 비해 더 중요한 문제라면, '몸'에 관한 것은 '목숨'에 비해 덜 중요한 문제를 의미합니다.

예수님이 갑자기 실물 교육 자료를 제시하신 이유는 무엇일까요? 두 가지 측면으로 생각할 수 있습니다. 첫째, 새와 백합화는 염려에 관한 한 전혀 상관이 없습니다. 비록 지각이 없는 동물과 식물이기 때문이지만, 어쨌든 새는 먹는 것, 마시는 것에 대해 염려하지 않습니다. 염려가 영향을 주지 못합니다. 백합화 역시 입는 것에 대해 염려하지 않습니다. 이들에게 염려란 아무런 의미가 없습니다.

이것은 그리스도인들에게도 마찬가지입니다. '너희 중에'란 그리스도인을 가리킵니다. 즉, 그리스도인 중에 염려한다고 해서 그 키를 한 자라도 크게 할 수 있는 자가 없습니다. 여기서 '키'를 문맥에 따라 해석하면, '생명', '목숨'이라고 할 수 있습니다. 누구라도 염려로 생명을 한 시간이라도 연장할 수 있는 자는 없습니다. 이 말은 곧 염려는 아무런 영향을 미치지 못한다는 것이며, 동시에 염려는 아무런 의미가 없다는 것입니다. 이런 의미에서 그리스도인들은 새와 백합화를 통해 힌트를 얻을 수 있습니다.[15]

둘째, 새와 백합화를 먹이시고 입히시는 분이 계십니다. 그분은 다름 아닌 '너희 하늘 아버지'이십니다(26, 30절). 비록 새가 능동적으로 날아다니며 먹이를 찾아야 하고, 백합화는 뿌리를 내려 양분을 끌어올려야 하지만, 궁극적으로 새를 먹이시고, 백합화를 입히시는 분은 하나님이십니다. 그 하나님이 바로 그리스도인들의 아버지십니다. 이는 곧 '염려하지 말라'고 명령하시는 근거가 됩니다. 그리스도인이 염려하지 말아야 할 이유는 하늘 아버지께서 계시고, 그분이 먹이시고, 입히실 것이기 때문입니다. '목숨'과 같이 중대한 문제에 관한 것이든, 아니면 '의복'과 같이 덜 중요한 문제에 관한 것이든지 하나님이 책임져 주시기 때문에 염려하지 말라는 것입니다.

믿음이 작은 자

예수님은 염려하는 자들을 향하여 '믿음이 작은 자들'이라고 말씀하십니다(30절). 염려하지 말라는 말씀은 '믿음이 없는 자들'을 향한 것이 아니라 '믿음이 작은 자들'을 향한 것입니다. 이는 곧 그리스도인을 향한 말씀임을 의미합니다. 산상설교가 그리스도인을 위한 말씀인 것과 마찬가지로 '믿음이 작은 자'란 그리스도인을 의미합니다. 그렇다면 믿음이 작은 그리스도인이란 누구인가요?[16] 구원을 받은 믿음에서 멈춘 그리스도인이라고 할 수 있습니다. 믿음이 구원을 얻는 시점에서 멈추었기 때문에 삶에 믿음을 적용하지 못합니다. 따라서 믿음으로 상황을 극복하는 것이 아니라 상황에 의해 믿음이 휘둘리는 사람입니다. 또한 믿음이 작은 그리스도인은 부분만 보고 전체는 생각하지 않는 혹은 생각하지 못하는 그리스도인이라고 할 수 있습니다. 하나의 문제에 직면했을 때 그 문제만을 보는 그리스도인을 말합니다.

믿음의 본질은 생각할 수 있는 것에 있습니다. 문제 앞에서 특별한 것을 생각할 수 있는 것이요, 전체를 생각할 수 있는 것을 말합니다. 다시 말해서, 믿음이란 문제의 상황을 만났을 때, 하나님 나라를 떠올릴 수 있는 것을 말합니다. 하나님과의 관계 속에서 그 문제를 생각하는 것이 믿음입니다. '생각한다는 것'은 생각이 생각의 꼬리를 물고 하염없이 돌아가는 것을 의미하지 않습니다. 오히려 그것이야말로 염려의 본질입니다. 생각이 문제에 휘둘려 이리저리 끌려 다니는 것이 염려입니다. 환경에 지배를 받는 생각이 염려입니다. 믿음은 문제를 만났을 때, 하나님 나라를 떠올립니다. 하나님과의 관계 속에서 그 문제를 바라봅니다. 그래서 예수님은 이렇게 말씀하셨습니다. "그런즉 너희는 먼저 그의 나라와 그의 의를 구하라 그리하면 이 모든 것을 너희에게 더하시리라"(33절).

이 말씀은 새로운 형태의 주기도문입니다. 달리 말해서 주기도
문의 축약형입니다. 전반부의 "너희는 먼저 그의 나라와 그의 의를
구하라"라는 말씀을 마태복음 6:9-13에 나오는 주기도문(완전형)에
서 '하나님을 위한 청원'(마 6:9-10)과 연결할 수 있다면, 후반부의 "그
리하면 이 모든 것을 너희에게 더하시리라"라는 말씀은 '우리를 위한
청원'(마 6:11-13)과 연결할 수 있습니다. 또한 이 말씀은 주기도문의 핵
심이 무엇인지를 명료하게 정리해 줍니다. 그것은 바로 "하나님 나
라"를 구하는 것입니다.

근신하라 깨어라

베드로 사도는 고난 가운데 있는 그리스도인들에게 "너희 염려를
다 주께 맡기라 이는 그가 너희를 돌보심이라"(벧전 5:7)라고 말합니
다. 여기서 '염려'(메림나)라는 단어는 마태복음 6장에 나오는 동사 '염
려하다'(메림나오)의 명사형입니다. 같은 맥락임을 알 수 있습니다. 베
드로 사도가 제시하는 염려의 해법은 무엇인가요? "염려를 주께 맡
기라"라는 것입니다. '맡기다'(에필립토)라는 동사는 '던져 놓다', '올려
놓다'라는 뜻입니다.

베드로 사도는 우리가 염려를 하나님께 던져 놓고 멈춰 서 있으라
고 말하지 않습니다. 이어지는 8절을 주목해야 합니다. "근신하라 깨
어라 너희 대적 마귀가 우는 사자 같이 두루 다니며 삼킬 자를 찾나
니"(벧전 5:8). 그렇습니다. 근신하고 깨어 있어야 합니다. '근신하다'(네
포)라는 동사는 잠잠히 우리의 정신을 집중해야 한다는 말이며, '깨어

있다'(그레고류오)라는 말은 철저하게 주의를 집중해야 한다는 말입니다. 비슷한 동사를 반복함으로 강조하고 있습니다. 강조점은, 무엇인가에 마음과 주의력을 집중해야 한다는 것입니다. 그리고 그것을 마태복음 6장의 문맥에서 찾으면 바로 하나님 나라입니다.

마태복음 6장에서 펼쳐진 예수님의 말씀이 33절에서 끝나지 않았다는 점을 주목해야 합니다. 우리는 33절의 말씀보다 더 높은 절정을 상상할 수 없을 것입니다.[17] 그럼에도 불구하고 34절의 말씀이 이어지고 있습니다. '그러므로'로 시작하는 34절은 강조하고 강조한 것에 또 한 번의 강조를 더한 삼중 강조입니다(25, 31, 34절). 34절은 염려의 문제에 있어서 차원을 달리합니다. 염려란 단지 우리가 무엇인가를 행하지 못하는 것에서 발생하는 것이 아니라는 점입니다. 염려는 뚜렷한 실체입니다. 그것은 능동적인 힘이요, 막강한 세력입니다. 예수님은 "내일 일은 내일이 염려할 것이요"라고 말씀하셨습니다. 이것은 염려, 특히 내일과 관련된 염려를 인격적인 것과 연결해 표현한 것입니다.[18] 악한 영들은 그리스도인들이 오늘의 충실함보다 내일의 일에 관심을 두게 하는 방식으로 믿음을 흔들어 댑니다.[19] 따라서 우리는 원수 마귀가 우리로 하여금 오늘, 내일의 염려에 붙들려 현재의 삶을 망치기를 꾀하고 있다는 사실을 인식하는 것이 중요합니다. 내일의 일을 염려함은 하나님을 앞서가는 것이며, 이는 곧 하나님의 통치를 거부하는 것입니다. 영원한 하나님의 통치는 현재, 즉 오늘에 닿아있습니다. 우리는 '현재라는 순간'을 통해 '영원'을 가장 비슷하게 경험할 수 있습니다. 그것이 '괴로움'일지라도 '현재'라면, 그리고 영원하신 하나님과 함께하는 것이라면 그것으로 충분합니다. 이것이 바로 하나님의 통치를 받아들이는 것이요, 하나님 나라를 살아가는 것입니다.

주기도문으로 염려를 물리쳐라

우리가 기억할 것은 예수님이 가리키고 있는 초점입니다. 예수님은 우리 인생이 당면하고 있는 문제의 핵심이 무엇인지를 깊이 이해하고 계십니다. 그것은 바로 염려입니다. 그리고 삶 속에서 다반사로 발생하는 염려를 극복하기 위해 우리가 행해야 할 현실적이며 효과적인 대처법을 마련해 주셨습니다. 그것이 바로 하나님 나라를 떠올리는 것입니다. 그리고 그것을 위해 주신 것이 주기도문입니다. 이제까지 살펴본 마태복음 6:25-34를 간단한 구조를 통해 정리하면 〈표 5-2〉와 같습니다.

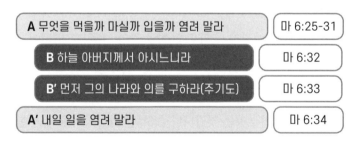

〈표 5-2〉 마태복음 6:25-34의 구조

인생의 고질적인 문제 중 하나가 바로 염려입니다. 마태복음 6:25-31(A)을 통해서 그 염려의 실체가 무엇인지 알 수 있습니다. 그것은 바로 '먹을 것', '마실 것' 처럼 목숨과 직접적으로 관련된 것이 있는가 하면, '입을 것'과 같이 몸과 관련된 것, 즉 덜 중요한 것에 관한 염려도 있습니다. 이것이 현실적인 염려의 문제라면, 영적 차원으로 나아가는 염려의 문제가 있습니다. 그것은 바로 마태복음 6:34(A')에서 제시하는 내일에 관한 염려입니다. 이 모든 염려에 대한 해법이 핵심부인 마태복음 6:32(B), 33(B')에 나타납니다. 32절(B)에서 "이는 다 이방인들이 구하는 것이라"라는 말씀이 마태복음 6:25-31(A)과 연결되는 내용이라면, "너희 하늘 아버지께서 이 모든 것이 너희에게 있어야 할 줄을 아시느니라"라는 말씀은 마태복음 6:33(B')과 연결됩니다. 하늘 아버지께서 이 모든 것을 알고 계시니, "그런즉 너희는" 먼저 하나님 나라와 그의 의를 구하라는 것입니다.[20] 따라서 "아시느니라"(오이덴)라는 동사는 전체 단락에서 전환을 이루는 매우 중요한 역할을 합니다.[21] 하늘 아버지께서 아시기 때문에 하나님 나라를 구하는 일에 우선순위를 둘 수 있습니다.

그렇다면 하나님 나라는 '염려하지 말라'는 명령에 순종할 수 있는 열쇠가 됩니다. '염려'에 대한 문제의 답이 '하나님 나라'인 셈입니다. 우리가 생각하는 것 이상으로 하나님 나라는 삶의 실제적인 문제인 염려를 극복하는 현실적인 방법입니다. 그리고 예수님은 늘 반복하는 방식인 기도형식으로 하나님 나라를 떠올릴 수 있게 하셨습니다. 바로 주기도문을 우리에게 주신 것입니다. 결국 주기도문은 하나님 나라를 핵심 내용으로 청원하게 하는 기도인 동시에, 하나님 나라를 떠올릴 수 있게 하는 최고의 방식입니다.

예수님은 연약한 자들 곧 '믿음이 작은 자들'에게 관심을 두십니다. 이것이 왕이신 예수님의 관대함이며, 하나님 나라의 관대함입니다. 하나님 나라는 믿음이 큰 자들만의 나라가 아닙니다. 예수님은 믿음이 작은 자들이 '주기도문'을 통해 믿음이 큰 자들로 성장하길 원하십니다. 주기도문이 하나님 나라를 향해 초점이 맞추어져 있기 때문이요, 주기도문은 그 자체로 하나님 나라를 갈망하는 것이기 때문입니다.

우리는 눈을 통해 수많은 정보를 입수합니다. 보통 감각기관을 통해서 얻는 정보의 80% 이상이 시각을 통한 것으로 알려져 있습니다. 오감 중에서 가장 중요한 감각을 꼽으라면 대부분 시각을 선택할 것입니다. 그만큼 시각은 매우 중요한 감각입니다. 우리가 어떤 것을 본다고 할 때, 단지 감각적 기능만을 지칭하지는 않습니다. 예수님이 "공중의 새를 보라"라고 말씀하셨을 때, 단순히 쳐다보기만 하라는 뜻이었을까요? 그렇지 않습니다. 생각하라는 것입니다. '눈'은 감각적 기능과 함께 심적 판단 등과 같은 훨씬 깊은 의미를 내포하고 있습니다.

관점(觀點)

19 너희를 위하여 보물을 땅에 쌓아 두지 말라 거기는 좀과 동록이

해하며 도둑이 구멍을 뚫고 도둑질하느니라 20 오직 너희를 위하여 보물을 하늘에 쌓아 두라 거기는 좀이나 동록이 해하지 못하며 도둑이 구멍을 뚫지도 못하고 도둑질도 못하느니라 21 네 보물 있는 그 곳에는 네 마음도 있느니라 22 눈은 몸의 등불이니 그러므로 네 눈이 성하면 온 몸이 밝을 것이요 23 눈이 나쁘면 온 몸이 어두울 것이니 그러므로 네게 있는 빛이 어두우면 그 어둠이 얼마나 더하겠느냐 24 한 사람이 두 주인을 섬기지 못할 것이니 혹 이를 미워하고 저를 사랑하거나 혹 이를 중히 여기고 저를 경히 여김이라 너희가 하나님과 재물을 겸하여 섬기지 못하느니라(마 6:19-24).

마태복음 6:19-24는 새로운 장면을 열어 줍니다. 어떤 면에서 볼 때, 본 단락은 마태복음 6장 전체에서 중심부에 자리하고 있습니다.[22] 그리고 이 단락이 보여주는 구조는 아주 흥미롭습니다. 보는 관점에 따라 다를 수 있겠지만, 필자는 그 구조를 〈표 6-1〉과 같이 제시해 보았습니다.

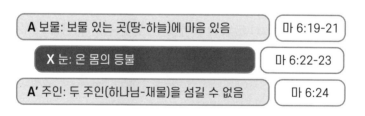

〈표 6-1〉 마태복음 6:19-24의 구조

〈표 6-1〉을 통해 한눈에 알 수 있는 것은 '보물'에 관한 것과 '주인'에 관한 것이 결국 '눈'에서 비롯된다는 사실입니다. 여기서 '눈'(옵쌀모스)은 은유적으로 하나의 관점(觀點)을 의미합니다.[23] 관(觀)이란 무엇인가를 본다는 뜻입니다. 다르게 말해서 '지각함'을 말하는데, 이때 신체 기관을 통한 지각과 마음을 통한 지각 모두를 포함합니다. 그러므로 본다는 것은 눈으로 보는 것과 마음으로 보는 것을 포괄적으로 의미합니다.[24] 한마디로 본 단락은 하나의 세계관 혹은 인생관을 다루고 있습니다.

기독교인 중에 물질주의(物質主義)에 동의하는 사람은 없을 것입니다.[25] 물질주의의 사전적 정의는 "정신적인 가치보다 부(富)나 육신의 쾌락과 같은 물질적인 것을 더욱 강조하는 경향"입니다. 같은 범주에 속한 단어가 바로 '맘모니즘'(mammonism)입니다. 이 말은 돈을 예배하는(money worship) 생각과 행위를 뜻합니다. 그러나 생각으로 동의하지 않는 것과 삶에서 그것을 나타내는 것은 별개의 문제입니다.[26] 실제로 많은 그리스도인이 물질주의적 삶을 살아가고 있습니다. 그만큼 재물의 문제는 결코 간단한 것이 아닙니다.

하늘에 보물 쌓기

예수님은 "너희를 위하여 보물을 땅에 쌓아 두지 말라"라고 말씀하십니다(19절). '보물'이란 포괄적인 의미를 담고 있습니다. 돈도 보물이 될 수 있고, 돈으로 살 수 있는 모든 물질적인 것이 곧 보물이 될 수 있습니다. 문제가 되는 것은 소유물 그 자체가 아니라 소유물에 대한 우리의 태도입니다. 자신의 소유물을 위해 사는 삶이 곧 보물을 땅에 쌓아 두는 삶입니다. 다르게 말해서 물질주의적인 삶을 사는 것입니다. 개인적인 안락과 부(富)가 가져다주는 것 때문에 물질적인 것에 사로잡혀 사는 것을 말하며, 그로 인해 영적 삶이 피폐해지는 것을 말합니다.[27] 이것이 바로 이 땅에서의 물질관이며, 이방인들의 물질관입니다. 그러나 땅에 쌓아 둔 보물은 결국 시간이 지나면서 썩고 낡아지거나 예상치 못하게 사라지게 되어 있습니다.

보물을 이 땅에 쌓는 자의 모습이 누가복음 12장의 부자 비유에 나옵니다. 그 부자의 관심은 온통 이 땅에 쌓을 것에만 있습니다. 그래서 그는 곳간을 더 크게 짓고 곡식과 물건을 거기 쌓아 두는 것에 사로잡혀 있습니다. 그러나 하나님은 말씀하십니다. "어리석은 자여 오늘 밤에 네 영혼을 도로 찾으리니 그러면 네 준비한 것이 누구의 것이 되겠느냐"(눅 12:20). 이 땅에서 평안히 쉬고 먹고 마시고 즐거워하는 것을 위해서 재물을 쌓아 둔 사람은 하나님께 대해 부요하지 못한 자가 됩니다. 하늘에 쌓인 것이 없습니다.

그래서 예수님은 "오직 너희를 위하여 보물을 하늘에 쌓아 두라"라고 말씀하십니다(20절). 여기서 보물을 하늘에 쌓아 둔다는 말은 이 땅의 물질을 하나님 나라의 관점에서 사용하는 것을 의미합니다. 하나님 나라 백성이 자신의 소유, 특히 물질적 소유를 하나님 나라를 위해 사용할 때 그것들은 진정한 보물이 되어 하늘에 쌓이게 됩니다. 이 땅에서의 물질이 이 땅에 머무는 한 그것은 썩고 사라질 물질에 불과하지만, 그것이 하나님 나라를 위해 사용되는 순간 물질은 영원한 가치를 지닌 하늘 보화로 변하여 하늘에 쌓이게 됩니다. 이것이 하나님 나라 백성의 물질관입니다. 하나님 나라의 관점에서 보면, "보이는 것은 잠깐이요 보이지 않는 것은 영원"합니다(고후 4:18). 결국 하늘에 쌓아 둔 보물은 영원토록 사라지지 않습니다.

"보물이 있는 그 곳에는 네 마음도 있느니라"라는 말씀이야말로 물질관의 핵심입니다(21절). 세계관이 가장 현실적으로 나타나는 영역입니다. 그래서 루터는 그리스도인에게 있어서 세 가지 회심이 필요하다고 말합니다. 그것은 "가슴의 회심, 정신의 회심, 그리고 돈지갑의 회심입니다."[28] 또한 이 말씀을 통해 우리는 하나님이 원하시는 것이 우리의 보물이 아니라 우리의 마음임을 알 수 있습니다. 하나님이 우리에게 원하시는 것은 우리의 충성심입니다.

물론 '보물'이 단지 물질적인 것만을 의미하지는 않음을 기억할 필요가 있습니다. '보물'이란 우리가 소중히 여기는 모든 것을 지칭할 수 있습니다. 예를 들어, 어떤 사람에게는 '명예'가, 어떤 사람에게는 '편안함'이, 또 어떤 사람에게는 '자녀'가 보물이 될 수 있습니다.

한결같은 마음

"눈은 몸의 등불이니"(22절)라는 말씀에서 '눈'은 앞서 말한 것처럼 하나의 관점을 말하고, '몸'은 은유적으로 '인생'을 의미합니다. '성하면'(하플루스)이란 '한결같은'(single-minded) 혹은 '주의가 산만하지 않은'(undistracted)을 뜻합니다.[29] 그렇다면 "눈이 성하면 온몸이 밝을 것이요"라는 말씀은 인생관이 한결같으면 인생이 밝아질 것이라고 해석할 수 있습니다. 좀 더 문맥에 따라 해석해 본다면, 한결같은 물질관을 의미하는 것으로 볼 수 있습니다. 한편 '눈이 나쁘면'이라는 말씀은 눈이 '악하다'(포네로스)라는 뜻인데, 이는 사물을 이중으로 보는 상태를 말합니다. 곧 질투, 인색함[30]을 의미하는 동시에 두 마음으로 나뉜 것을 뜻합니다. 하나님과 세상을 동시에 바라보는 이중적인 마음을 가리킵니다.

관점이 나뉘는 문제는 그 자체로 멈추지 않습니다. 주인을 섬기는 마음까지도 둘로 나누기 때문입니다. 예수님은 '주인'을 섬기는 문제로 나아갑니다. 물질관이 잘못되어 있는 사람에게는 물질을 주인으로 섬기는 일이 발생합니다. 그러나 분명한 사실은 "한 사람이 두 주인을 섬기지 못할 것"이란 점입니다. 하나님과 재물(mammon)을 겸하여 섬길 수 없습니다. 하나님을 예배하면서 동시에 돈을 예배하는 삶을 살 수 없다는 것입니다. 두 주인을 예배할 수 있다고 생각하는 사람이 알아야 할 사실이 있습니다. 둘 중의 하나는 가짜라는 것입니다. 하나님을 예배하는 것이 진짜라면 그는 돈을 섬길 수가 없습니다. 돈을 진정으로 섬기는 자라면 하나님을 향한 그의 예배는 가짜입니다. 누가복음에는 두 주인을 섬길 수 없다는 예수님의 말씀을 비웃는 자들이 나옵니다. 바로 바리새인들입니다. 성경은 그 이유를 "바리새인들은 돈을 좋아하는 자들이라"(눅 16:14)라고 말합니다.

두 주인을 섬기는 자?

바리새인과 같이 두 주인을 섬길 수 있다고 생각하는 자들이 있습니다. 교회 밖의 사람들을 가리키는 것이 아닙니다. 사도 바울은 그

　　　　　　　　Part 2 주기도문, 삶의 문제 해법 가이드

들을 세 가지 유형으로 제시합니다.

> 3 누구든지 다른 교훈을 하며 바른 말 곧 우리 주 예수 그리스도의 말씀과 경건에 관한 교훈을 따르지 아니하면 4 그는 교만하여 아무 것도 알지 못하고 변론과 언쟁을 좋아하는 자니 이로써 투기와 분쟁과 비방과 악한 생각이 나며 5 마음이 부패하여지고 진리를 잃어 버려 경건을 이익의 방도로 생각하는 자들의 다툼이 일어나느니라 6 그러나 자족하는 마음이 있으면 경건은 큰 이익이 되느니라 7 우리가 세상에 아무 것도 가지고 온 것이 없으매 또한 아무 것도 가지고 가지 못하리니 8 우리가 먹을 것과 입을 것이 있은즉 족한 줄로 알 것이니라 9 부하려 하는 자들은 시험과 올무와 여러 가지 어리석고 해로운 욕심에 떨어지나니 곧 사람으로 파멸과 멸망에 빠지게 하는 것이라 10 돈을 사랑함이 일만 악의 뿌리가 되나니 이것을 탐내는 자들은 미혹을 받아 믿음에서 떠나 많은 근심으로써 자기를 찔렀도다(딤전 6:3-10).

첫째, 경건을 자신의 이익을 얻는 수단으로 생각하는 자들입니다. "마음이 부패하여지고 진리를 잃어 버려 경건을 이익의 방도로 생각하는 자들의 다툼이 일어나느니라"(5절). 이들의 특징은 다툼을 일으킵니다. 둘째, 부에 대한 욕망이 있는 자들을 말합니다. "부하려 하는 자들은 시험과 올무와 여러 가지 어리석고 해로운 욕심에 떨어지나니 곧 사람으로 파멸과 멸망에 빠지게 하는 것이라"(9절). 이들은 시험과 올무에 걸리고 해로운 욕심에 빠지게 되어 결국 파멸과 멸망을

맞게 됩니다. 셋째, 돈을 사랑하는 것으로 나타납니다. "돈을 사랑함
이 일만 악의 뿌리가 되나니 이것을 탐내는 자들은 미혹을 받아 믿음
에서 떠나 많은 근심으로써 자기를 찔렀도다"(10절). 이들은 미혹을
받게 되고, 믿음에서 떠나 결국 많은 근심과 고통 속에서 자기 자신
을 찌르는 결말을 맞게 됩니다.

'맘모니즘' 대처법

그렇다면 예수님이 우리에게 보물, 눈, 재물에 관한 말씀을 주신
이유는 무엇인가요? 우리의 악함을 책망하시기 위함인가요? 우리의
본성을 들춰내어 부끄럽게 하시려는 것인가요? 그렇지 않습니다. 굳
이 그러실 이유가 없습니다. 예수님은 우리를 너무나 잘 아시기 때
문입니다. "그러므로 그가 범사에 형제들과 같이 되심이 마땅하도다
이는 하나님의 일에 자비하고 신실한 대제사장이 되어 백성의 죄를
속량하려 하심이라 그가 시험을 받아 고난을 당하셨은즉 시험 받는
자들을 능히 도우실 수 있느니라"(히 2:17-18). 예수님의 목적은 우리를
돕는데 있으셨습니다. 우리가 하나님 나라 백성답게 살 수 있도록 도
우시려고 말씀하신 것입니다.

우리는 이 사실을 마태복음 6장의 전체 구조를 통해서 확인할 수
있습니다. 마태복음 6장의 전체 구조를 간략하게 정리하면 〈표 6-2〉
와 같습니다.

〈표 6-2〉를 통해 볼 때 눈(관점) 그리고 보물과 재물의 문제는 마태
복음 6장의 중심부에 놓여 있습니다. 그런데 우리가 주목할 것은 중

심부를 둘러싸고 있는 마태복음 6:1-18(A)의 중심과 마태복음 6:25-34(A')의 중심입니다. 마태복음 6:1-18(A)의 중심은 "그러므로 그들을 본받지 말라 구하기 전에 너희에게 있어야 할 것을 하나님 너희 아버지께서 아시느니라 그러므로 너희는 이렇게 기도하라"(마 6:8-9a)라는 말씀입니다. 즉 주기도문으로 기도하라는 것입니다. 마태복음 6:25-34(A')의 중심은 "이는 다 이방인들이 구하는 것이라 너희 하늘 아버지께서 이 모든 것이 너희에게 있어야 할 줄을 아시느니라 그런즉 너희는 먼저 그의 나라와 그의 의를 구하라 그리하면 이 모든 것을 너희에게 더하시리라"(마 6:32-33)라는 말씀입니다. 이것은 주기도문 축약형을 가리킵니다.

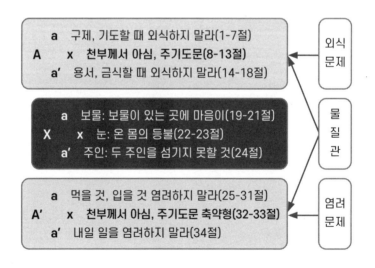

〈표 6-2〉 마태복음 6장 전체 구조

〈표 6-2〉 구조가 의미하는 것은 무엇인가요? 자꾸만 보물을 땅에 쌓으려고 하는 우리의 본성을 잘 알고 계셨던 예수님은 그 본성을 거슬러 보물을 하늘에 쌓는 비결을 우리게 알려주신 것입니다. 그 비결이 무엇인가요? 바로 주기도문으로 기도하는 것입니다. 우리가 주기도문으로 기도하다 보면 분리되었던 우리의 관점이 '하나님 나라'로 모입니다. '재물'이 우리에게 주인 행세를 할 때, 먼저 하나님 나라를 구하게 하는 주기도문이 우리를 깨우칠 것입니다. "정신 차려, 이건 아니잖아!" 주기도문은 우리가 두 주인을 섬길 수 없다는 것을 생각나게 할 것입니다.

Part 2

주기도문, 삶의 문제 해법 가이드

1) 권연경(2018). 『위선: 하나님의 백성 앞에 놓인 위험한 유혹』 서울: IVP. 인용문은 이 책을 간략하게 소개하는 카피 내용입니다.

2) '휘포크리테스'라는 헬라어는 '~아래'를 의미하는 전치사 '휘포'와 '나누다', '조각내다' 를 의미하는 '크리노'라는 동사의 합성어입니다. 특히 '크리노'라는 동사는 '통치하다', '판결하다'라는 뜻으로도 번역할 수 있습니다. 따라서 '휘포크리테스'라는 단어는 은밀 하게, 물밑에서 통치권을 행사하고자 하는 욕망과 관련된 것으로 볼 수 있습니다.

3) France, R. T.(2007). *The Gospel of Matthew*. New International Commentary on the New Testament. Grand Rapids, MI: Eerdmans. p.637.

4) 김세윤(2009). 『주기도문 강해』 서울: 두란노아카데미. p.173.

5) 마태복음 6:2의 '구제'(엘레에모쉬네)라는 단어는 '엘레오스'(신적 자비)에서 파생되었 으며, 마태복음 18:33의 '불쌍히 여김(엘레에사이)이라는 동사의 원형인 '엘레에오'(긍 휼히 여기다) 역시 '엘레오스'(신적 자비)에서 파생된 것입니다.

6) 프랜스(R. T. France)는 만 달란트 빚진 자를 용서한 임금의 이야기는 상상할 수 없 는 하나님의 은혜를 말하는 것이며, 이는 곧 어찌할 바를 모르는 자들을 향한 예수님 의 긍휼(compassion)의 마음과 관련된 것이라고 말합니다(마 9:36, 14:14, 15:32, 20:34). France, R. T.(2007). *The Gospel of Matthew*. op. cit., p.638.

7) "보라 너희가 금식하면서 논쟁하며 다투며 악한 주먹으로 치는도다 너희가 오늘 금식하 는 것은 너희의 목소리를 상달하게 하려는 것이 아니니라"(사 58:4).

8) Ridderbos, H. N.(1999). 『마태복음(상)』 오광만 역. 서울: 여수룬. p.214.

9) Ibid.

10) 메이허(2018). 『걱정하지 마라 90%는 일어나지 않는다』 김경숙 역. 서울: 미래북. 저자 는 "나는 평생 많은 걱정거리를 안고 있었지만 걱정한 일의 대부분은 실제로 발생하지 않 았다."라는 한 노인의 이야기로부터 책의 제목이 유래했음을 밝히고 있습니다. p.4.

11) 키에르케고르(S. A. Kierkegaard)는 마태복음 6:25-34에 나오는 말씀을 중심으로 『이 방인의 염려』라는 책을 써서 기독교 강화(Christian discourse)를 시도하고 있습니다.

12) 마태복음 6:25의 '그러므로'는 '디아'(그러므로, ~를 통해, ~때문에)를 번역한 것이고, 마태복음 6:31, 34의 '그러므로'는 '운'(그러므로)을 번역한 것입니다.

13) Bohm, D(2010). 『전체와 접힌 질서』. 이정민 역. 서울: 시스테마. p.27. 봄에 따르면, 사람들이 신경증을 겪는 원인은 자신의 욕망, 목적, 야망, 충성심, 기타 심성이 너무도 많이 분리되어 있기 때문입니다. 이로 인하여 편집증, 분열증, 정신 이상 등을 겪게 됩니다.

14) Ibid., p.29. 봄은 '거룩(holy)'이란 단어 역시 '전체(whole)'와 그 뿌리가 같다고 말합니다. 이는 곧 "가치 있는 삶이란 전체성 또는 온전함이 함께 해야 한다."라는 것을 의미합니다.

15) Kierkegaard, S. A.(2021). 『이방인의 염려』 이창우 역. 서울: 카리스 아카데미. 이 책의 역자인 이창우는 새와 백합화를 키에르케고르가 '모범'으로 제시하고 있다고 말합니다(p.16-17). 그는 말하길 "새 앞에서는 어떤 모범도 존재하지 않는다. 그러나 이 모범은 비천한 그리스도인 앞에 존재한다. 그는 그의 모범 앞에 존재한다. 그는 계속해서 성장하여 점점 더 이 모범을 닮을 수 있다."라고 합니다(p.127). 하지만 분명한 것은 키에르케고르가 언급한 모범이란 예수 그리스도를 의미한다는 것입니다. 새와 백합화는 예수님이 하나의 '힌트'로 제시한 매체일 뿐입니다.

16) Lloyd-Jones, D. M.(1998). 『산상설교집(하)』 문창수 역. 서울: 정경사. p.178-193. 로이드 존스는 작은 믿음과 관련하여 다음과 같이 말합니다. "이것은 우리의 영혼 구원의 문제에만 국한되고 그 이상 넘어가지 못한 믿음입니다. 이 믿음은 생활 전체와 삶의 모든 국면으로 확대되지 않습니다."(p.181). "작은 믿음은 무엇보다 우리가 환경을 지배하는 대신 환경에 지배를 받는다는 의미"라고 할 수 있습니다(p.184). "작은 믿음에 있어 정작 문제 되는 것은 이 믿음이 생각을 하지 않는다는 것입니다."(p.185). "작은 믿음은 성경의 진술을 액면대로 받아들여 그것을 철저하게 믿지 못하는 것이라고 말할 수도 있습니다."(p.186). "작은 믿음은 구원의 의미와 구원에서 결과 되는 위치를 인식하지 못함을 의미합니다. (중략) 우리의 문제거리의 절반은 우리가 믿는 구원론의 의미를 충분히 인식하지 못한다는 사실에 있습니다."(p.187).

17) Ibid., p.212.

18) Ibid., p.214. "이것은 염려를 의인화(擬人化)하는 말씀입니다. 주님은 이것을 하나의 세력으로 거의 인격(a person)을 가지고 여러분을 움켜쥐고 여러분 자신도 모르게 여러분과 다투며 한 가지를 말하고 나서는 계속해서 또 다른 것을 둘러대는 세력으로 간주하십니다."

19) Lewis, C. S.(1992). 『마귀의 지령』 엄성옥 역. 서울: 은성. 루이스는 사탄의 전략 중에 그리스도인들을 현재에 충실하지 못하도록 하는 것이 있다고 말합니다. "우리(사탄)가 해야 할 일은 그들(그리스도인)을 영원과 현재로부터 끌어내는 것이다."(p.86. 괄호

는 필자). 왜냐하면 하나님은 우리가 미래에 마음을 내어 주는 것과 미래에 우리의 소중한 것을 두는 것을 원하시지 않기 때문입니다.

20) 정훈택에 따르면, '천국'과 '의'가 동의어로 사용되고 있습니다. 설령 그렇지 않다고 하더라도 최소한 뗄 수 없는 연관성을 가지고 있습니다. 정훈택(1993). 『열매로 알리라』 서울: 총신대학출판부. p.427.

21) 어거스틴(St. Augustine)은 우리가 기도하기 전에 우리에게 필요한 것이 무엇인지 하나님이 이미 알고 계신다는 것을 아는 것이 '경건'(piety)이라고 말합니다. 그리고 이 경건은 우리가 진정으로 갈망해야 할 것을 갈망하게 합니다. St. Augustine(2010). *Commentary on the Lord's Sermon on the Mount with Seventeen Related Sermons*. The Catholic University of America Press. p.242.

22) 프랜스에 따르면, 마태복음 6:19-24는 마태복음 6:1-6, 16-18과 하늘의 상급이라는 점에서 분명한 연속성이 있다고 말합니다. 또한 본문의 위치는 마태복음 6:11에 나오는 양식에 대한 청원과 모든 물질적 필요를 하늘 아버지께 맡길 것을 요구하는 마태복음 6:33 사이에서 '땅의 보화'와 '맘몬'에 관한 말씀이 적절한 위치에 놓여 있다고 말합니다. France, R. T.(2007). *The Gospel of Matthew*. op. cit., p.272-273.

23) 로이드 존스는 마태복음 6:19-24에서 다뤄지는 주제와 관련하여 "이 말은 인생을 바라보는 눈과 심성(心性, mentality)을 의미하며, 사물을 보는 방법, 삶의 전체를 보는 방법"을 의미한다고 말합니다. Lloyd-Jones, D. M.(1998). 『산상설교집(하)』 op. cit., p.108.

24) 송인규(2010). 『새로 쓴 기독교, 세계, 관』 서울: IVP. p.24.

25) 쉐퍼(F. A. Schaeffer)에 따르면, 물질주의는 여러 가지로 이해될 수 있습니다. 인간을 단지 복잡한 에너지 덩어리로 보는 철학적 유물론이나 공산주의 철학에서 말하는 변증법적 유물론 등이 있습니다. 기독교인이라면 이것들에 대해 동의할 자가 하나도 없을 것입니다. Schaeffer, F. A.(1998). 『기독교 영성관』 박문재 역. 서울: 크리스챤 다이제스트. p.203.

26) Ibid. 쉐퍼는 이것을 가리켜 '제3의 물질주의' 혹은 '실제적 물질주의'라고 말합니다. 이는 참된 영성과 반대되는 것이며, 개인적 평안과 부(富)를 추구하는 풍조라고 할 수 있습니다.

27) Stott, R. W. J.(2010). 『제자도』 김명희 역. 서울: IVP. p.24.

28) Foster, R. J.(1991). 『돈 섹스 권력』 김영호 역. 서울: 두란노서원. p.27에서 재인용.

29) France, R. T.(2007). *The Gospel of Matthew*. op. cit., p.275-276.

30) Ibid., p.276.

Part 3

주기도문,
하나님 나라 갈망 가이드

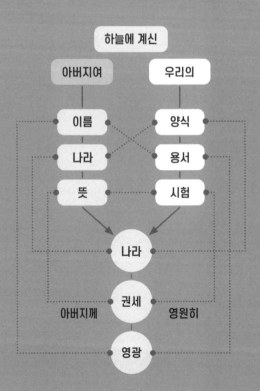

예수님은 잘 짜인 구조로 이루어진 주기도문을 우리에게 주셨습니다. 주기도문은 부분과 요소들이 그물망처럼 연결되어 하나의 완전체를 이루고 있습니다. 이는 곧 하나님 나라의 왕과 백성, 왕의 통치와 백성의 반응이 서로 긴밀하게 연결되어 있음을 보여줍니다.

우리는 주기도문을 통해 하나님을 아버지라고 부를 뿐 아니라 하나님과의 특별한 관계인 언약을 상기해야 합니다. 참된 기도는 언약을 베푸신 하나님을 부르는 것이며, 그분께 집중하는 것이기 때문입니다.

주기도문의 시작이 '아버지'를 부름으로 언약적 출발을 보여주고 있다면, 주기도문의 끝은 인생의 목적이 무엇인지를 분명하게 보여줍니다. 이것을 다르게 표현한다면, 인생의 궁극적 목적은 나라가 아버지께 있다는 사실을 기뻐하는 것입니다.

예수님은 주기도문을 통해 우리의 갈망을 영점 조준하길 원하십니다. 은혜를 경험한 자로서 우리의 갈망이 하나님 나라에 맞춰지도록 조정하신다는 말입니다. 기도는 갈망입니다. 기도는 열정입니다. 주기도문은 그 갈망을 하나님 나라에 맞게 도와줍니다.

07
구조를 보면
전체가 보인다

알파와 오메가

퍼즐 맞추기 놀이는 분리된 조각의 연계성을 찾아 맞춰감으로 전체를 완성하는 놀이입니다. 예를 들어, 직소 퍼즐(Jigsaw Puzzle)은 모양이 서로 다른 조각을 맞추어 하나의 전체 그림을 완성하는 퍼즐을 말합니다.[1] 영유아 아이들이 주로 가지고 노는 퍼즐은 부분과 전체를 경험하는 매우 좋은 놀이라고 할 수 있습니다.[2] 퍼즐을 맞출 때 전체 이미지를 보고 진행하는 것과 그렇지 않은 것 사이에는 큰 차이가 있습니다.

하나님은 전체로 존재하십니다. 하나님의 존재 자체가 '전체'라는 의미를 담고 있다는 뜻입니다. "주 하나님이 이르시되 나는 알파와 오메가라 이제도 있고 전에도 있었고 장차 올 자요 전능한 자라 하시더라"(계 1:8). 하나님이 '알파와 오메가'시라는 것은 그가 과거에도, 현재에도, 그리고 미래에도 존재하시는 분이라는 뜻입니다. 하나님이 전체로 존재하신다는 것은 영원히 존재하는 것을 의미합니다.

또한 하나님은 "처음과 마지막이요 시작과 마침"이십니다(계 22:13). 하나님은 존재하는 모든 것의 시작이시고, 그 모든 것을 다스리시며, 그 모든 것의 존재 목적이십니다. "태초에 하나님이 천지를 창조"하셨으며(창 1:1), 예수님은 "태초에 하나님과 함께 계셨고 만물이 그로 말미암아 지은 바 되었으니 지은 것이 하나도 그가 없이는 된 것이" 없습니다(요 1:1-3). 그리고 예수님은 "내가 진실로 속히 오리라"라고 말씀하셨습니다(계 22:20). 사도 바울은 이 모든 내용을 한 구절로 다음과 같이 요약합니다. "이는 만물이 주에게서 나오고 주로 말미암고 주에게로 돌아감이라 그에게 영광이 세세에 있을지어다 아멘"(롬 11:36).

하나님이 전체로 존재하시듯 하나님의 아들이신 예수님도 전체로 존재하십니다. "나는 알파와 오메가요 처음과 마지막이요 시작과 마침이라"(계 22:13). 성경은 성부 하나님께서 성자 예수님께 전체를 주셨다고 선언합니다. "아버지께서 아들을 사랑하사 만물을 다 그의 손에"(요 3:35) 주셨으며, "하늘과 땅의 모든 권세"(마 28:18)를 아들에게 주셨습니다.

놀라운 사실은 하나님이 독생자를 바로 우리에게 주셨다는 것입니다. "하나님이 세상을 이처럼 사랑하사 독생자를 주셨으니 이는 그를 믿는 자마다 멸망하지 않고 영생을 얻게 하려 하심이라"(요 3:16). 하나님이 예수님을 우리에게 주셨다는 것은 하나님의 전부를 주신 것입니다. 그것도 "아끼지 아니하시고 우리 모든 사람을 위하여" 내어 주셨습니다(롬 8:32).

더 놀라운 것은 하나님이 오늘 우리에게도 전부를 요구하신다는 사실입니다. "이스라엘아 들으라 우리 하나님 여호와는 오직 유일한 여호와이시니 너는 마음을 다하고 뜻을 다하고 힘을 다하여 네 하나님 여호와를 사랑하라"(신 6:4-5). 하나님은 우리의 '마음', '뜻', '힘'을 요구하십니다. 우리의 전부를 요구하시는 것입니다.

구조와 핵심

여기서 우리는 예수께서 우리에게 전부를 요구하시는 진술 방식에 주목할 필요가 있습니다.

> 예수께서 이르시되 네 마음을 다하고 목숨을 다하고 뜻을 다하여 주 너의 하나님을 사랑하라 하셨으니 이것이 크고 첫째 되는 계명이요 둘째도 그와 같으니 네 이웃을 네 자신 같이 사랑하라 하셨으니 이 두 계명이 온 율법과 선지자의 강령이니라(마 22:37-40).

예수님은 "온 율법과 선지자의 강령"을 간략하게 4개의 구절로 정리하여 우리에게 말씀하여 주셨습니다. 이것은 성경 전체를 보여주시는 하나의 방법입니다.

핵심을 통해 전체를 간략하게 제시하는 방법은 일종의 구조를 제시하는 것입니다. 구조의 사전적 정의는 "각 부분이나 요소를 모아 어떤 전체를 만듦"입니다. 구조란 부분과 부분, 부분과 전체와의 관계를 보여주는 어떤 것입니다. 또 다른 관점에서 보면, 구조는 두 가지 개념으로 접근할 수 있습니다. 하나는 '존재적 순서'이고, 다른 하나는 '사역적 순서'입니다. '존재적 순서'란 존재하는 유기체나 사물의 각 요소를 순서에 따라 나열한 것입니다. '사역적 순서'란 어떤 사건이나 일의 발생 과정을 순서에 따라 제시한 것입니다.[3]

하나님이 이스라엘 백성에게 언약법인 십계명을 주실 때도 구조적으로 잘 짜인 형식을 통해 주셨습니다. 613가지의 율법을 열 개로 압축하여 주신 것도, 열 개의 계명을 하나님을 사랑하는 법(1-4계명)과 이웃을 사랑하는 법(5-10계명)으로 양분하여 주신 것도 모두 구조와 관련되어 있습니다. 교육적 의도가 있다는 말입니다.

주기도문의 구조

예수님이 주기도문을 주실 때도 역시 마찬가지였습니다. 예수님은 잘 짜인 구조로 이루어진 주기도문을 우리에게 주셨습니다. 주기도문은 부분과 요소들이 그물망처럼 연결되어 하나의 완전체를 이루고 있습니다. 이는 곧 하나님 나라의 왕과 백성, 왕의 통치와 백성의 반응이 서로 긴밀하게 연결되어 있음을 보여줍니다. 이것을 그림으로 정리하면 [그림 7-1]과 같습니다.

[그림 7-1]을 통해 볼 때, 주기도문은 크게 네 부분으로 구성되어 있음을 알 수 있습니다. ①은 하나님을 부름, ②는 하나님 나라를 위한 청원, ③은 하나님 나라 백성을 위한 청원, ④는 송영입니다. 주기도

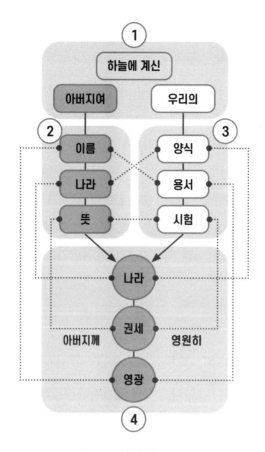

[그림 7-1] 주기도문의 구조

문의 구조를 두 가지 측면에서 정리할 수 있습니다. 첫째, 존재적 순서입니다. 먼저 왕이신 하나님이 계십니다. 그분은 백성의 왕인 동시에 아버지도 되십니다. 주기도문은 하나님 나라 백성들이 왕이신 하나님을 위해, 그리고 자신들을 위해 청원하는 내용으로 이루어져 있습니다. 둘째, 사역적 순서입니다. 기도할 때 청원하는 순서를 말합니다. 가장 먼저 하나님을 아버지로 부르는 것에서 시작합니다. 이것은 참된 기도의 시작이 무엇인지를 보여줍니다. 진정한 기도는 하늘의 하나님을 '아버지'로 부를 수 있는 자들의 특권입니다. 다음으로 하나님 나라를 위한 청원이 이어집니다. 이는 곧 왕이신 하나님을 위한 청원인 셈입니다. 하나님 나라를 위한 청원이 다른 어떤 청원보다 우선임을 보여줍니다. 이어서 하나님의 백성을 위한 청원 곧 우리를 위한 청원이 그 뒤를 따릅니다. 하지만 실제 우리의 기도에서 이 순서의 역전이 얼마나 많이 일어나고 있습니까? 마지막으로 하나님 나라와 권세와 영광을 노래하는 송영이 나옵니다. 이것은 기도의 목적일 뿐 아니라 하나님 나라 백성의 삶의 목적이기도 합니다.

큰 그림의 의미

큰 그림을 보여주는 것이 하나님 나라의 통치 방식입니다. 하나님은 언약을 통해 하나님 나라를 이루어 가시는데, 그 언약은 구원의 역사 속에서 때마다 펼쳐졌습니다. 하나님은 애굽에서 노예처럼 고통 당하는 이스라엘 백성의 부르짖음을 들으시고 그들의 조상들과 세우신 언약을 기억하셨습니다(출 2:24-25).[4] 하나님께서 모세를 통해 구원 계획을 알려 주셨을 때, 먼저 출애굽의 큰 그림을 보여주셨습니다(출 3:9-12).[5] 그리고 동시에 '여호와'가 하나님의 이름인 것을 알려주셨습니다(출 3:13-15).[6] 모세는 출애굽의 과정에서 하나님이 '여호와'이심을 체험을 통해 알게 되었습니다.

예수님이 이 땅에 오셨을 때, 그분은 "주의 이름으로" 오신 분이셨습니다.[7] 그래서 가브리엘 천사는 마리아에게 수태고지를 알릴 때, "보라 네가 잉태하여 아들을 낳으리니 그 이름을 예수라 하라"(눅 1:31)라고 이름을 알려준 것입니다. 그 이름의 뜻은 "그가 자기 백성을 그들의 죄에서 구원할 자"였습니다. 예수님의 이름 안에 이미 하나님 나라가 담겨 있었습니다.

사탄은 작은 일로 우리를 흔들어 댑니다. 큰 그림에 주목하지 못하도록 방해하고, 부분적인 일에 집착하게 합니다. 하나의 사건에 얽매이게 만드는 방식으로 우리를 흔듭니다. 그러나 성경은 우리에게 더 넓게 생각하라고 말합니다. 우리가 고난 가운데 있을 때, 나만 고난 받는 것처럼 생각될 때가 있습니다. 그러나 그렇지 않습니다. "너희는 믿음을 굳건하게 하여 그를 대적하라 이는 세상에 있는 너희 형제들도 동일한 고난을 당하는 줄을 앎이라"(벧전 5:9). 그래서 큰 그림을 생각하는 것이 중요합니다. 우리의 고난은 잠깐입니다. 그리고 고난으로 인해 우리는 오히려 더 강해집니다.[8] 그래서 우리는 고난 중에서도 즐거워할 수 있습니다.[9]

우리가 항상 기뻐할 수 있는 이유는 어디에 있습니까? 우리가 쉬지 않고 기도해야 하는 이유가 어디에 있습니까? 우리가 모든 일에 감사할 이유는 무엇입니까? 그 이유는 바로 하나님의 뜻입니다(살전 5:16-18). 하나님의 뜻은 우리에게 큰 그림입니다. 하나님은 자신의 기쁘신 뜻을 위해 우리 마음에 소원을 두시고 그것을 행하게 하십니다.[10] 따라서 어떤 일을 행할 마음이 들 때, 그것이 말씀에 어긋나는 것이 아니라면, 우리는 "자기의 기쁘신 뜻을 위하여" 우리에게 소원을 품게 하시는 하나님의 섭리를 기억하고, 결과는 하나님께 맡긴 채 최선을 다해야 합니다.

그리스도인의 큰 그림: 하나님 나라

하나님 나라 백성이 그려야 할 큰 그림은 하나님 나라입니다. 주기도문은 우리에게 하나님 나라 그림을 떠올리게 합니다. 하나님 나라를 떠올리는 것이 왜 중요합니까? 하나님 나라 개념은 그리스도인의 사고, 사명, 삶에 의미 깊은 영향을 주기 때문입니다. 우리는 예수님이 세상 나라에 사는 우리에게 '하나님 나라'라는 개념을 강조하여 가르쳐주신 것을 기억해야 합니다. 세상 나라는 우리 눈앞에 펼쳐져 있어 자칫 잘못하면 세상 나라에 우리의 생각과 마음을 빼앗길 수 있기 때문입니다. 찰스 도나휴(C. H. Dunahoo)는 이렇게 말합니다.

> 나라(왕국)란 개념을 사용함으로써 성경은 예수 그리스도의 왕권을 그분께서 다스리시는 창조 세계의 모든 영역이라는 측면과 삶의 모든 국면에 대한 그분의 통치라는 측면 모두를 강조하고 있다.[11]

우리가 살아가는 모든 세계가 다 왕이신 예수 그리스도의 통치권 아래에 있습니다. 그리고 우리의 삶의 모든 국면이 예수님의 통치 영역입니다. 따라서 우리는 하나님 나라를 떠올려야만 합니다.

'하나님 나라'라는 개념이 가진 독특한 특징을 찰스 도나휴는 다음과 같이 두 가지로 제시합니다. 첫째, 하나님 나라는 사람이 아니라 하나님께 초점을 맞추고 있습니다. 그 나라의 왕은 사람이 아니라 예수님이십니다. 둘째, 하나님 나라는 우리에게 새로운 관점에서 타인들과 관계 맺는 법을 알려주며, 우리 주위를 둘러싼 세계와 관계 맺는 법을 이해할 수 있도록 도와줍니다. 그 결과 하나님 나라를 제대로 이해하면 거룩한 것과 세속적인 것이 하나님 나라 안에서 포괄적 융합을 이루게 되어 그리스도인이 하는 모든 일이 종교적 활동이고 하나님의 영광을 위한 사역이 되는 것입니다.[12]

코넬리우스 플랜팅가(Cornelius Plantinga)는 이와 관련하여 다음과 같이 말합니다.

> 예수님의 명령을 받은 제자들은 '그리스도의 사람'이 되는 것은 '하나님 나라의 사람'이 되는 것임을 이해했다. 하나님 나라에서 일하는 것이 우리 삶의 방식이다. 따라서 그리스도를 따르는 많은 사람들은 그 나라를 지적으로 가장 잘 섬기는 법을 배우기 위해서 강력한 기독교교육이 필요하다는 결론을 내린다.[13]

이것이 예수께서 주기도문을 가르쳐 주신 이유입니다. 또한 우리가 주기도문을 배워야 하는 이유이기도 합니다. 그리고 우리의 자녀에게 주기도문을 가르쳐야 할 이유입니다.

08
'언약'으로 시작하는
주기도문

우스갯소리로, 세계평화를 위해 필독해야 할 책이 있습니다. 남녀의 차이를 다루고 있는 『화성에 온 남자 금성에서 온 여자』입니다. 이 책의 저자 존 그레이(J. Gray) 박사는 2만 5,000여 명의 커플을 상담하는 과정에서 발견한 남녀 사의 갈등 원인을 밝혀 주고 있습니다.[14] 이 책의 요지는 남자와 여자는 서로 본질적인 차이점이 있다는 것입니다. 그레이는 남녀의 차이를 화성과 금성의 차이로 비유합니다. 각각 전혀 다른 언어와 사고방식을 가진 행성에서 왔다는 것입니다. 따라서 해법은 남녀가 서로 다르다는 것을 제대로 인식하는 것에 있습니다. 그러면 상대를 이해할 수 있게 되고, 상대방을 자신의 사고나 행동의 틀에 맞추지 않고 받아들일 수 있다는 것입니다.

관계에 있어서 남자와 여자 사이의 차이와는 비교도 할 수 없이 큰 차이가 존재합니다. 바로 주기도문의 시작 부분에 나오는 '하늘에 계신 분'과 '우리' 사이에 존재하는 차이입니다. "하늘에 계신 우리 아버지여"라는 기도에는 하나님과 우리의 차이, 그리고 그 차이를 이어주는 언약 개념이 함축되어 있습니다.[15) 여호와 하나님은 창조주시고 우리는 단지 그분의 피조물일 뿐입니다. 하나님이 우리를 향해 "땅의 기초를 놓을 때 네가 어디 있었느냐?"라고 물으신다면, 우리는 욥과 같이 대답할 뿐입니다. "보소서 나는 비천하오니 무엇이라 주께 대답하리이까 손으로 내 입을 가릴 뿐이로소이다"(욥 40:4). 하나님과 우리의 사이는 그 차이를 스스로 인식할 수도 없을뿐더러 인식한다고 해도 좁힐 수 있는 것이 아닙니다.

차이의 해결책: 언약

하나님과 우리 사이의 차이는 존재적 차원만이 아니라 정의적(正義的) 차원에서 더 치명적입니다. 하나님은 거룩하고 거룩하시며 거룩하신 분입니다(사 6:3). 반면 우리는 어떻습니까? 우리 중에 의인은 하나도 없으며, 깨닫는 자도 없고, 하나님을 찾는 자도 없으며, 선을 행하는 자가 하나도 없습니다.[16) 아담의 불순종으로 인하여 우리는 하나님 앞에서 쫓겨나게 되었고, 그 결과 하나님과 우리 사이가 더욱 멀어지게 되었습니다(창 3:24, 사 59:2).

반역과 불순종이 아담과 하와에 의해서 저질러진 것이라면 그 해결책은 즉각적으로 하나님에게서 나왔습니다. "내가 너로 여자와 원수가 되게 하고 네 후손도 여자의 후손과 원수가 되게 하리니 여자의 후손은 네 머리를 상하게 할 것이요 너는 그의 발꿈치를 상하게 할 것이니라 하시고"(창 3:15). 하나님은 언약을 씨앗 형태로 아담과 하와에게 주셨습니다. 그리고 그 언약의 씨앗은 아브라함의 때에 싹이 났으며[17], 모세를 통해 드러나게 되었습니다. 400여 년이 지난 후 아브라함과 이삭과 야곱의 후손 이스라엘이 애굽에서 고된 노동으로 말미암아 하나님께 부르짖었을 때, 하나님은 "아브라함과 이삭과 야곱에게 세운 그의 언약"을 기억하셨습니다(출 2:24).

그러면 언약이란 무엇인가요? 고대 근동의 배경에서 언약이란 인격 당사자 간에 법적인 관계를 공적으로 선언하는 것을 말합니다.[18] 하나님은 이스라엘과의 언약 관계를 맺기 위해 그들을 애굽에서 구출하여 주셨습니다. 이 사실을 미리 그리고 직접적으로 보여주는 구절이 바로 출애굽기 6:2-8입니다.[19] 이 단락의 중심에 "너희를 내 백성으로 삼고 나는 너희의 하나님이 되리니"(출 6:7)라는 말씀이 놓여 있습니다. 그리고 이것이 가장 완전한 형태로 제시된 첫 번째 언약 문장입니다.

언약을 위하여

출애굽기 3장에 예언된 대로 언약식은 시내산에서 이루어졌습니다(출 3:12). 하나님이 모세를 통해 이스라엘 자손에게 언약 체결을 위한 말씀을 전하라고 하셨습니다. "세계가 다 내게 속하였나니 너희가 내 말을 잘 듣고 내 언약을 지키면 너희는 모든 민족 중에서 내 소유가 되겠고 너희가 내게 대하여 제사장 나라가 되며 거룩한 백성이 되리라"(출 19:5-6). 모세를 통해 이 말씀을 전해 들은 이스라엘

자손들은 '일제히' "여호와께서 명령하신 대로 우리가 다 행하리이
다"(출 19:8)라고 응답했습니다. 이 순간 언약이 체결된 것입니다. 따
라서 하나님과 이스라엘 백성 사이의 언약 관계가 유지되기 위해서
는 특별한 법이 필요하게 되었습니다. 그것이 바로 언약법입니다.
그리고 십계명은 언약법의 핵심입니다. 또한 이 모든 언약식의 핵심
은 피 뿌림에 있었습니다. "모세가 그 피를 가지고 백성에게 뿌리며
이르되 이는 여호와께서 이 모든 말씀에 대하여 너희와 세우신 언약
의 피니라"(출 24:8).

문제는 언약법을 깨뜨린 경우가 발생할 때입니다. 이스라엘 백성
이 언약법을 지키지 못했다는 것은 하나님과의 언약 관계가 깨졌다
는 것을 의미합니다. 하나님은 이 상황을 아시고 깨진 언약 관계를
회복할 방법을 미리 말씀해 주셨습니다. "내가 그들 중에 거할 성소
를 그들이 나를 위하여 짓되 무릇 내가 네게 보이는 모양대로 장막
을 짓고 기구들도 그 모양을 따라 지을지니라"(출 25:8-9). 모세가 이
스라엘 백성과 함께 세울 성소의 중심은 '증거궤'와 '번제단'에 있습
니다. '언약궤'라고도 불리는 '증거궤'는 하나님과 이스라엘 백성의
언약 관계를 증거하는 역할을 합니다. 그리고 그곳에 하나님이 임하
셔서 은혜를 베푸시는 시은좌(施恩座)가 있습니다. 번제단은 이스라
엘 백성의 개인 혹은 공동체가 하나님과의 언약을 깨뜨렸을 경우 그
것을 회복하는 제사를 드릴 때 사용하는 것입니다.[20]

정리해 보면, 하나님께서 이스라엘 자손을 애굽에서 구원하신 목
적은 언약을 맺기 위한 것이었습니다. 또한 언약법을 주신 목적은 언
약 관계를 유지하기 위함이었으며, 성소를 지으라고 말씀하신 이유

는 깨진 언약 관계의 회복을 위함이었습니다. 그리고 이것은 하나님께서 언약을 통해 하나님 나라를 이루어 가시는 과정을 보여줍니다.

언약의 성취자

구약의 언약 사상은 예수 그리스도를 향하고 있습니다. 언약법도 예수 그리스도를 향하고, 언약 회복을 위한 방편으로 주신 성소도 예수 그리스도를 향하고 있으며, 어린 양과 언약의 피도 예수 그리스도를 향하고 있습니다. 그리고 그 모든 것이 예수 그리스도를 통해 성취되었습니다. "그리스도는 모든 믿는 자에게 의를 이루기 위하여 율법의 마침이 되시니라"(롬 10:4). 예수님은 율법을 성취하셨습니다. "그리스도께서는 참 것의 그림자인 손으로 만든 성소에 들어가지 아니하시고 바로 그 하늘에 들어가사 이제 우리를 위하여 하나님 앞에 나타나시고"(히 9:24). 예수님은 구약에서 제시된 그림자의 실체로 오신 분입니다. "큰 음성으로 이르되 죽임을 당하신 어린 양은 능력과 부와 지혜와 힘과 존귀와 영광과 찬송을 받으시기에 합당하도다 하더라"(계 5:12). 예수님은 유월절 어린 양으로 십자가에서 죽임을 당하셨습니다. "이것은 죄 사함을 얻게 하려고 많은 사람을 위하여 흘리는 바 나의 피 곧 언약의 피니라(마 26:28). 예수님이 십자가에서 흘리신 피가 곧 언약의 피입니다. 이제까지 살펴본 것을 그림으로 나타내면 [그림 8-1]과 같습니다.

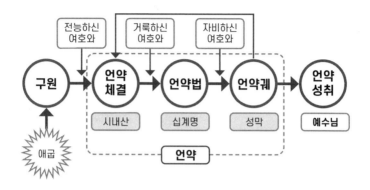

[그림 8-1] 언약의 파노라마

하나님께서 이스라엘을 애굽에서 구원하신 목적은 '언약'을 맺기 위함이었습니다. [그림 8-1]에서와 같이 언약의 큰 그림은 세 가지로 구분할 수 있습니다. 첫째, 시내산에서의 '언약 체결'이 있으며, 둘째, 이와 함께 십계명으로 대표되는 '언약법'의 수여가 있고, 셋째, 언약 식이 끝난 후 하나님이 이스라엘 중에 거할 '성막' 건축이 이어집니다. '언약궤'는 성막의 핵심을 상징합니다. 언약궤는 지성소에 놓이게 되면서 여호와 하나님의 임재 장소로 사용됩니다. '언약궤'의 다른 이름에는 '증거궤', '법궤' 등이 있는데, 이 중에서 '증거궤'란 언약을 증거하는 상자를 의미합니다. 따라서 [그림 8-1]을 통해 볼 때, 언약이란 단지 언약 체결만을 의미하지 않습니다. 언약 체결이란 언약 관계 즉 특별한 관계 맺음이요, 언약법이란 그 언약 관계의 유지를 위한 방편으로 주신 것이며, 언약궤가 놓여 있는 성막의 존재 목적은 깨진 언약 관계의 회복을 위한 방편입니다.

Part 3 주기도문, 하나님 나라 갈망 가이드

한편 [그림 8-1]에서 '구원'과 '언약 체결' 사이에 드러나는 하나님의 성품이 있는데, 바로 '전능하심'입니다(출 6:7). 이는 이스라엘 백성을 애굽의 바로에게서 구원하여 내신 하나님의 능력과 관련된 것입니다. 또한 '언약 체결'과 '언약법' 사이에 드러나는 하나님의 성품은 '거룩하심'입니다(레 19:2). 하나님이 거룩하신 것과 같이 하나님과 함께할 이스라엘 백성 역시 거룩해야 함을 요구하는 것입니다. 마지막으로 '언약법'과 '성막의 언약궤' 사이에 드러나는 하나님의 성품은 '자비하심'입니다(출 34:6). 이스라엘 백성이 언약법을 어김으로 하나님과의 언약 관계가 깨졌을 때 그들에게 필요한 것은 바로 하나님의 자비하심이었습니다. 이 모든 언약의 내용이 결국 예수 그리스도의 십자가와 부활을 통해 성취되었습니다. [그림 8-1]은 앞서 설명한 내용을 전체로 보여줍니다.

언약으로 시작하는 주기도문

놀랍게도 주기도문의 시작에는 앞에서 살펴본 언약 사상이 압축되어 있습니다. 사실상 주기도문은 언약으로 시작합니다. 예수님은 우리에게 "하늘에 계신 우리 아버지여"라고 기도를 시작하게 하십니다. 주기도문 첫 문장의 헬라어 어순은 '아버지여', '우리의', '하늘에 계신'입니다. 아버지를 부르는 것이 가장 먼저 나옵니다. 하나님을 아버지로 부르는 것의 중요성을 나타낸 것입니다. 성경에서 언약 관계를 보여주는 그림에는 여러 가지가 있는데, 그중에서 가장 대표적인 두 가지는 다음과 같습니다. 하나는 왕과 백성의 관계를 통해 보여주는 그림이고, 다른 하나는 아버지와 자녀의 관계를 통해 보여주는 그림입니다. 즉, 아버지와 자녀의 관계는 언약을 보여주는 또 하나의 그림입니다. 하나님께서는 애굽의 바로를 향하여 "이스라엘은 내 아들 내 장자라"(출 4:22)라고 말씀하셨으며, 애굽에서 구원하신 이스라엘 백성을 부르실 때도 "내가 사랑하여 내 아들을 애굽에서 불러냈거늘"(호 11:1)이라고 하셨습니다. 그러므로 하나님을 '아버지'라고 부르는 표현에는 언약 개념이 담겨있다고 할 수 있습니다. 즉, 예수님이 우리에게 하나님을 '아버지'라고 부르게 하신 것은 결국 언약 관계를 떠올리게 하신 것입니다.

그러면 누가 하나님을 아버지로 부를 수 있습니까? 언약을 성취하신 예수님을 구주로 받아들인 자들입니다. 예수님의 이름을 믿는 자들입니다. "영접하는 자 곧 그 이름을 믿는 자들에게는 하나님의 자녀가 되는 권세를 주셨으니 이는 혈통으로나 육정으로나 사람의 뜻으로 나지 아니하고 오직 하나님께로부터 난 자들이니라"(요 1:12-13). 예수님이 하나님의 아들이심을 믿는 자들이 곧 하나님을 아버지라고 부를 수 있는 자들입니다.[21]

요한복음 3장에서 예수님은 니고데모에게 '성령으로 태어남'의 신비에 대해 말씀해 주셨습니다. 바리새인이며 산헤드린 공회원이었던 니고데모가 한밤중에 예수님을 찾아왔을 때였습니다. 그는 예수님을 단지 하나님께서 보내신 선지자로 생각했습니다. "랍비여 우리가 당신은 하나님께로부터 오신 선생인 줄 아나이다 하나님이 함께 하시지 아니하시면 당신이 행하시는 이 표적을 아무도 할 수 없음이니이다"(2절). 니고데모는 "아나이다"라고 말했습니다. 그는 예수님을 안다고 생각했습니다. 이에 대한 예수님의 대답은 "사람이 거듭 나지 아니하면 하나님의 나라를 볼 수 없느니라"(3절)라는 것이었습 니다.[22] 니고데모가 '안다'라고 말한 것에 대해, '볼 수 없다' 즉 '모른 다'라고 대답하신 것입니다. 더 나아가서 예수님은 '거듭 태어남'(위로 부터 태어남), '물과 성령으로 태어남', '성령으로 태어남'에 대해서 가르 쳐주셨습니다. 그 모든 것이 같은 의미임을 말씀해 주신 것입니다. 그러나 니고데모는 "어찌 그러한 일이 있을 수 있나이까"(9절)라고 자 신의 무지를 드러낼 뿐이었습니다. 그러자 예수님은 "너는 이스라엘 의 선생으로서 이러한 것들을 알지 못하느냐"(10절)라고 책망하셨습 니다. 예수님은 안다고 생각하는 니고데모에게 '알지 못한다'(우 기노 스케이스)라는 동사를 사용하심으로 구체적으로 책망하신 것입니다. 새 생명, 즉 거듭남은 성령께서 말씀을 통해 이루시는 생명 사역입니 다. 예수님의 십자가와 부활을 믿는 자에게만 나타나는 성령의 사역 입니다. "그를 믿는 자마다 영생을 얻게 하려 하심이니라"(15절) 그리 고 이는 곧 하나님 나라와 연결됩니다.[23]

언약 공동체

예수님은 '내 아버지여'가 아니라 "우리 아버지여"라고 부르게 하 셨습니다. 여기서 '우리'는 언약 공동체를 암시합니다. 하나님이 언 약을 맺으실 때, 아브라함 한 사람만 부르신 것이 아니라 그의 가족 공동체를 부르셨습니다.[24] 사도 바울은 또 다른 측면에서 이것을 조 명합니다. 즉 하나님의 영이신 성령님은 우리를 거듭나게 하실 뿐 아니라 우리가 하나님의 자녀인 것을 확신할 수 있게 해 주시며, 우리가 하나님의 자녀로 살아갈 수 있도록 생명력을 불어넣으신다는 것입니다.

> 11 예수를 죽은 자 가운데서 살리신 이의 영이 너희 안에 거하시면 그리스도 예수를 죽은 자 가운데서 살리신 이가 너희 안에 거하시는 그의 영으로 말미암아 너희 죽을 몸도 살리시리라 12 그러므로 형제들아 우리가 빚진 자로되 육신에게 져서 육신대로 살 것이 아니라 13 너희가 육신대로 살면 반드시 죽을 것이로되 영으로써 몸의 행실을 죽이면 살리니 14 무릇 하나님의 영으로 인도함을 받는 사람은 곧 하나님의 아들이라(롬 8:11-14).

하나님의 자녀가 생명력 있는 삶을 살기 위해서는 성령의 도우심이 필수적입니다. 그리고 성령의 도우심을 받는 길은 기도하는 것입니다. "너희는 다시 무서워하는 종의 영을 받지 아니하고 양자의 영을 받았으므로 우리가 아빠 아버지라고 부르짖느니라"(롬 8:15). 하나님의 자녀에게 기도는 생명력 있는 삶을 사는 방법인 동시에 살아있다는 증거입니다. 우리가 하나님을 아버지라고 부를 때, 우리는 우리 안에 성령님이 계신 것을 드러내는 것입니다. 하나님을 '아버지'라고 부르는 것은 곧 성령님을 인정하는 것입니다. 그러므로 우리는 할 수 있는 한 '아버지'를 자주 불러야 합니다.

하늘에 계신 분

우리를 자녀 삼아 주신 하나님 아버지는 "하늘에 계신" 분입니다. 이것은 하나님의 존재적 초월성을 가리킵니다. 우리의 아버지는 전능하신 분입니다. 능히 뜻하신 것을 이루십니다. 우리의 기도에 능히 응답하시는 분입니다. "그는 뜻이 일정하시니 누가 능히 돌이키랴 그의 마음에 하고자 하시는 것이면 그것을 행하시나니 그런즉 내게 작정하신 것을 이루실 것이라 이런 일이 그에게 많이 있느니라"(욥 23:13-14).

우리의 아버지는 신실하신 분입니다. 약속하신 것은 반드시 지키십니다. 약속을 의지하여 기도하는 우리의 기도에 반드시 응답하십니다. "내가 주의 성전을 향하여 예배하며 주의 인자하심과 성실하심으로 말미암아 주의 이름에 감사하오리니 이는 주께서 주의 말씀을 주의 모든 이름보다 높게 하셨음이라 내가 간구하는 날에 주께서 응답하시고 내 영혼에 힘을 주어 나를 강하게 하셨나이다"(시 138:2-3).

우리의 아버지는 거룩하신 분입니다. 세상의 군왕과는 다릅니다. 그분의 판단은 공의로우시며, 치우침이 없습니다. "여호와여 주는 의로우시고 주의 판단은 옳으니이다 주께서 명령하신 증거들은 의롭고 지극히 성실하니이다"(시 119:137-138).

우리의 아버지는 그 사랑이 영원하시며, 자비가 끝이 없으신 분입니다. "내가 확신하노니 사망이나 생명이나 천사들이나 권세자들이나 현재 일이나 장래 일이나 능력이나 높음이나 깊음이나 다른 어떤 피조물이라도 우리를 우리 주 그리스도 예수 안에 있는 하나님의 사랑에서 끊을 수 없으리라"(롬 8:38-39).

　주기도문은 언약으로 시작하는 기도문입니다. 하나님은 언약을 통해 하나님 나라를 이루어 가십니다. 언약은 하나님 나라의 참된 출발입니다. 예수님은 주기도문의 첫 문장을 통해 하나님 나라 백성들에게 '언약'을 떠올리게 하셨습니다. 하나님 나라는 언약으로 시작되기 때문입니다. 따라서 우리는 주기도문을 통해 하나님을 아버지라고 부를 뿐 아니라, 하나님과의 특별한 관계인 언약을 상기해야 합니다. 참된 기도는 언약을 베푸신 하나님을 부르는 것이며, 그분께 집중하는 것이기 때문입니다.

09
'송영'으로 끝마치는 주기도문

　우주 만물을 창조하신 하나님은 분명한 목적을 가지고 계십니다. 성경 전체가 이를 선포하고 있는데, 중요한 것은 우리가 하나님의 계획을 깨닫고 성취해야 한다는 사실입니다.[25] 이사야 선지자에 따르면, 우리를 향하신 하나님의 목적은 하나님을 찬송함에 있습니다. "이 백성은 내가 나를 위하여 지었나니 나를 찬송하게 하려 함이니라"(사 43:21). 그렇다면 이러한 하나님의 목적에 비춰볼 때, 우리가 어떤 일에 실패한 경우라도 하나님의 목적에 부합할 수 있다면, 즉 실패에도 불구하고 여전히 하나님을 찬송할 수 있다면 그 실패는 실패가 아닙니다.

　C. S. 루이스는 하나님을 찬양하는 것과 관련하여 흥미로운 고백을 하고 있습니다. 그는 예수님을 영접하고 난 후에 한동안 하나님을 찬양해야 한다는 목소리가 걸림돌이었다고 합니다.[26] 그것은 마

치 "끊임없이 인정받기를 원하는 사람"을 떠올리게 했으며, "독재자나 백만장자나 유명인사 주위에 떼 지어 있다가 그들의 요구를 만족시켜 주는 사람"을 연상시켰기 때문입니다.

특히 "주님을 찬양하라", "나와 함께 주를 높이세", "그를 찬양하라"라는 시편의 구절들은 그에게 골칫거리였습니다. 심지어 "감사로 제사를 드리는 자가 나를 영화롭게 하나니"(시 50:23)라며 하나님이 직접 찬양을 요구하는 구절은 소름 끼치게 다가오기까지 했다는 것입니다.[27] 그는 계속해서 말하길, "하나님에 대한 감사, 그분에 대한 경의, 그분에 대한 순종 등을 이야기하는 구절들은 이해할 수 있었습니다. 그러나 끝없는 칭송은 이해되지 않았습니다."[28]

시간이 흐르면서 루이스는 그 이유를 깨닫게 되었습니다. 그것은 그가 "찬양을 찬사나 경의를 표하는 일"로만 생각했기 때문이었습니다. 그는 "찬양은 기쁨이 자연스럽게 넘쳐나는 일"이기도 하다는 사실을 놓치고 있었던 것입니다.[29]

또 하나 루이스가 놓치고 있었던 사실은 사람들이 "자기가 높이 평가하는 대상을 찬양할 때는 자연스럽게 타인에게도 그 찬양에 동참할 것을 강력히 권고한다는 점"이었습니다. 그러면서 그는 다음과 같이 멋진 결론을 내립니다. "하나님을 완전히 즐거워하는 것이 곧 그분을 영화롭게 하는 것입니다. 하나님은 우리에게 자신을 영화롭게 할 것을 명령하심으로써 자신을 즐거워하는 삶을 살도록 우리를 초대하고 계신 것입니다."[30]

송영: 사람의 제일 된 목적

이것을 가장 명료하게 제시하고 있는 것 중의 하나가 웨스트민스터 교리문답의 1번입니다. "사람의 제일 되는 목적은 하나님을 영화롭게 하는 것과 영원토록 그를 즐거워하는 것이다." 존 파이퍼(J. Piper)는 이 문장에서 "하나님을 영화롭게 하는 것"과 "영원토록 그를 즐거워하는 것"은 둘이 아니라 하나라고 말합니다.[31] 영원토록 하나님을 기뻐함으로써 하나님을 영화롭게 하는 것이 사람의 가장 우선적인 목적이라는 것입니다. 따라서 우리가 하나님을 가장 크게 즐거워할 때, 하나님은 우리 안에서 가장 큰 영광을 받으십니다.[32]

예수님은 주기도문을 통해 삶의 궁극적 목적을 제시해 주셨습니다. 그것이 바로 "나라와 권세와 영광이 아버지께 영원히 있사옵나이다 아멘"입니다. 이것을 이름하여 송영(頌榮; doxology)이라고 합니다. 송영이란 문자적으로 영광을 찬양한다는 뜻입니다. 주기도문은 하나님의 나라와 권세와 영광을 찬양하는 것으로 마무리됩니다. 주기도문의 시작이 '아버지'를 부름으로 언약적 출발을 보여주고 있다면, 주기도문의 끝은 인생의 목적이 무엇인지를 분명하게 보여줍니다. 이것을 다르게 표현한다면, 인생의 궁극적 목적은 나라가 아버지께 있다는 사실을 기뻐하는 것입니다. 또한 권세가 아버지께 있다는 사실을 즐거워하는 것입니다. 이 모든 것을 전체로 묶어주는 하나님 나라를 기뻐하는 것이 인생의 목적입니다. 이로 인해 아버지 하나님께서 영광을 받으십니다.

칼빈(J. Calvin)은 송영 부분을 주기도문의 결론으로 제시합니다.[33]

유대인들은 송영을 '마지막 도장'이라고 불렀다고 합니다.[34] 이는 다르게 말해서 송영 부분은 여섯 개의 청원을 요약한 것이라고 할 수 있습니다. 또한 동시에 각 청원의 궁극적 목적이 하나님의 영광과 연결되고 있음을 보여줍니다.

나라-권세-영광

먼저 '나라', '권세', '영광'은 하나님 나라를 위한 세 개의 청원을 요약합니다.[35] '나라'는 "나라가 임하시오며"에 대한 요약이며, '권세'는 "뜻이 하늘에서 이루어진 것 같이 땅에서도 이루어지이다"라는 청원의 요약이고, '영광'은 "이름이 거룩히 여김을 받으시오며"의 요약입니다. 이는 결국 하나님의 주권을 구하는 청원이며, 결과적으로 하나님의 영광을 구하는 청원입니다. 즉, 하나님의 이름이 높여지는 것을 통해 영광이 드러나고, 하나님의 통치를 통해 영광이 드러나며, 하나님의 계획이 이루어짐으로 영광이 드러나는 것입니다. 사도 바울은 로마서 1-11장의 은혜 교리를 결론적으로 다음과 같이 요약합니다. "이는 만물이 주에게서 나오고 주로 말미암고 주에게로 돌아감이라 그에게 영광이 세세에 있을지어다 아멘"(롬 11:36).

하나님 나라 백성을 위한 세 가지 청원 역시 '나라', '권세', '영광'과 연결됩니다.[36] "오늘 우리에게 일용할 양식을 주시옵고"라는 청원은 하나님의 통치를 신뢰한다는 차원에서 '나라'와 연결되며, "우리가 우리에게 죄 지은 자를 사하여 준 것 같이 우리 죄를 사하여 주시옵고"라는 청원은 '영광'과 연결되는데, 이는 하나님의 자비하심을 따라 긍휼을 베풀 때 결국 하나님의 영광이 나타난다는 차원에서 그렇습니다. 긍휼을 베푸는 것은 곧 착한 행실을 의미하기 때문입니다(마 5:16). 끝으로 "시험에 들게 하지 마시옵고 다만 악에서 구하시옵소서"라는 청원은 하나님의 '권세'와 연결됩니다. '양식', '용서', '시험'의 문제는 삶을 대표하는 것들입니다. 이는 삶의 모든 영역에서 하나님의 영광을 위해 살아야 함을 의미합니다. 사도 바울은 우리 삶의 모든 것이 하나님의 영광을 위한 것이어야 한다고 말합니다. "그런즉 너희가 먹든지 마시든지 무엇을 하든지 다 하나님의 영광을 위하여 하라"(고전 10:31).

또한 칼빈(J. Calvin)에 따르면 "나라와 권세와 영광이 아버지께 영원히 있사옵나이다"라는 문장은 우리가 담대하게 기도하고 응답을 확신할 수 있는 근거가 된다고 말합니다.[37] 주권이 아버지께 있는 나라, 모든 권세가 아버지께만 있는 나라, 영광이 오직 아버지께만 있는 나라는 하나님 나라 백성의 실천을 끌어내는 원동력입니다. 따라서 하나님 나라 백성의 삶의 목적이 그 나라를 갈망하는 것이라면, 주기도문의 각 청원은 다음과 같이 나타날 것입니다.

첫째, 하나님의 영광은 하나님의 명예를 높이길 기뻐하는 삶을 통해 나타납니다. 하나님의 이름을 기뻐하는 것은 삶 속에서 나의 자존심을 내려놓고 하나님의 풍성한 긍휼에 따라 내게 잘못한 사람을 용서하는 것으로 나타납니다. 동시에 내게 잘못한 사람을 용서하는 과정을 통해 그것을 경험하게 될 것입니다.

둘째, 하나님의 통치를 즐거워할 때 하나님의 영광이 나타납니다. 이는 하나님의 통치를 신뢰함으로 일용할 양식을 구하는 삶을 통해 드러나게 됩니다. 동시에 일용할 양식을 구하는 과정에서 그 즐거움을 경험하게 될 것입니다.

셋째, 하나님의 뜻을 기뻐하는 삶을 통해 하나님의 영광이 나타납니다. 하나님의 뜻을 기뻐하는 삶이란 시험의 원인인 나의 욕심을 내려놓고 하나님의 뜻을 선택하는 것입니다. 동시에 하나님의 뜻을 위해 내 뜻을 버리는 과정에서 그 기쁨을 경험하게 될 것입니다.

따라서 주기도문으로 기도하는 것은 사람의 제일 되는 목적에 부합한 삶을 살아가는 비결입니다. 주기도문은 나의 명예가 아니라 하나님의 명예를 구하는 삶을 보여줍니다. 주기도문은 하나님의 통치를 기뻐하는 삶으로 이끌어 줍니다. 주기도문은 하나님의 뜻이 선하다는 것을 고백할 수 있도록 도와줍니다. 주기도문은 일용할 양식으로 만족한 삶이 무엇인지 생각나게 합니다. 주기도문은 이웃의 잘못을 용서하도록 이끌어 줍니다. 주기도문은 시험을 인내할 수 있도록 근신하는 마음을 줍니다. 이제까지 살펴본 내용을 그림으로 정리해 본다면, [그림 9-1]과 같습니다.

[그림 9-1]은 앞서 살펴본 [그림 7-1]을 다른 관점, 즉 '나라-권세-영광'의 관점에서 조명한 것입니다. 먼저 송영에 나오는 '나라-권세-영광'이 주기도문의 여섯 가지 청원을 모두 포함하고 있다는 것을 [그림 9-1]을 통해 다시 한번 확인할 수 있습니다. 또한 '나라 청원', 즉 하나님 나라를 구한다는 것은 실제로 '양식 청원'을 중심으로 경험되면서, 하나님의 통치가 영원할 것을 노래하는 것으로 확장됩니다. '뜻 청원', 즉 하나님의 뜻을 구하는 것은 사실상 '시험 청원'을 통해 체험하게 되는데, 이는 '권세'가 영원히 아버지 하나님께만 있음을 찬양하

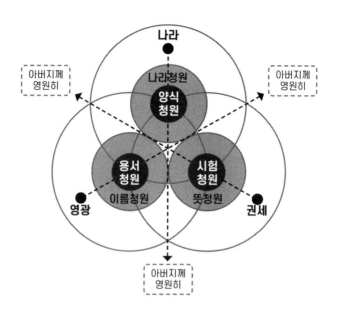

[그림 9-1] 나라-권세-영광의 관계도

는 것으로 확장됩니다. '이름 청원' 역시 마찬가지입니다. 하나님의 명예를 구하는 기도는 '용서 청원'을 통해 구체화 되며, 이는 영광을 하나님 아버지께만 영원히 돌림으로 확장됩니다. 이를 통해 우리가 알 수 있는 것은 '이름-나라-뜻' 청원의 궁극적인 목적은 하나님 나라를 구하는 것이라는 사실과, '양식-용서-시험' 청원의 궁극적인 목적 역시 하나님 나라를 구하는 것에 있다는 사실입니다. 이와 관련된 더 구체적인 내용은 이후 4부와 5부에서 다룰 것입니다.

10
주기도문으로
거룩한 갈망 배우기

전체를 살피는 것은 부분을 배우기 전에 필수적입니다. 이것은 책을 읽기 전 책의 목차를 통해 책이 다루는 전체 내용을 상상하는 것과 같습니다. 주기도문은 구조가 매우 잘 짜여 있습니다. 이를 통해 우리는 교육적 의도가 있음을 알 수 있습니다. 주기도문은 크게 네 부분으로 구분할 수 있는데, ① '하나님 아버지를 부름', ② '하나님 나라 왕을 위한 청원', ③ '하나님 나라 백성을 위한 청원', ④ '하나님 나라를 위한 송영'입니다.

주기도문은 그 구조에 있어서 이방인들의 기도와 차이가 있습니다. 마태복음에 나오는 이방인들의 기도의 특징은 중언부언하며 말을 많이 하는 것입니다(마 6:7). 그러다 보니 구하는 핵심이 무엇인지 정리하기 어렵습니다. 분량도 많습니다. 한마디로 말해서 비(非)교육적입니다. 이에 비해 주기도문은 간단하면서도 명료합니다. 구조적으로도 명쾌하고 뚜렷합니다. 이는 교육적으로 매우 적합한 형식입니다. 나이에 상관없이 기억하는 데 수월하기 때문입니다. 주기도문을 단지 암송의 목적으로 주신 것은 아니지만, 주기도문을 기억하는 것은 매우 중요합니다.

주기도문의 시작은 의미심장합니다. "하늘에 계신 우리 아버지여"에 해당하는 헬라어 성경의 순서는 "아버지여, 우리의, 하늘에 계신"입니다. 아버지를 부르는 것으로 주기도문이 시작된다는 것입니다. 이는 주기도문이 누구를 위한 것인지를 명확하게 드러냅니다. 주기도문은 하나님을 아빠라고 부를 수 있는 자들을 위한 것입니다. 누가 하나님을 아빠라고 부를 수 있습니까? "영접하는 자" 곧 예수 그리스도의 이름을 믿는 자들입니다(요 1:12).

예수님은 구약 시대에 맺으신 하나님의 언약을 십자가로 성취하셨습니다(마 26:28, 히 7:22, 9:15, 20). 하나님과 원수 관계에 있었던 우리가 예수님의 십자가로 인해 하나님의 자녀가 되는 권세를 얻은 것입니다. 언약의 중보자이신 예수님으로 말미암아 하나님과 새 언약을 맺게 되었고, 그 결과 우리는 하나님을 '아빠'라고 부를 수 있게 되었습니다. 주기도문은 하나님과 우리의 특별한 관계인 '언약'을 기억하게 합니다.

하나님은 언약을 통해 '나'의 아버지뿐 아니라 '우리'의 아버지가 되어 주셨습니다. '우리'란 언약 공동체를 암시합니다. 하나님을 "우리 아버지여"라고 부름으로 우리는 언약 공동체를 떠올릴 수 있는 것입니다. 주기도문의 시작에 "아버지"와 "우리"가 나오고 주기도문의 청원이 '아버지를 위한 청원', '우리를 위한 청원'으로 이루어진 것은 우연이 아닙니다. 또한 주기도문은 하나님이 우리 아버지이신 동시에 "하늘에 계신" 분임을 상기시킵니다. 이는 곧 우리 아버지가 창조주 하나님이심을 가리킵니다.

주기도문의 끝 역시 놀라운 내용을 함축하고 있습니다. 주기도문의 시작이 하나님 나라 백성의 출발을 보여준다면, 주기도문의 끝은 의미 있는 인생의 목적이 무엇인지 명료하게 알려줍니다. 그것은 "나라와 권세와 영광이 아버지께 영원히 있사옵나이다 아멘"을 통해 하나님께 영광을 돌리는 것입니다. 하나님이 우리를 지으신 목적 그리고 우리를 백성 삼으신 목적은 하나님을 "찬송하게 하려 함"입니다(사 43:21). 이것을 웨스트민스터 교리문답 형식으로 풀어 쓰면, "인생의 제일 된 목적은 하나님을 영화롭게 하며 그를 영원토록 즐거워하는 것"입니다. 하나님을 영화롭게 하는 것이란 다름 아닌 하나님을 기뻐하는 것입니다. 우리가 하나님을 기뻐할 때, 하나님은 가장 큰 영광을 받으십니다.

주기도문의 마무리는 주기도문의 여섯 가지 청원을 요약합니다. '나라', '권세', '영광'은 이름을 위한 청원, 나라를 위한 청원, 뜻을 위한 청원을 함축합니다. 또한 양식을 위한 청원, 용서를 위한 청원, 시험에 관한 청원 역시 포함하고 있습니다. 결국 주기도문은 시작부터 마무리까지 체계적으로 잘 짜인 구조를 보여줍니다.

그분의 영광을 갈망하도록

하나님 나라를 가르치기 위한 최고의 방식은 무엇일까요? 일단 잘 기억할 수 있어야 합니다. 이를 위해서는 너무 길어서도 안 되고, 복잡해서도 안 됩니다. 또한 자주 대할 수 있는 것이어야 합니다. 인간은 망각의 존재이기 때문입니다. 예수님의 가르침에 따르면, 하나님 나라를 가르치는 최고의 방식 중 하나는 주기도문입니다. 우리는 주기도문을 통해 '하나님 나라'를 잘 떠올릴 수 있습니다. 예수님이 주기도문을 이와 같은 형식과 구조로 주신 이유가 있습니다. '하나님 나라'를 기억하기 좋게 하신 것입니다.

앞에서 살펴본 바와 같이 목적과 사랑이 하나 되는 개념은 '영광'입니다.[38] 사람의 제일 되는 목적이 하나님을 영화롭게 하는 것인데, 그것은 동시에 하나님을 즐거워하는 것입니다. 다르게 말해서 하나님을 좋아하는 것이요, 사랑하는 것입니다. 그러므로 '영광'이라는 개념 안에 목적과 사랑이 하나로 융합됩니다. 그리고 이는 하나님 나라를 추구하는 것으로 구체화 됩니다. 하나님의 명예, 하나님의 통치, 하나님의 뜻을 갈망하는 것을 뜻합니다. 제임스 스미스(J. Smith)는 인간의 본질이 '왕국'을 갈망하는 데 있다고 말합니다.

> 이는 곧 인간의 본질이 '왕국' 곧 특정한 왕국을 욕망하는 데 있으며, 이 왕국이 우리가 추구하는 목표라는 말과 같다. 우리는 모두 아서 왕과 그의 기사들처럼 '성배'(Holy Grail), 즉 우리가 끊임없이 바라고 갈망하며 꿈꾸는 좋은 삶에 관한 그림-인간이 번영을 누리며 사는 그 땅-을 찾고 있다. 이 왕국에 관한 그림은 암시적이며 암묵적인 방식으로 우리로 하여금 아침에 일어나 옷을 차려입고 그것을 추구하게 만든다.[39]

                                                              Part 3 주기도문, 하나님 나라 갈망 가이드

인간이 왕국을 갈망하는 존재라는 것은 인간이 근본적으로 무엇인가를 '사랑하는' 존재라는 것을 전제로 합니다. 인간은 사랑할 대상을 찾고 그것을 지속적으로 '지향'합니다. 이것이 인간을 "목적론적(teleological) 피조물"이라고 하는 이유입니다.[40] 그러므로 우리의 존재를 구별하는 것은 우리가 무엇을 사랑하고 있는가에 달려 있습니다.

의지를 사용하도록

어거스틴(St. Augustinus)에 따르면, 사랑하는 행위, 즉 '의지'는 오직 은혜로 말미암습니다. 은혜를 경험한 자 만이 의지를 사용하여 사랑을 수행할 수 있습니다.[41] 주기도문은 은혜로 시작합니다. '아버지여'라고 부르게 하신 것이 은혜입니다. 그리고 이 은혜를 알면 알수록 주기도문의 목적인 "나라와 권세와 영광"을 즐거워하게 되며, 그것을 목적으로 살아갈 수 있습니다.

예수님은 주기도문을 통해 우리의 갈망을 영점 조준하길 원하십니다. 은혜를 경험한 자로서 우리의 갈망이 하나님 나라에 맞춰지도록 조정하신다는 말입니다. 기도는 갈망입니다. 기도는 열정입니다. 주기도문은 그 갈망을 하나님 나라에 맞추게 도와줍니다. 주기도문이 하나님 나라를 가르치고 배우기에 적합한 이유입니다.

이를 위해서 주기도문은 특별한 구조를 이루고 있습니다. 언약을 상기시키는 '아버지여'로 시작하여, 왕의 '이름', '나라', '계획'을 떠올리게 하고, 왕의 백성으로 살아가는 데 있어서 필수적 요소 즉 '양식',

'용서', '시험'의 문제를 기억하게 하며, 마침내 궁극적 목적으로 왕의 '나라', '권세', '영광'을 노래하는 것으로 마무리됩니다. 이것들은 하나님 나라의 핵심 요소를 기억하기에 적합한 양식입니다. 구약성경에서 '기억하다'(자카르)라는 동사는 일상적인 용어인 동시에 교훈적인 단어입니다.[42] '기억한다는 것'은 단순히 과거를 되새기는 것이 아니라 순종을 위해 교훈을 떠올리는 것을 의미합니다. 언약에 대한 기억은 과거 언약 사건을 떠올리게 함으로 현재 언약법을 지키게 하는 연결고리 역할을 합니다.[43] '기억'은 생각 속에서 '회상'하는 것일 뿐만 아니라, 생각으로 향하는 '행위'이기도 합니다. 이는 구약성경에서 반복적으로 행해진 '제의'의 핵심적 역할이었습니다.

주기도문의 교육적 의도

우리는 주기도문을 통해 하나님을 "우리 아버지"라고 부르며 하나님과의 특별한 관계인 '언약'과 '언약 공동체'를 기억하고 기도할 수 있습니다. 또한 "영원히" 존재할 나라와 권세와 영광을 노래함으로 언약 백성의 존재 목적을 떠올리며 기도할 수 있습니다. 결국 우리는 주기도문을 통해 기도할 때 하나님 나라를 더 잘 기억하고 떠올릴 수 있으며, 그로 인해 하나님 나라를 추구하게 됩니다. 또한 주기도문의 의미를 알면 알수록 하나님 나라를 갈망하는 삶이 되고, 하나님 나라를 갈망하는 인격으로 성숙하게 됩니다.

이 모든 것이 가능한 이유는 무엇인가요? 하나님의 은혜입니다. 우리에게 주기도문을 주신 것도 은혜며, 주기도문의 의미를 깨달게 하신 것도 은혜요, 하나님 나라를 갈망하게 하신 것도 은혜입니다. 하나님의 은혜는 우리에게 참된 갈망을 불러일으키고, 그 갈망은 우리의 의지에 활력을 불어넣으며, 그 결과 우리는 실천하게 됩니다. 주기도문이 은혜로 시작하기 때문이며, 하나님을 아버지로 부르는 것으로 시작하기 때문입니다. 하나님과의 언약을 떠올리게 하는 '아버지여'는 하나님 나라의 영광을 위해 살 수 있도록 우리의 새롭게 된 '의지'에 불을 지릅니다. 이것을 그림으로 정리하면 [그림 10-1]과 같습니다.

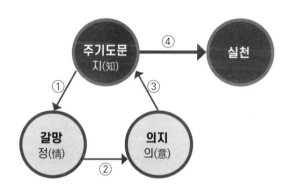

[그림 10-1] 주기도문과 지(知), 정(情), 의(意)

[그림 10-1]을 통해 알 수 있는 것은 주기도문은 실천을 지향하고 있다는 점입니다. 이를 위해서는 주기도문을 인격적으로 알아야 합니다. 인격적 앎이란 지(知), 정(情), 의(意)의 각 요소가 함께 역동적으로 반응하는 앎을 말합니다. 주기도문을 배워 그 의미를 아는 것

이 우선입니다. 주기도문을 제대로 알게 되면, 그 결과로 하나님 나라를 추구하는 갈망이 생겨납니다. 참된 갈망은 '의지'에 활력을 불어넣어 주며, 결국은 우리가 주기도문을 실천에 옮길 수 있게 합니다. 그림에 나타난 순서를 보면 주기도문을 실천하기 위해서는④ ①→②→③의 과정이 있어야 합니다.

이를 위한 첫걸음은 '교회'와 '가정'이 연합하여 주기도문을 교육하는 것입니다. 예수님이 '우리 아버지여'라고 기도하게 하신 것은 하나님 나라를 가르치는 일에 부모뿐 아니라 언약 공동체가 함께 해야 할 것을 암시합니다. 하나님 나라를 가르치는 일에 있어서 교회의 역할이 매우 중요하기 때문입니다. 찰스 도나휴(C. Dunahoo)는 이 점을 설득력 있게 말해 줍니다.

교육은 교회와 하나님 나라의 관계를 이해하는 것이 중요하다는 것을 보여주는 또 다른 영역이다. 사회의 기본 단위가 가족인 것은 맞지만, 교회는 하나님의 언약 백성을 기독교적으로 (구속적으로) 생각하고 살아가도록 가르치고 훈련하며 준비시킬 교육적인 과업을 가지고 있다. 우리 중 개혁교회에 출석하는 많은 사람은 유아세례가 시행될 때, 아이들이 언약의 자녀로 자라가도록 부모들을 돕겠다고 엄숙히 약속한다. 이것은 교회가 자녀를 교육하는 일에 있어 부모들의 역할을 대신하겠다는 의미가 아니다. 많은 성경 구절들이 분명하게 밝히듯이 하나님의 언약 자손들을 교육하는 일은 우선은 부모의 책임이긴 하지만 좀 더 넓은 언약 공동체가 관련을 맺는다.[44]

성경 전체를 통해 볼 때, 부모에게만 신앙교육을 의탁한 경우는 없습니다. 그렇다고 해서 언약 공동체인 교회에만 신앙교육을 의뢰한 것도 아닙니다. 신앙교육은 언제나 가정과 교회의 공동 사역이었습니다. 다만 가정에서 가르치는 신앙교육과 교회가 감당할 신앙교육이 성격적 차이가 있을 뿐입니다. 예를 든다면 '교리교육'(catechism)은 교회가 맡아서 가르쳐야 할 대표적인 신앙교육의 내용입니다. 그리고 주기도문은 모든 교리문답서 안에 포함되어 있습니다.[45] 그만큼 주기도문은 신앙교육에 있어서 빼놓을 수 없는 내용입니다.

주기도문, 하나님 나라 갈망 가이드

1) '직소'란 지그재그(Zigzag)와 톱(Saw)의 합성어로 '실톱'을 의미합니다. 즉 실톱을 사용해 자유롭게 모양을 낸 퍼즐을 뜻합니다.

2) '퍼즐'에 해당하는 독일어 '게돌트스필레'(Geduldspiele)라는 단어는 '인내'와 '놀이'의 합성어입니다. 즉, 퍼즐이 인내를 요구하는 놀이라는 뜻입니다.

3) 예를 들어, 코메니우스는 구조의 의미를 크게 두 가지 개념으로 제시합니다. 하나는 '존재의 질서'로서의 구조이고, 다른 하나는 '사역의 질서'로서의 구조입니다. 먼저 '존재의 질서'로서의 구조란 '식물'과 '동물', 그리고 인간이 만든 '대상'(objects)에 각각 존재하는 요소를 말합니다. "식물의 경우 각 부분은 맨 아래의 부분으로 뿌리가 있고, 윗부분으로는 가지의 끝이 있으며, 외부적으로는 나무껍질이 있고, 내부적으로는 정수(精髓)가 있다." 또 다른 의미에서 구조란 '일 혹은 움직임, 활동의 질서'와 관련된 것입니다. "또 다른 의미에서 구조란 일의 질서를 정하는 것을 의미한다. 꿀벌들이 꿀을 모으기 위해 벌집을 먼저 준비하고, 새들은 둥지를 먼저 지으며, 거미는 거미줄을 준비하듯이, 인간은 생각하고, 말하고, 세운다." 이런 구조의 의미 안에는 시간이라는 개념이 포함되어 있습니다. 코메니우스가 말한, '생각하고', '말하고', '세운다는 것'은 '계획의 단계', '선언의 단계', '실행의 단계'와 같이 시간적 구분이 가능한 구조입니다. 나현규(2015). 『판소피아와 교육』 서울: 학지사. p.149-153에서 재인용.

4) "24 하나님이 그들의 고통 소리를 들으시고 하나님이 아브라함과 이삭과 야곱에게 세운 그의 언약을 기억하사 25 하나님이 이스라엘 자손을 돌보셨고 하나님이 그들을 기억하셨더라"(출 2:24-25).

5) "9 이제 가라 이스라엘 자손의 부르짖음이 내게 달하고 애굽 사람이 그들을 괴롭히는 학대도 내가 보았으니 10 이제 내가 너를 바로에게 보내어 너에게 내 백성 이스라엘 자손을 애굽에서 인도하여 내게 하리라 11 모세가 하나님께 아뢰되 내가 누구이기에 바로에게 가며 이스라엘 자손을 애굽에서 인도하여 내리이까 12 하나님이 이르시되 내가 반드시 너와 함께 있으리라 네가 그 백성을 애굽에서 인도하여 낸 후에 너희가 이 산에서 하나님을 섬기리니 이것이 내가 너를 보낸 증거니라"(출 3:9-12). 출애굽기 3장은 출애굽기 전체의 청사진 역할을 하고 있습니다. 하나님의 구원 계획이 반복해서 나타나고 있으며, 출애굽 이후 이스라엘 백성이 '시내산'에 집결하게 될 것을 미리 말씀해 주고 계십니다.

6) "13 모세가 하나님께 아뢰되 내가 이스라엘 자손에게 가서 이르기를 너희의 조상의 하

나님이 나를 너희에게 보내셨다 하면 그들이 내게 묻기를 그의 이름이 무엇이냐 하리니 내가 무엇이라고 그들에게 말하리이까 14 하나님이 모세에게 이르시되 나는 스스로 있는 자이니라 또 이르시되 너는 이스라엘 자손에게 이같이 이르기를 스스로 있는 자가 나를 너희에게 보내셨다 하라 15 하나님이 또 모세에게 이르시되 너는 이스라엘 자손에게 이같이 이르기를 너희 조상의 하나님 여호와 곧 아브라함의 하나님, 이삭의 하나님, 야곱의 하나님께서 나를 너희에게 보내셨다 하라 이는 나의 영원한 이름이요 대대로 기억할 나의 칭호니라"(출 3:13-15).

7) "앞에서 가고 뒤에서 따르는 무리가 소리 높여 이르되 호산나 다윗의 자손이여 찬송하리로다 주의 이름으로 오시는 이여 가장 높은 곳에서 호산나 하더라"(마 21:9).

8) "모든 은혜의 하나님 곧 그리스도 안에서 너희를 부르사 자기의 영원한 영광에 들어가게 하신 이가 잠깐 고난을 당한 너희를 친히 온전하게 하시며 굳건하게 하시며 강하게 하시며 터를 견고하게 하시리라"(벧전 5:10).

9) "3 다만 이뿐 아니라 우리가 환난 중에도 즐거워하나니 이는 환난은 인내를, 4 인내는 연단을, 연단은 소망을 이루는 줄 앎이로다"(롬 5:3-4)

10) "너희 안에서 행하시는 이는 하나님이시니 자기의 기쁘신 뜻을 위하여 너희에게 소원을 두고 행하게 하시나니"(빌 2:13).

11) Dunahoo, C. H.(2019).『하나님 나라의 제자-새로운 틀』이현민, 김양숙, 김종훈 역. 서울: 템북. p.103.

12) Ibid., p.102-106.

13) Ibid., p.101에서 재인용.

14) Gray J.(1990).『화성에서 온 남자 금성에서 온 여자』김경숙 역. 서울: 동녘라이프.

15) Dunahoo, C. H.(2019).『하나님 나라의 제자-새로운 틀』op. cit., p.219. 도나휴는 언약을 다음과 같이 표현합니다. "언약은 모든 부분들을 연결하는 접착제이다."

16) "10 기록된 바 의인은 없나니 하나도 없으며 11 깨닫는 자도 없고 하나님을 찾는 자도 없고 12 다 치우쳐 함께 무익하게 되고 선을 행하는 자는 없나니 하나도 없도다 13 그들의 목구멍은 열린 무덤이요 그 혀로는 속임을 일삼으며 그 입술에는 독사의 독이 있고 14 그 입에는 저주와 악독이 가득하고 15 그 발은 피 흘리는 데 빠른지라 16 파멸과 고생이 그 길에 있어 17 평강의 길을 알지 못하였고 18 그들의 눈 앞에 하나님을 두려워함이 없느니라 함과 같으니라"(롬 3:10-18).

17) "2 내가 너로 큰 민족을 이루고 네게 복을 주어 네 이름을 창대하게 하리니 너는 복이 될지라 3 너를 축복하는 자에게는 내가 복을 내리고 너를 저주하는 자에게는 내가 저

주하리니 땅의 모든 족속이 너로 말미암아 복을 얻을 것이라 하신지라"(창 12:2-3).

18) 송제근(2003).『오경과 구약의 언약신학』서울: 두란노. p.112.

19) "2 하나님이 모세에게 말씀하여 이르시되 나는 여호와이니라 3 내가 아브라함과 이삭
과 야곱에게 전능의 하나님으로 나타났으나 나의 이름을 여호와로는 그들에게 알리지
아니하였고 4 가나안 땅 곧 그들이 거류하는 땅을 그들에게 주기로 그들과 언약하였더
니 5 이제 애굽 사람이 종으로 삼은 이스라엘 자손의 신음 소리를 내가 듣고 나의 언약
을 기억하노라 6 그러므로 이스라엘 자손에게 말하기를 나는 여호와라 내가 애굽 사람
의 무거운 짐 밑에서 너희를 빼내며 그들의 노역에서 너희를 건지며 편 팔과 여러 큰
심판들로써 너희를 속량하여 7 너희를 내 백성으로 삼고 나는 너희의 하나님이 되리니
나는 애굽 사람의 무거운 짐 밑에서 너희를 빼낸 너희의 하나님 여호와인 줄 너희가 알
지라 8 내가 아브라함과 이삭과 야곱에게 주기로 맹세한 땅으로 너희를 인도하고 그
땅을 너희에게 주어 기업을 삼게 하리라 나는 여호와라 하셨다 하라"(출 6:2-8).

20) 송제근,『오경과 구약의 언약신학』op. cit., p.179. 번제단은 증거막의 정 중앙에 놓
였을 가능성이 큽니다(출 30:18, 40:6-7, 29-30).

21) "1 예수께서 그리스도이심을 믿는 자마다 하나님께로부터 난 자니 또한 낳으신 이를
사랑하는 자마다 그에게서 난 자를 사랑하느니라 2 우리가 하나님을 사랑하고 그의 계
명들을 지킬 때에 이로써 우리가 하나님의 자녀를 사랑하는 줄을 아느니라 3 하나님을
사랑하는 것은 이것이니 우리가 그의 계명들을 지키는 것이라 그의 계명들은 무거운
것이 아니로다 4 무릇 하나님께로부터 난 자마다 세상을 이기느니라 세상을 이기는 승
리는 이것이니 우리의 믿음이니라 5 예수께서 하나님의 아들이심을 믿는 자가 아니면
세상을 이기는 자가 누구냐"(요일 5:1-5).

22) 니고데모가 말한 "아나이다"(오이다멘)라는 동사의 원형은 '알다'(에이도)입니다. 이는
3절의 "볼 수 없느니라"(우 뒤나타이 이데인)에서 '보다'(이데인)라는 동사의 원형(호
라오)에 속한 동사이면서 뜻도 '보다', '인지하다', '알다' 등과 같습니다.

23) "하나님의 나라를 볼 수 없느니라"(요 3:3), "하나님의 나라에 들어갈 수 없느니라"(요
3:5)라는 말씀이 요한복음 전체에서 '하나님의 나라'가 나오는 유일한 구절입니다. 하
나님 나라는 거듭난 사람만이 볼 수 있고, 경험할 수 있으며, 누릴 수 있는 나라임을 보
여줍니다.

24) 물론 아브라함의 가족 전부를 부르신 것은 아니지만, 아브라함의 가정, 즉 공동체를 언
약으로 부르신 것입니다. 이것은 야곱과 그의 가족에 있어서도 마찬가지입니다.

25) Tournier, P.(2015).『모험으로 사는 인생』정동섭, 박영민 역. 서울: IVP. p.236. 투
르니에는 말하길, "문제는 어떤 사람이 실패하느냐 성공하느냐가 아니라 하나님의 목
적을 성취하느냐 아니냐"에 있습니다.

26) Lewis, C. S.(2008).『시편 사색』이종태 역. 서울: 홍성사. p.130.

27) Ibid.

28) Ibid., p.131.

29) Ibid., p.134. 그는 다음과 같이 부연 설명합니다. "저는 진실로 겸손하며 도량이 넓고 균형감 있는 사람들일수록 칭찬을 많이 하고, 괴짜요 적응하지 못하는 자요 불평만 늘어놓는 사람들일수록 칭찬에 인색하다는 사실을 놓치고 있었던 것입니다. 훌륭한 비평가는 불완전한 작품들에서도 칭찬할 점을 찾아냅니다. 반면 시원찮은 비평가는 끊임없이 금서 목록을 늘려 갑니다." p.135.

30) Ibid., p.138. 루이스는 찬양이 우리의 즐거움을 표현해 줄 뿐 아니라 우리의 즐거움을 완성해 준다고 말합니다(p.136).

31) Piper, J.(2003).『나의 기쁨, 하나님의 영광』유정희 역. 서울: 생명의말씀사. p.29-30.

32) 파이퍼는 이런 관점을 조나단 에드워즈(J. Edwards)의『하나님의 천지창조의 목적』이라는 책에서 가져왔다고 말합니다. 에드워즈는 "하나님의 자기 존중과 하나님의 사람에 대한 사랑을 연결하는 열쇠는 사람이 하나님을 기뻐하는 것이 하나님을 존귀하게 하는 것이라는 것을 아는 것이다."라는 항목을 설명하는 단락에서 다음과 같이 말합니다. "하나님의 기쁨은 하나님 자신의 아름다움의 형상과 참여로부터 비롯되며, 또한 하나님의 기쁨은 피조물이 하나님에 대해 최상의 존경을 드리고, 하나님 안에서 만족하며, 하나님의 영광을 보며, 하나님을 존중하고 사랑하며, 하나님을 기뻐하는 것으로 구성된다. 그리고 피조물이 하나님을 사랑하고 하나님께 최상의 존경을 드리는 것은 피조물이 하나님을 자신의 최상의 선으로서 높이고, 하나님을 자신의 최상의 목적으로 삼는 것과 동일한 것이다." Edwards, J. & Piper, J.(2008).『하나님의 영광을 위한 하나님의 열심』백금산 역. 서울: 부흥과개혁사. p.352.

33) Calvin, J.(1988).『기독교강요(중)』김종흡, 신복윤, 이종성, 한철하 역. 서울: 생명의말씀사. p.492. 기독교강요. 3.20.47.

34) 김세윤(2009).『주기도문 강해』서울: 두란노아카데미. p.45. 그에 따르면 유대의 모든 기도는 항상 송영으로 마무리됩니다.

35) 이에 대한 구체적인 내용은 이 책의 4부에서 다루고 있습니다.

36) 이에 대한 구체적인 내용은 이 책의 5부에서 다루고 있습니다.

37) Calvin, J.(1988).『기독교강요(중)』op. cit., p.492. 기독교강요. 3.20.47.

38) 조나단 에드워즈(J. Edwards)는 다음과 같이 말합니다. "성경에서 하나님이 행하시는 일의 궁극적인 목적으로 언급되는 내용은 전부 하나님의 영광이라는 한 마디 말 속에 포함되어 있다. (중략) 그 영광의 광채는 하나님에게서 나오고 하나님의 속성을 반영하고 있으며 그 광채의 원 주인에게로 되돌아간다. 그래서 만유가 하나님으로 말미암았고 하나님 안에 있고 하나님께로 돌아가며, 하나님은 이 모든 과정에서 시작이요 중간이며 끝이다." Piper, J. & Taylor, J.(2007).『하나님 중심적 세계관』이용중 역. 서울: 부흥과개혁사. p.24에서 재인용.

39) Smith, James K. A.(2016).『하나님 나라를 욕망하라』박세혁 역. 서울: IVP. p.78.

40) Ibid., p.75. 스미스에 따르면, 사랑은 지향적입니다. 그래서 언제나 목표를 지향하거나 겨누고 있는 대상을 가집니다. 우리 존재의 중심에는 일종의 '사랑의 펌프'가 있기 때문입니다.

41) Augustinus, A.(2002).『어거스틴의 은총론(1)』Philip Schaff 편. 차종순 역. 서울: 한국장로교출판사. p.336. 이와 관련하여 양명수는 다음과 같이 말합니다. "사랑으로 인한 진리와의 결합이 있을 때, 존재 충만으로 인한 지복의 상태에 도달한다. 인식의 완성과 존재 충만은 모두 의지의 전환 곧 사랑에 의해 동시에 발생되는 것이다." 양명수(1999).『어거스틴의 인식론』서울: 한들출판사. p.126.

42) Childs, B.(2005).『이스라엘에 있어서 기억과 전통』윤천석 역. 서울: 이컴비즈넷. p.69.

43) Ibid., p.73.

44) Dunahoo, C. H.(2019).『하나님 나라의 제자-새로운 틀』op. cit., p.128.

45) 대표적인 교리문답서에는 하이델베르크 교리문답, 웨스트민스터 소교리문답, 칼빈의 제네바 교회 교리문답 등이 있습니다. 하이델베르크 교리문답 안에는 116문부터 129문까지 총 14문항에 걸쳐 주기도문을 다루고 있으며, 웨스트민스터 소교리문답 안에는 98문부터 107문까지 총 10문항으로 주기도문을 다루고 있고, 칼빈의 제네바 교회 교리문답의 경우 '기도의 확신'(248문-252문) 부분을 제외하고도 주기도문을 다루는 문항이 253문에서 295문까지 총 43문항에 달합니다.

Part 4

주기도문,
하나님 나라 학습 가이드

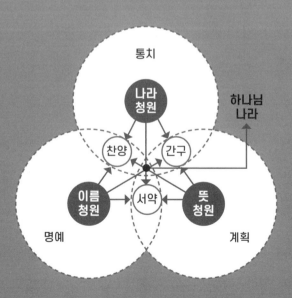

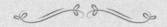

예수님의 이름으로 구하는 모든 기도는 근본적으로 "이름이 거룩히 여김을 받으시오며"라는 청원과 연결됩니다. 우리가 기도할 때 하나님의 이름이 높여지기 때문입니다.

하나님 나라를 구한다는 것은 하나님의 통치를 요청하는 것입니다. 창세 이후로 하나님의 통치는 말씀(로고스)이신 예수 그리스도를 통해 이루어졌습니다.

예수님이 우리를 향해 "뜻이 하늘에서 이루어진 것 같이 땅에서도 이루어지이다"라고 기도하라고 하신 것은 결국 우리에게 하나님 나라 사역에 동참하라고 요청하신 것과 같습니다. 우리는 하나님의 뜻이 이 땅에 이루어질 것을 기도함으로 하나님 나라 사역에 동참할 수 있습니다. 하나님과 동역하는 것입니다.

우리는 세 가지 청원이 결국은 하나님 나라를 구하는 것임을 알 수 있습니다. 각각의 청원은 찬양으로 드려질 수도 있고, 간절한 기도로 드려질 수도 있으며, 결단을 뜻하는 서약으로 표현될 수도 있습니다.

11
왕의 '명예'를
위하여

예수님이 제자들에게 기도를 가르쳐 주시면서 가장 먼저 구할 기도 제목으로 언급하신 것은 하나님의 이름에 관한 것입니다. "이름이 거룩히 여김을 받으시오며"라는 내용은 찬양이며, 신앙고백인 동시에 가장 우선된 청원입니다. 예수님이 주기도문의 여섯 가지 청원 중에 하나님의 이름에 관한 것을 가장 먼저 제시한 의도는 무엇일까요? 우리는 이 질문에 앞서 아굴의 잠언에 나타난 다음의 질문을 생각해 볼 필요가 있습니다.

> 하늘에 올라갔다가 내려온 자가 누구인지, 바람을 그 장중에 모은 자가 누구인지, 물을 옷에 싼 자가 누구인지, 땅의 모든 끝을 정한 자가 누구인지, 그 이름이 무엇인지, 그 아들의 이름이 무엇인지 너는 아느냐(잠 30:4).

아굴의 질문은 출애굽 당시 모세의 질문과 궤를 같이합니다. 애굽의 바로에게 가라는 하나님의 말씀을 들은 모세는 다음과 같이 질문합니다. "내가 이스라엘 자손에게 가서 이르기를 너희의 조상의 하나님이 나를 너희에게 보내셨다 하면 그들이 내게 묻기를 그의 이름이 무엇이냐 하리니 내가 무엇이라고 그들에게 말하리이까"(출 3:13). 모세는 하나님의 이름이 무엇인지를 간접적으로 질문한 것입니다. 이에 대한 하나님의 답변이 매우 흥미롭습니다.

> 14 하나님이 모세에게 이르시되 나는 스스로 있는 자이니라 또 이르시되 너는 이스라엘 자손에게 이같이 이르기를 스스로 있는 자가 나를 너희에게 보내셨다 하라 15 하나님이 또 모세에게 이르시되 너는 이스라엘 자손에게 이같이 이르기를 너희 조상의 하나님 여호와 곧 아브라함의 하나님, 이삭의 하나님, 야곱의 하나님께서 나를 너희에게 보내셨다 하라 이는 나의 영원한 이름이요 대대로 기억할 나의 칭호니라(출 3:14-15).

모세는 하나의 질문을 던졌을 뿐인데, 하나님은 세 가지로 답변하고 계십니다. 첫째, "나는 스스로 있는 자이니라"라고 말씀하셨습니다. 이 말씀은 성경 전체에서 가장 놀랍고, 장엄하며, 깊이 있고, 광대한 말씀입니다.[1] 또한 그것은 하나님의 하나님 되심을 선포한 말씀인 동시에 다음 구절에 나오는 '여호와'라는 이름을 담고 있습니다. 둘째, "너희 조상의 하나님 여호와 곧 아브라함의 하나님, 이삭의 하나님, 야곱의 하나님께서 나를 너희에게 보내셨다 하라"라고 말씀하셨습니다. "스스로 있는 자"이신 하나님은 자신이 아브라함의 하나님, 이삭의 하나님, 야곱의 하나님 곧 여호와이심을 반복하며 강조하신 것입니다. 셋째, "이는 나의 영원한 이름이요 대대로 기억할 나의 칭호니라"라고 말씀하셨습니다. '여호와'가 하나님의 이름이며, 이 이름은 하나님의 백성이 대대로 기억할 칭호라는 것입니다. 이보다 더 완벽한 대답이 있을 수 없습니다.[2]

나는 여호와이니라

여기서 우리가 기억할 것이 있습니다. 출애굽기 전체를 놓고 볼 때, 하나님께서 모세에게 '여호와'란 이름을 알려주신 것은 출애굽이 시작되기 전이라는 사실입니다. 하나님께서는 이스라엘이 여호와 하나님을 경험하기도 전에 그 이름과 함께 의미를 먼저 말씀해 주셨습니다. 그리고 이스라엘 백성은 단계적으로 펼쳐지는 구속의 역사 속에서 그때마다 선포되는 하나님의 이름을 상기하게 되었습니다. 하나님은 의도적으로 구속의 과정 속에서 하나님의 이름을 펼쳐 보이셨던 것입니다.

첫째, 이스라엘 자손이 바로의 압제로부터 구속이 필요한 순간에 하나님은 모세에게 다음과 같은 말씀을 선포하셨습니다.

6 그러므로 이스라엘 자손에게 말하기를 나는 여호와라 내가 애굽 사람의 무거운 집 밑에서 너희를 빼내며 그들의 노역에서 너희를 건지며 편 팔과 여러 큰 심판들로써 너희를 속량하여 7 너희를 내 백

성으로 삼고 나는 너희의 하나님이 되리니 나는 애굽 사람의 무거
운 짐 밑에서 너희를 빼낸 너희의 하나님 여호와인 줄 너희가 알지
라(출 6:6-7).

홍미로운 것은, 한 단락의 시작과 끝인 출애굽기 6장 2절과 8절에
"나는 여호와이니라"라는 공식적인 문장이 나오고 있다는 사실입니
다. 이는 곧 '여호와'는 힘과 권능으로 이스라엘 자손을 바로의 압제
에서 구원하시는 분이심을 보여줍니다(출 15:2, 6).

둘째, 시내산에 도착한 이스라엘 자손은 하나님과의 언약을 통해
하나님의 백성이 되었습니다. 이제 이스라엘 백성은 언약 관계의 유
지를 위해서 하나님께서 주신 언약법을 지켜야 하는 상황이 된 것입
니다. 하나님께서 이스라엘 백성에게 언약법을 주실 때, 특별한 하나
님의 이름이 언급되고 있다는 사실을 우리는 주목해야 합니다. "나
는 너를 애굽 땅, 종 되었던 집에서 인도하여 낸 네 하나님 여호와니
라"(출 20:2). 언약법의 핵심이라고 할 수 있는 십계명이 선포되기 직
전에 하나님께서는 "나는 (중략) 네 하나님 여호와니라"라고 선포하십
니다. 시내산에서 머물던 상황을 기록하고 있는 레위기에도 이 공식
은 그대로 적용됩니다. 하나님께서는 모세를 통해 이스라엘 백성에
게 다음과 같이 선포하십니다. "너는 이스라엘 자손의 온 회중에게
말하여 이르라 너희는 거룩하라 이는 나 여호와 너희 하나님이 거룩
함이니라"(레 19:2). '여호와'는 이스라엘 백성에게 '거룩'을 요청하는
분이심을 보여줍니다.

셋째, 모세가 시내산 위로 올라가고 난 후 40일이 지났을 때, 이스라엘 백성은 아론을 필두로 하여 금송아지 우상을 만들고 급기야 그것을 예배하는 지경에 이릅니다. 이 광경을 본 모세는 하나님이 친히 기록해 주신 언약의 판들을 던져 깨뜨렸습니다. 이는 언약이 파기되었음을 나타냅니다. 이스라엘 백성에게는 절체절명의 순간이 아닐 수 없습니다. 이때 모세는 생명을 걸고 이스라엘 백성을 위해, 그리고 하나님의 이름 '여호와'의 명성을 위해 기도하기 시작했습니다(출 32:30-32, 33:12-13).[3] 하나님께서는 모세의 기도에 응답하셨습니다. 그 직후 언약 갱신이 이루어지는 순간 여호와의 이름이 다시금 선포됩니다.

> 여호와께서 구름 가운데에 강림하사 그와 함께 거기 서서 여호와의 이름을 선포하실새 여호와께서 그의 앞으로 지나시며 선포하시되 여호와라 여호와라 자비롭고 은혜롭고 노하기를 더디하고 인자와 진실이 많은 하나님이라(출 34:5-6).

이스라엘 백성에게 용서가 가장 필요한 순간 '여호와'는 '자비'를 베푸시는 분으로 드러나고 있는 것입니다.

이가봇: 영광이 없음

이스라엘의 역사는 구속의 역사인 동시에 '여호와'란 이름을 되새기는 역사라고 할 수 있습니다. 눈의 아들 여호수아가 죽고 그와 함께 했던 세대가 모두 죽자 그 후에 일어난 세대는 "여호와를 알지 못하며 여호와께서 이스라엘을 위하여 행하신 일도 알지"(삿 2:10) 못했습니다. 하나님께서 때마다 사사들을 일으켜 이스라엘을 회복시키셨지만, 사사기의 결론은 엘리 제사장 이야기로 마무리됩니다.

엘리의 두 아들 홉니와 비느하스는 사사 시대를 대표하는 인물들입니다. 그들의 됨됨이를 성경은 다음과 같이 짧게 정리합니다. "여호와를 알지 못하더라"(삼상 2:12). 그 결과는 불 보듯 뻔합니다. 성경은 그들의 죄를 한 구절로 요약합니다. "이 소년들의 죄가 여호와 앞에 심히 큼은 그들이 여호와의 제사를 멸시함이었더라"(삼상 2:17). 그들은 여호와 하나님의 제사를 멸시했습니다. 이는 단지 홉니와 비느하스만의 문제가 아니었습니다. 하나님께서는 어린 사무엘을 통해 엘리 제사장에게 심판의 말씀을 선포하셨습니다. 엄중한 책망의 핵심은 "네 아들들을 나보다 더 중히 여겨 내 백성 이스라엘이 드리는 가장 좋은 것으로 너희들을 살지게 하느냐"(삼상 2:29)라는 것이었습니다. 하나님께서는 "나를 존중히 여기는 자를 내가 존중히 여기고 나를 멸시하는 자를 내가 경멸하리라"(삼상 2:30)라고 말씀하셨습니다.

여호와를 알지 못한 자들의 삶의 모습은 어떻습니까? 그런 자들은 문제에 직면하게 되면 본래의 모습을 드러냅니다. 블레셋이 이스라엘에 쳐들어왔습니다. 그리고 그 전쟁에서 이스라엘은 크게 패하게 되었습니다. 그러자 이스라엘 장로들은 언약궤를 사용하기로 결정합니다. 그들은 사람을 보내어 "그룹 사이에 계신 만군의 여호와의 언약궤를 거기서 가져왔고"(삼상 4:4) 홉니와 비느하스는 언약궤와 함께 거기에 있었습니다. 그 누구도 언약궤를 전쟁의 도구로 사용하는 것을 반대하는 자가 없었습니다. 여호와를 알지 못하는 자들의 삶의 모습입니다. 언약궤란 여호와 하나님과의 언약을 소중히 여기는 자들에게는 하나님의 임재를 의미하지만, 여호와를 멸시하는 자들에게는 단지 요술램프와 같이 자신들의 이익을 위해 이용할 도구에 불과할 뿐입니다.

그 결과는 참담했습니다. 하나님의 궤는 빼앗겼으며 엘리의 두 아들 홉니와 비느하스는 죽임을 당하였고, 그 소식을 들은 엘리 제사장 역시 앉아 있던 의자에서 뒤로 넘어져 목이 부러져 죽었습니다. 그때 마침 비느하스의 아내가 출산할 때가 되었는데, 그녀는 출산 중에 하나님의 궤를 빼앗긴 것과 시아버지와 남편이 죽었다는 소식을 듣고 아이의 이름을 '이가봇'이라 지었습니다. '이가봇'이란 "영광이 없다"라는 뜻입니다. 전체 스토리 중에서 그녀만이 하나님의 궤를 빼앗긴 것을 가장 크게 슬퍼하는 것처럼 보입니다. 하나님의 궤를 빼앗긴 것을 두 번이나 언급하고 있기 때문입니다. "이르기를 영광이 이스라엘에서 떠났다 하고 아이 이름을 이가봇이라 하였으니 하나님의 궤가 빼앗겼고 그의 시아버지와 남편이 죽었기 때문이며 또 이르기를 하나님의 궤를 빼앗겼으므로 영광이 이스라엘에서 떠났다 하였더라"(삼상 4:21-22).

영광이 없는 언약궤는 단지 상자에 불과합니다. 아무리 거룩한 물건이라도 하나님의 영광이 떠난 것이라면 의미 없는 것일 뿐입니다. 주기도문이 하나님의 이름으로 시작하는 이유가 여기에 있습니다. 하나님의 이름이 빠진 기도는 땅에 떨어지는 주문에 불과합니다. 주기도문은 하나님의 이름에 대한 특별한 관심과 열정을 요구합니다.

여호와의 이름으로

하나님의 이름에 대한 특별한 열정을 보여준 인물이 다윗입니다. 시편을 통해 볼 때, 다윗은 주의 이름을 사랑하는 자였으며(시 5:11, 69:36), 주의 이름을 아는 자였으며(시 9:10), 주의 이름의 능력을 아는 자였으며(시 20:1, 5, 7, 44:5, 54:1, 124:8), 주의 이름을 자랑하는 자였으며 (시 20:7, 22:22), 주의 이름의 영광을 아는 자였기에(시 23:3, 25:11, 29:2, 31:3, 109:21, 111:9, 143:11) 수 없이 그 이름을 송축하고 찬양했습니다.

다윗은 왕이 되기도 전에 이미 하나님의 이름에 대한 특별한 마음이 있었습니다. 그가 아버지의 심부름으로 형들이 있는 전장에 음식을 전달하러 갔다가 블레셋 군대의 골리앗이 하나님의 군대를 모욕하는 소리를 들었습니다. 그때 다윗은 곁에 있는 사람에게 다음과 같이 말합니다. "이 할례 받지 않은 블레셋 사람이 누구이기에 살아 계시는 하나님의 군대를 모욕하겠느냐"(삼상 17:26). 동일한 상황에 처해도 관점에 따라 전혀 다른 행동이 나오기 마련입니다. 사울과 이스라엘 군대의 눈에는 무적의 용사 골리앗이 보였으나, 다윗의 눈에는 하나님의 이름을 모욕하는 이방의 블레셋 사람이 보였을 뿐입니다. 다윗은 골리앗이 "하나님의 군대를 모욕"했다고 두 번이나 언급합니다(삼상 17:26, 36).

골리앗은 다윗의 도전에 다음과 같이 말합니다. "네가 나를 개로 여기고 막대기를 가지고 내게 나아왔느냐"(삼상 17:43). 자존심이 상한 것입니다. 그곳에 있던 많은 사람들과 마찬가지로 골리앗 역시 자기의 명성에만 관심이 있을 뿐입니다. 그 외에는 딱히 다른 목적이 없습니다. 그러나 다윗은 달랐습니다. 다윗에게는 분명한 목적이 있었습니다.

> 45 다윗이 블레셋 사람에게 이르되 너는 칼과 창과 단창으로 내게 나아 오거니와 나는 만군의 여호와의 이름 곧 네가 모욕하는 이스라엘 군대의 하나님의 이름으로 네게 나아가노라 46 오늘 여호와께서 너를 내 손에 넘기시리니 내가 너를 쳐서 네 목을 베고 블레셋 군대의 시체를 오늘 공중의 새와 땅의 들짐승에게 주어 온 땅으로 이스라엘에 하나님이 계신 줄 알게 하겠고 47 또 여호와의 구원하심이 칼과 창에 있지 아니함을 이 무리에게 알게 하리라 전쟁은 여호와께 속한 것인즉 그가 너희를 우리 손에 넘기시리라(삼상 17:45-47).

놀랍게도 다윗에게 있어서 싸우러 나간 이유, 싸움의 방식, 싸움의 목적은 하나였습니다. 그것은 오직 하나님의 명예를 위한 것이었습니다. 다윗이 골리앗에게 도전한 이유는 골리앗이 하나님의 군대를 모욕했기 때문이었습니다. 그런 골리앗을 향해 싸우러 나갈 때, "너는 칼과 창과 단창으로 내게 나아 오거니와 나는 만군의 여호와의 이름 곧 네가 모욕하는 이스라엘 군대의 하나님의 이름으로 네게 나아가노라"라고 외쳤습니다. 다윗에게 있어서 싸움의 방법도 하나님의 이름인 셈입니다. 그는 하나님의 이름에 특별한 능력이 있음을 알고 있었습니다. 다윗이 싸운 목적 역시 "온 땅으로 이스라엘에 하나님이 계신 줄 알게" 하려는 것이었으며, 전쟁이 여호와께 속한 것임을 알게 하려는 것이었습니다. "이름이 거룩히 여김을 받으시오며"라는 청원이 다윗의 삶 가운데 정확하게 응답되는 순간입니다.

구약의 주기도문이라고 할 수 있는 시편 145편은 그 시작과 마지막이 온통 여호와 하나님의 이름을 높이는 내용으로 이루어져 있습니다. "왕이신 나의 하나님이여 내가 주를 높이고 영원히 주의 이름을 송축하리이다 내가 날마다 주를 송축하며 영원히 주의 이름을 송축하리이다"(시 145:1-2). "내 입이 여호와의 영예를 말하며 모든 육체가 그의 거룩하신 이름을 영원히 송축할지로다"(시 145:21). 주기도문의 첫 번째 청원이 무엇인지 다윗은 정확하게 알고 노래하고 있습니다.

내 이름을 아꼈노라

에스겔 36장에는 여호와의 이름과 관련하여 우리에게 충격적으로 다가오는 말씀이 기록되어 있습니다. 하나님 나라 백성이 피 흘리는 죄를 범하여 땅을 더럽혔고, 각종 우상을 숭배하여 자신들을 더럽혔으며, 끝내 심판을 받아 여러 나라에 포로로 끌려가게 되어 결국은 열방에서 하나님의 거룩한 이름을 더럽히게 되었습니다(겔 36:17-20).

그러나 이 모든 일에는 하나님의 명예가 달려있습니다. 하나님은 하나님의 명예에 대해 특별한 마음을 가지고 계십니다. "나는 여호와이니 이는 내 이름이라 나는 내 영광을 다른 자에게, 내 찬송을 우상에게 주지 아니하리라"(사 42:8). 그래서 하나님은 삼중으로 강조하여 말씀하십니다. 첫째, "그 여러 나라에서 더럽힌 내 거룩한 이름을 내가 아꼈노라"(겔 36:21)라고 말씀하십니다. '아끼다'(하말)란 동사는 '측은히 여기다'라는 뜻인데, 특별한 마음을 표현합니다. 둘째, 이제부터 행할 놀라운 일의 동기도 "너희를 위함이 아니요"라고 말씀하시며, "그 여러 나라에서 더럽힌 나의 거룩한 이름을 위함이라"(겔 36:22)라고 말씀하십니다. 셋째, "너희가 그들 가운데에서 더럽힌 나의 큰 이름을 내가 거룩하게 할지라"(겔 36:23)라고 말씀하십니다. 이스라엘 백성을 회복시키심으로 하나님의 명예를 되찾으시겠다는 말씀입니다.

그렇다면 이스라엘 백성을 회복시키실 내용은 무엇인가요? 첫째, 포로로 잡혀있는 여러 나라에서 인도하여 내어 고국 땅으로 이끄실 것입니다(겔 36:24). 둘째, 맑은 물을 뿌려 백성들을 정결하게 하실 것입니다(겔 36:25). 셋째, 마음을 새롭게 하심으로 굳은 마음을 제거하고 부드러운 마음이 되게 하실 것입니다(겔 36:26). 넷째, 성령을 부으심으로 율례와 규례를 지켜 행하게 하실 것입니다(겔 36:27). 이 모든 것을 행하시는 이유가 무엇인가요? 하나님의 거룩한 이름 때문입니다. "너희가 그들 가운데에서 더럽힌" "나의 거룩한 이름"을 위해서 이 모든 것을 행하신다는 것입니다. '여호와' 하나님의 이름, 그 명예가 얼마나 중요한지를 알 수 있는 내용입니다.

하지만 이것이 끝이 아닙니다. 하나님께서는 하나님 나라 백성에게 하나님의 거룩한 이름을 위해 기도할 것을 이미 구약성경에서 명령하고 계십니다. "주 여호와께서 이같이 말씀하셨느니라 그래도 이스라엘 족속이 이같이 자기들에게 이루어 주기를 내게 구하여야 할지라"(겔 36:37). 이 말씀은 곧 "이름이 거룩히 여김을 받으시오며"라는 주기도문의 청원과 연결됩니다.

주의 이름으로 오신 예수

예수 그리스도는 에스겔 선지자의 예언을 정확하고 완전하게 성취하신 분입니다. 예수님이 성령으로 잉태되기 전 가브리엘 천사는 마리아에게 '예수'라는 이름의 뜻을 가르쳐 주었습니다. "그가 자기 백성을 그들의 죄에서 구원할 자이심이라"(마 1:21). '예수'라는 이름의 헬라어는 히브리어로 '여호수아'인데, 이는 "주님이 구원하신다." 라는 뜻이며, 다르게 말하면 "여호와는 구원이시다."라는 뜻입니다.

예수님은 '주의 이름' 곧 '여호와의 이름'으로 이 땅에 오신 분입니다. 이것을 극적으로 드러낸 것이 바로 예루살렘 입성 사건이었습니다. 십자가를 앞두고 예수님이 예루살렘 성에 들어가셨을 때, 많은 사람들이 호산나를 외치며 예수님께 경의를 표했습니다. "앞에서 가고 뒤에서 따르는 무리가 소리 높여 이르되 호산나 다윗의 자손이여 찬송하리로다 주의 이름으로 오시는 이여 가장 높은 곳에서 호산나 하더라"(마 21:9). 이 말씀은 정확하게 "여호와의 이름으로 오는 자가 복이 있음이여 우리가 여호와의 집에서 너희를 축복하였도다"(시 118:26)라는 시편 말씀의 성취입니다. "여호와의 이름으로 오는 자가 복이 있음이여"라는 말과 '호산나'라는 말은 그 당시 유대인들에게 매우 잘 알려져 있었습니다.[4]

예수님은 아버지의 이름으로 이 땅에 오셨으며(요 5:43), 아버지의 이름으로 행하셨고(요 10:25), 제자들에게 아버지의 이름을 알게 하셨으며(요 17:26), 아버지의 이름으로 그들을 보전하고 지키셨고(요 17:11-12), 십자가에 죽기까지 복종하심으로 아버지의 이름을 영광스럽게 하셨습니다(요 12:28). 그러자 하나님 아버지께서 예수 그리스도를 "지극히 높여 모든 이름 위에 뛰어난 이름을 주사 하늘에 있는 자들과 땅에 있는 자들과 땅 아래에 있는 자들로 모든 무릎을 예수의 이름에 꿇게"(빌 2:9-10) 하셨습니다.

아버지의 영광 우리의 영광

예수님이 제자들에게 아버지의 이름을 가르쳐 주셨습니다. 예수님은 오늘 우리도 아버지의 이름을 알기 원하십니다. 그리고 우리가 아버지의 이름을 알 때 하나님께서 영광을 받으십니다. 뿐만 아니라 우리가 아버지의 이름을 알 때, 하나님께서는 우리를 높여주십니다. "그가 내 이름을 안즉 내가 그를 높이리라"(시 91:14). 아버지의 이름을 알고 그 이름의 영예를 위해 기도해야 합니다.

다윗은 항상 여호와의 이름을 송축하고 그 입술로 여호와를 찬송하며 그의 영혼이 여호와의 이름을 자랑하는 삶을 살았습니다. 그는 모든 사람과 더불어 여호와의 이름을 높이길 갈망했습니다(시 34:1-3). 왜 그랬을까요? "내가 여호와께 간구하매 내게 응답하시고 내 모든 두려움에서 나를 건지셨도다"(시 34:4). 기도의 응답을 체험했기 때문입니다.

그러므로 우리는 예수님의 이름으로 기도하고 응답을 받음으로 하나님의 이름을 높이는 삶을 살아야 합니다. 기도 응답에 대한 예수님의 약속은 분명합니다. "내 이름으로 아버지께 무엇을 구하든지 다 받게 하려 함이라"(요 15:16b). "내가 진실로 진실로 너희에게 이르노니 너희가 무엇이든지 아버지께 구하는 것을 내 이름으로 주시리라"(요 16:23b).

우리가 예수 그리스도의 이름으로 기도하면 어떤 일이 발생할까요? 〈표 11-1〉에서와 같이, 요한복음 14:13-14의 구조는 기도 응답에 대한 예수님의 약속과 하나님의 영광이 어떻게 연결되어 있는지를 명확하게 보여줍니다.

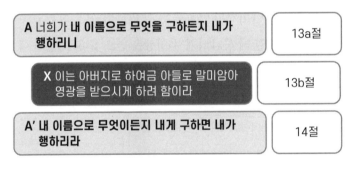

〈표 11-1〉 요한복음 14:13-14의 구조

그렇습니다. 예수님의 이름으로 기도할 때 아버지의 이름을 높일 수 있습니다. 우리가 예수님의 이름으로 기도하면, 예수님이 그 기도에 응답하시고, 그로 인하여 아버지 하나님의 이름이 높아지는 역사가 일어납니다. 그러므로 기도 응답은 단순히 우리의 기쁨으로 끝나지 않습니다. 그것이 하나님의 영광을 드러내기 때문입니다. 따라서 예수님의 이름으로 구하는 모든 기도는 근본적으로 "이름이 거룩히 여김을 받으시오며"라는 청원과 연결됩니다. 우리가 기도할 때 하나님의 이름이 높여지기 때문입니다.

12
왕의 '나라'를
위하여

니콜로 마키아벨리(N. Machiavelli)의 『군주론』은 세상 군주의 모습을 제대로 보여줍니다. 세상의 군주는 권력을 보존하기 위해서라면 악을 행하는 것을 주저해서는 안 됩니다. 또한 악을 행한 것에 대해 백성이 비난하는 것도 크게 개의치 않아야 합니다.[5] 왜냐하면 군주에게는 악한 성향을 가지고 있는 것으로 보이는 것이 자신의 안전과 번영을 가져다주기 때문입니다.

군주가 관대하다는 평가를 받는 것은 바람직하지만, 실제로 관대하게 행동을 해서는 안 됩니다.[6] 큰 해를 입을 수 있기 때문입니다. 오히려 군주는 백성의 결속과 충성을 유지하기 위해서 때로는 가혹하기까지 해야 합니다.[7] 백성이 군주를 '사랑하는 것'과 '두려워하는 것' 둘 중에서 하나를 선택해야 한다면, 백성들이 군주를 '두려워하는 쪽'을 선택해야 합니다.[8]

또한 군주는 약속을 지키는 것이 자신에게 불리하거나 약속한 이유가 소멸되었을 때는 약속을 지킬 필요도 없고 지켜서도 안 됩니다.[9] 군주는 선한 인품을 갖추지 못했다고 할지라도 마치 갖추고 있는 것으로 가장할 필요가 있습니다. 실제로 뛰어난 인품을 행동으로 옮기면 군주에게 해롭지만, 있는 것처럼 가장하면 오히려 이롭습니다. 자비롭고, 믿을만하며, 정직하고, 인정 많고, 신앙심이 깊은 것처럼 보일 필요가 있습니다.[10]

세상 군주에 대한 견해가 이렇다 보니, 마키아벨리가 무엇보다 강하게 비판한 대상이 바로 하나님 나라의 개념이었습니다. 그는 "천국에 대한 기대는 유일하게 존재하는 현세를 더욱 발전시키고자 하는 인류의 노력을 저해한다."라고 주장했습니다.[11] 그에게 있어서 하나님 나라는 단지 상상의 나라일 뿐이며, 그 나라에 대해 생각하는 것은 결과적으로 에너지를 낭비하게 하여 이 세상을 더욱 평화롭고 편안한 삶의 터전으로 만드는 데 방해가 된다고 보았습니다.

마키아벨리에게 있어서 중요한 것은 '사람들이 어떻게 살고 있는가?'라는 문제였으며, '사람들이 무엇을 하고 있는가?'라는 문제였습니다. 그에게 있어서 '사람이 무엇을 해야 하는가?'라는 문제와 '사람이 어떻게 살아야 하는가?'라는 문제는 의미가 없습니다. 아니 오히려 그런 생각에 치우친 사람은 파멸만을 배울 뿐이라고 생각했습니다. 따라서 권력을 유지하고자 하는 군주는 때에 따라서 악하게 굴거나, 악행을 저지르거나 하는 법을 배워야 한다고 말합니다.[12]

하나님 나라와 세상 나라의 차이

하나님 나라를 쉽게 떠올리는 방식 중에 하나는 세상 나라와의 차이에 주목하는 것입니다. 마키아벨리가 『군주론』에서 세상 나라 왕의 모습을 보여주고 있다면, 다윗은 시편 145편에서 하나님 나라 왕의 모습을 멋지게 묘사하고 있습니다.[13] 그분은 "은혜로우시며 긍휼이 많으시며 노하기를 더디 하시며 인자하심이" 크신 분이고, "모든 것을 선대하시며 그 지으신 모든 것에 긍휼을 베푸시는" 분입니다(8-9절). 또한 "모든 넘어지는 자들을 붙드시며 비굴한 자들을 일으키시는" 분이며(14절), "때를 따라 그들에게 먹을 것을" 공급해 주시는 분이고(15절), "손을 펴사 모든 생물의 소원을 만족하게" 하시는 분입니다(16절). 그분은 "모든 행위에 의로우시며 그 모든 일에" 은혜로우신 분입니다(17절). 그분은 "자기에게 간구하는 모든 자 곧 진실하게 간구하는 모든 자에게 가까이 하시는" 분이며(18절), "자기를 경외하는 자들의 소원을 이루시며 또 그들의 부르짖음을" 듣고 구원해 주시는 분입니다(19절). 그분은 "자기를 사랑하는 자들은 다 보호하시고 악인들은 다" 멸하시는 분입니다(20절).

하나님 나라는 세상에 속하지 않은 나라입니다. 그래서 먹고 마시는 것이 쟁점이 아닌 성령 안에 있는 의와 평강과 희락의 나라입니다. 세상 나라에서는 가난한 자들이 멸시를 받지만, 하나님 나라는 가난한 자들에게 약속된 나라입니다. 오히려 세상 나라에서 인정받는 부자들은 하나님 나라에 들어가는 것이 어렵습니다. 하나님 나라는 위로부터 다시 태어나야만 볼 수 있고 들어갈 수 있는 나라입니다. 세상 나라가 똑똑한 자들에게 열려 있다면, 하나님 나라는 어린 아이들에게 열려 있는 나라입니다. 세상에서는 섬김을 받는 자가 으뜸이지만, 하나님 나라에서는 오히려 섬기는 자가 으뜸입니다. 이와 같은 하나님 나라와 세상 나라의 차이점은 〈표 12-1〉과 같이 도표화 할 수 있습니다.

하나님 나라	세상 나라	성경구절
세상에 속하지 않은 나라	세상에 속한 나라	요 18:36
성령 안에 있는 의, 평강, 희락이 넘치는 나라	먹고 마시는 것이 쟁점인 나라	롬 14:17
가난한 자들에게 약속된 나라	가난한 자들은 멸시받는 나라	눅 6:20
부자는 들어가기 어려운 나라	부자들이 인정받는 나라	마 19:23
거듭난 자들만 보고, 들어가는 나라	한 번 출생으로 속하는 나라	요 3:3-6
어린이들에게 열린 나라	똑똑한 자들에게 열린 나라	마 11:25
섬기는 자가 으뜸인 나라	섬김을 받는 자가 으뜸인 나라	눅 22:27

〈표 12-1〉 하나님 나라와 세상 나라의 차이점

나라가 (임하시오며)

예수님이 가르쳐 주신 두 번째 청원은 "나라가 임하시오며"입니다. 여기서 '나라'(바실레이아)는 '왕국', '왕의 지배권', '왕의 통치'를 의미합니다. 그렇다면 하나님 나라는 하나님이 왕이신 나라며, 왕이신 하나님이 다스리시고 통치하시는 나라입니다. 비록 '나라'라는 단어는 '영토'나 '장소'도 포함하는 폭넓은 개념이지만, 하나님의 통치를 가리키는 '왕권'(Kingship) 혹은 '주재권'(sovereignty)으로 보는 것이 적절합니다.

구약성경에서 '왕권'과 '주재권'은 '창조'를 통해 최초로 드러났습니다. "하나님이 이르시되 빛이 있으라 하시니 빛이 있었고"(창 1:3)라는 말씀은 태초에 진행된 하나님의 왕적 명령과 그에 대한 창조 세계의 반응을 잘 보여줍니다. 구약 신학자 둠브렐(W. J. Dumbrell)은 "빛이 있으라"라는 말씀은 왕의 법령 선포와 같다고 말합니다.[14] 그렇다면 태초에 있었던 창조는 하나님의 최초 통치 명령이며, "빛이 있었고"라는 말씀은 그에 대한 피조물의 반응인 셈입니다. 비록 '왕'이란 용어가 등장하지 않아도, 창세기의 창조 사건은 하나님이 왕이심을 장엄하게 드러내 줍니다. 또한 하나님은 아담과 하와를 '하나님의 형상'으로 창조하시고, 그들에게 통치권을 위임하심으로 하나님의 왕권을 행사하셨습니다.[15] 둠브렐에 따르면, 창조 자체에 언약적 개념이 담겨있습니다. 즉, 창세기 1:1-2:4에 나오는 창조 기사 전체에 언약의 실체가 암시되어 있는데, 그것은 바로 '절대적 위탁'입니다.[16]

하지만 하나님의 통치에 반하는 사건이 발생했습니다. 하나님의 형상에 따라 지음을 받은 아담과 하와가 하나님의 명령에 불순종한 것입니다. "여자가 그 나무를 본즉 먹음직도 하고 보암직도 하고 지혜롭게 할 만큼 탐스럽기도 한 나무인지라 여자가 그 열매를 따먹고 자기와 함께 있는 남편에게도 주매 그도 먹은지라"(창 3:6). 이것은 하나님의 왕권에 대한 도전이었습니다.[17] 사탄은 하와에게 "하나님과 같이 되어"(창 3:5)라고 하며 하나님께 반역할 것을 부추겼고, 이에 따라 "여자가 그 나무를 본즉" 탐욕이 생겨 결국 "선악을 알게 하는 나무의 열매는 먹지 말라 네가 먹는 날에는 반드시 죽으리라"(창 2:17)라는 하나님의 명령에 반하여 열매를 먹었을 뿐 아니라 남편도 먹게 했습니다.

이때 이후로 하나님의 통치권 회복을 위한 구속의 역사 곧 언약의 역사가 시작되었습니다. 하나님은 불순종에 대한 심판을 단행하시는 과정에서 원시복음을 선포하셨으며,[18] 그 이후 구속의 역사 속에서 창조와 함께 시작된 '언약 회복'의 역사를 이어가셨습니다.[19] 즉, 창조에서 시작된 하나님의 언약은 노아에게로 이어지고, 노아에서 아브라함으로 이어지며, 아브라함으로부터 시내산 언약으로 이어지고, 시내산 언약에서 다윗 언약으로 이어지며, 이후 예레미야의 새 언약으로 이어지고 있습니다. 그리고 마침내 예수 그리스도를 통해 언약이 성취되는 것을 성경은 우리에게 보여줍니다.

한편 구약성경에서 하나님의 왕권은 '언약'을 통해서도 드러났습니다. 이는 무엇을 의미할까요? 우리는 앞에서 구약성경에 나오는 언약의 핵심 문장이 무엇인지 알아보았습니다. 그것은 바로 "너희를 내 백성으로 삼고 나는 너희의 하나님이 되리니"(출 6:7)라는 것이었습니다. 하나님은 이스라엘 백성을 향해 하나님과의 언약을 잘 지키면 "너희가 내게 대하여 제사장 나라가 되며 거룩한 백성이"(출 19:6)될 것이라고 말씀하셨습니다. 언약을 통해 하나님은 이스라엘의 왕이 되시고, 이스라엘은 하나님의 백성이 된 것입니다. 그렇다면 하나님의 왕권은 언약이라는 특별한 관계를 통해 구체화 된다고 할 수 있습니다. 어떤 면에서 하나님의 왕권은 언약 백성에 의한, 언약 백성을 위한 것이라고 할 수 있습니다.

언약의 성취를 통한 왕권의 회복은 예수 그리스도의 오심으로 시작되었습니다. 예수님은 "새 언약의 중보자"로 이 땅에 오셨으며 "첫 언약 때에 범한 죄에서 속량하려고"(히 9:15) 죽으셨습니다. 단번에 "의인으로서 불의한 자를 대신하셨으니"(벧전 3:18), 그러므로 이제 누구든지 그리스도 예수 안에 있는 자는 "새로운 피조물"(고후 5:17)이 되었습니다. 새 창조가 시작된 것입니다. 예수 그리스도의 오심으로 시작된 하나님의 왕권 회복은 십자가 위에서 성취되었으며, 이제 새로운 피조물들을 통해 펼쳐지게 되었습니다.

이를 통해 알 수 있는 것은 하나님 나라 왕권의 중심에는 예수 그리스도가 있다는 사실입니다. 하나님은 말씀이신 예수 그리스도를 통해 천지를 창조하셨으며, 예수 그리스도를 통해 구속을 이루셨으며, 예수 그리스도를 통해 우주 만물을 통치하십니다.

왕권과 예수님의 3대 사역

하나님의 통치는 예수 그리스도의 3대 사역과도 연결됩니다. 첫째, 하나님의 통치는 비밀을 '아는 것'에 달려 있습니다. "이르시되 하나님 나라의 비밀을 아는 것이 너희에게는 허락되었으나 다른 사람에게는 비유로 하나니 이는 그들로 보아도 보지 못하고 들어도 깨닫지 못하게 하려 함이라"(눅 8:10). 이는 곧 참된 지성의 회복을 의미합니다. 이를 위해 예수님은 가르치시는 사역을 그렇게도 열심히 감당하셨던 것입니다. 하나님 나라의 비밀을 아는 자들만이 하나님의 말씀(통치)에 순종하기 때문입니다(눅 8:21).

둘째, 하나님 통치는 먹고 마시는 것을 통해서가 아니라 "성령 안에 있는 의와 평강과 희락"을 통해 나타납니다(롬 14:17). 이는 곧 하나님 나라의 생명력과 관련된 것입니다. 하나님 나라는 물과 성령으로 거듭나야만 볼 수 있고 들어갈 수 있습니다(요 3:3-5). 이와 같은 일이 언제 어떻게 일어날까요? 하나님의 말씀이 선포될 때, 성령의 역사로 일어납니다. 오순절 날이 이르렀을 때, 베드로는 제자들과 함께 "서서 소리를 높여" 예루살렘에 모인 모든 사람을 향해 "내 말에 귀를 기울이라"(행 2:14)라고 하면서 하나님의 말씀을 선포했습니다. 그 결과 "그들이 이 말을 듣고 마음에 찔려 베드로와 다른 사도들에게 물어 이르되 형제들아 우리가 어찌할꼬"(행 2:37)라고 회개하는 역사가 일어났습니다. 그날에 무려 3,000명의 사람들이 예수 그리스도의 이름으로 세례를 받았습니다. 이는 예수님의 선포 사역과 연결됩니다.

셋째, 하나님 통치는 성령의 능력으로 나타납니다. 이는 예수님의 치유 사역과 연결됩니다. 예수께서 귀신 들려 눈 멀고 말 못하는 사람을 고쳐 주셨을 때, 바리새인들은 귀신의 왕 바알세불을 힘입어 쫓아낸 것이라고 조롱했습니다. "그러나" 예수께서 이렇게 말씀하셨습니다. "내가 하나님의 성령을 힘입어 귀신을 쫓아내는 것이면 하나님의 나라가 이미 너희에게 임하였느니라"(마 12:28). 그리고 이와 같은 능력은 "기도 외에 다른 것으로는" 우리를 통해 나타날 수 없다고 말씀하셨습니다(막 9:29).

(나라가) 임하시오며

예수 그리스도께서 이 땅에 오심으로 하나님 나라는 이미 임했습니다(마 4:17). 하지만 하나님 나라를 의식하지 못하는 자들이 있습니다. 그들은 명백하게 임한 하나님 나라를 알아채지 못합니다(마 12:28). 이것은 예수께서 하나님 나라를 비유로 말씀하시는 이유이기도 합니다(마 13:11). 하나님 나라는 이미 겨자씨와 같이 임했고, 누룩과 같이 이 땅에 존재하고 있습니다(마 13:31-33). 다만 하나님 나라 백성이 아닌 자들에게는 숨겨져 있을 뿐입니다.[20]

여기서 우리가 주목할 단어가 "임하시오며"(엘쎄토)라는 동사입니다. 이 동사의 원형은 '오다'(에르코마이)인데, 크게 두 가지로 해석할 수 있습니다. 먼저, '오다'(to come)의 부정과거 명령법에 따라 '오게 하소서'로 해석할 수 있습니다. 이때 하나님 나라가 오는 것은 미래적입니다. 비록 예수님의 오심으로 하나님 나라가 시작되었지만, 아직 완전하게 임한 것은 아닙니다. 완전한 하나님 나라는 예수 그리스도의 재림으로 완성될 것입니다. 따라서 하나님 나라가 '오게 하소서'라는 청원은 그리스도의 재림을 통해 임하게 될 완전한 하나님 나라를 소망하는 기도라고 할 수 있습니다. 예수님이 우리에게 "나라가 임하시오며"라고 기도하라고 가르쳐 주셨을 때는, 분명히 이런 의도가 있으셨을 것입니다. 따라서 우리는 이 땅에 완전하게 임할 하나님 나라를 소망하며, "나라가 임하시오며"라고 지속적으로 기도해야 합니다.

한편 '오다'(에르코마이)라는 동사를 '나타나다'(to appear)의 부정과거 명령법에 따라 '나타나게 하소서'로 해석할 수도 있습니다. 이때 하나님 나라의 임재는 현재적입니다. 즉, 지금 이곳에, 내가 머무는 곳에 하나님 나라가 드러나게 해 달라는 청원이 되는 것입니다.[21] 하나님 나라가 '이미'(already) 예수님의 오심으로 이 땅에 임했으나, '아직'(not yet) 완전하게 성취된 것이 아니라는 사실은, '지금'(now) 여기에 하나님 나라가 진행 중이라는 것을 의미합니다. 그렇다면 하나님 나라는 이 땅에 머물고 있는 하나님 나라 백성이 경험하고 맛보아야 할 나라입니다.[22] 이런 의미에서 예수님은 위로부터 태어난 사람, 즉 거듭난 사람이 하나님 나라를 볼 수 있다고 말씀하셨습니다(요 3:3).[23] 또한 이제 막 부름을 받은 제자들에게 권능을 주셔서 하나님 나라를 경험하게 하신 이유도 거기에 있었습니다(마 10:1, 7, 눅 10:17).

하나님의 통치를 구하는 기도

하나님 나라를 구한다는 것은 하나님의 통치를 요청하는 것입니다. 창세 이후로 하나님의 통치는 말씀이신 예수 그리스도를 통해 이루어졌습니다. 예수님이 하나님 나라를 통치하시는 방식은 크게 세

가지로 정리할 수 있습니다. 첫째, "하나님 나라의 일"(행 1:3)에 관한 말씀을 '가르치심'으로 통치하십니다. 그러므로 우리는 하나님 나라를 잘 배워야 합니다. 말씀을 배운다는 것은 말씀을 읽고, 배워, 지켜, 행한다는 것을 의미합니다. 간단히 말해서 말씀에 순종하는 것을 말합니다. 그러므로 하나님 나라를 알게 해달라는 기도는 하나님의 통치를 구하는 또 다른 방식입니다.

둘째, 예수님은 하나님 나라를 '선포하심'으로 통치하십니다. 우리는 예수님이 선포하신 말씀에 반응해야 합니다. 또한 하나님이 세우신 일꾼들을 통해 선포되는 말씀에 반응해야 합니다. 그 말씀을 통해 우리의 영혼이 소성되며, 우리의 우둔한 삶에 지혜의 빛이 비추어지고, 우리의 심령이 정직하게 되며, 우리의 눈이 밝아지는 역사가 일어납니다(시 19:7-8). 따라서 하나님의 통치를 구하는 기도란 선포되는 말씀에 반응하게 해달라고 구하는 것입니다.

셋째, 예수님의 통치는 '성령의 능력'으로 나타납니다. 가난한 자에게 복음이 전파되고, 포로된 자가 자유를 얻게 되며, 눈먼 자는 다시 보게 되고, 억눌린 자가 자유롭게 되는 역사가 일어납니다(눅 4:18). 성령의 능력으로 기적을 경험하는 삶을 갈망하는 것을 말합니다. 우리는 "힘으로 되지 아니하며 능으로 되지 아니하고 오직 나의 신"(슥 4:6), 즉 성령의 능력으로 나타나는 역사를 갈망해야 합니다. 우리는 우리 삶이 말씀을 깨닫고, 말씀에 순종하며, 성령의 인도함을 받음으로 하나님 나라를 드러낼 수 있기를 기도해야 합니다.

13
왕의 '뜻'을
따라서

C. S. 루이스의 책 『천국과 지옥의 이혼』에 보면, 주인공의 스승인 조지 맥도널드가 하나님의 뜻과 관련하여 다음과 같이 말하는 대목이 나옵니다.

> 세상에는 딱 두 종류의 인간밖에 없어. 하나님께 '당신의 뜻이 이루어지이다'라고 말하는 인간들과, 하나님의 입에서 끝내 '그래, 네 뜻대로 되게 해 주마'라는 말을 듣고야 마는 인간들. 지옥에 있는 자들은 전부 자기가 선택해서 거기 있게 된 걸세. 자발적인 선택이라는 게 없다면 지옥도 없을 게야[24]

루이스는 인간을 두 종류로 제시하고 있습니다. 한 부류는 하나님의 뜻을 구하며 살아가는 자들이고, 다른 부류는 자기의 뜻을 추구하며 살아가는 자들입니다. 여기에는 자발적 선택이 있을 뿐입니다. 하나님의 뜻을 선택하여 산다는 것은 하나님의 백성으로 산다는 것을 의미하며, 이는 곧 하나님 나라의 삶을 사는 것입니다. 따라서 하나님의 뜻을 선택하는 것과 하나님 나라를 사는 것은 같은 개념입니다.

예수님이 우리에게 가르쳐 주신 하나님 나라를 위한 세 번째 청원은 바로 하나님의 뜻과 관련된 것입니다. "뜻이 하늘에서 이루어진 것 같이 땅에서도 이루어지이다"라는 기도의 뜻은 무엇인가요? 이 의미를 살피기 전에 먼저 생각할 것이 있습니다. 하나님의 이름을 위한 기도와 하나님의 뜻을 구하는 기도는 결국 하나님 나라를 구하는 기도에 수렴된다는 사실입니다. 이 세 가지 기도는 사실 하나의 기도인 셈입니다.[25] 단지 교육적 목적으로 세분하여 제시한 것입니다.

하나님 나라의 통치 방식

여기서 우리는 하나님께서 하나님 나라를 통치하시는 방식을 생각할 필요가 있습니다. 지난 12장에서 언급한 바와 같이 하나님의 통치가 잘 드러나고 있는 사건이 창조사건입니다. 우리는 창세기 1-2장을 통해 하나님의 통치 방식을 생각할 수 있습니다. 첫째, 하나님은 말씀(로고스)을 선포하심으로 통치하십니다. "빛이 있으라"(창 1:3)라는 선포는 일종의 통치 사역입니다. 하나님의 법령 선포, 즉 통치는 창세기 1:3 이후 계속됩니다. "물 가운데에 궁창이 있어 물과 물로 나뉘라"(창 1:6), "천하의 물이 한 곳으로 모이고 뭍이 드러나라"(창 1:9). '식물의 창조', '광명체의 창조', '생물의 창조'에도 선포를 통한 통치 사역은 계속됩니다.

둘째, 하나님은 하나님의 형상대로 지으신 아담과 하와에게 통치권을 위임하심으로 다스리십니다. "하나님이 자기 형상 곧 하나님의 형상대로 사람을 창조하시되 남자와 여자를 창조하시고 하나님이 그들에게 복을 주시며 하나님이 그들에게 이르시되 생육하고 번성하여 땅에 충만하라, 땅을 정복하라, 바다의 물고기와 하늘의 새와 땅에 움직이는 모든 생물을 다스리라 하시니라"(창 1:27-28). 이 말씀을 통해 우리는 통치권을 위임하시기 위하여 하나님이 사람을 하나님의 형상대로 창조하셨다는 사실을 알 수 있습니다. 사람이 하나님을 닮은 존재로 창조되었다는 사실은 사람이 하나님의 통치 사역의 동역자로 창조되었음을 뜻합니다.

셋째, 하나님은 율법을 통해 하나님 나라 백성을 다스리십니다. 하나님께서 에덴동산에 아담과 하와를 살게 하시면서 그들에게 율법을 주셨는데, 그것이 바로 하나님의 통치 방식이었습니다. "여호와 하나님이 그 사람에게 명하여 이르시되 동산 각종 나무의 열매는 네가 임의로 먹되 선악을 알게 하는 나무의 열매는 먹지 말라 네가 먹는 날에는 반드시 죽으리라 하시니라"(창 2:16-17).

이 세 가지 방식 중에서 주기도문의 세 번째 청원과 관련하여 우리가 주목해야 할 것이 바로 '위임을 통한 통치' 방식입니다. 이것을 깨닫고 장엄한 시로 표현한 사람이 다윗이었습니다.

5 그를 하나님보다 조금 못하게 하시고 영화와 존귀로 관을 씌우셨나이다 6 주의 손으로 만드신 것을 다스리게 하시고 만물을 그의 발

아래 두셨으니 7 곧 모든 소와 양과 들짐승이며 8 공중의 새와 바다

의 물고기와 바닷길에 다니는 것이니이다(시 8:5-8).

다윗은 하나님께서 사람에게 다스림을 위임하신 사실을 "영화와
존귀로 관을 씌우셨나이다"라고 멋지게 표현하고 있습니다. 그렇습
니다. 하나님은 하나님 나라 백성에게 통치권을 위임하신 증거로 '왕
관'을 씌워주셨습니다.

하나님 나라의 동역: 통치권의 위임

태초에 있었던 하늘의 뜻은 하나님의 형상대로 사람을 창조하는
것이었으며, 사람에게 통치권을 위임하는 것이었습니다. "하나님이
이르시되 우리의 형상을 따라 우리의 모양대로 우리가 사람을 만들
고 그들로 바다의 물고기와 하늘의 새와 가축과 온 땅과 땅에 기는 모
든 것을 다스리게 하자 하시고"(창 1:26). 이는 사람을 향한 삼위일체
하나님의 계획을 의미합니다. 그리고 하나님의 뜻은 창세기 1:27-28
에 그대로 실현되었습니다. 하나님의 뜻이 이루어진 것입니다. 하나
님께서는 하나님의 형상대로 아담과 하와를 창조하셨으며, 그들에
게 복을 주시면서 "충만하라", "정복하라", "다스리라"라는 말씀과 함
께 통치권을 위임하셨습니다.

통치권의 위임은 다르게 말해서 '통치 동역'을 의미합니다. 즉, 하
나님 나라 사역에 동참하는 것을 말합니다. 하나님은 하나님의 백성
이 하나님 나라 사역에 함께 하길 원하십니다. 그래서 하나님은 하나

님 나라 동역의 길을 열어 놓으셨습니다. 특별히 하나님의 뜻을 이루는 데 있어서 그렇습니다. 예수님이 우리를 향해 "뜻이 하늘에서 이루어진 것 같이 땅에서도 이루어지이다"라고 기도하라 하신 것은 결국 우리에게 하나님 나라 사역에 동참하라고 요청하신 것과 같습니다. 우리는 하나님의 뜻이 이 땅에 이루어질 것을 기도함으로 하나님 나라 사역에 동참할 수 있습니다. 하나님과 동역하는 것입니다.

이 책의 11장에서 살펴보았던 에스겔 36장은 '하나님의 뜻'이라는 관점으로도 조명할 수 있습니다.[26] 이스라엘 백성은 땅 위에 피를 쏟음으로 그 땅을 더럽혔으며, 우상을 숭배함으로 자신들을 더럽혔고, 선지자들의 경고에도 불구하고 돌이키지 않아 결국은 심판을 받아 여러 나라에 흩어지게 되었습니다. 그 일로 하나님의 이름이 열방에서 더럽힘을 받게 되었습니다.

그러나 하나님께서는 하나님의 이름을 아끼심으로 여러 나라에서 더럽힌 하나님의 이름을 거룩하게 하실 뜻을 세우셨습니다. 그것은 다음과 같은 구체적인 실행을 통해서 이루실 것이었습니다. 첫째, 이스라엘 백성을 다시 고국으로 돌아오게 하실 것입니다(24절). 둘째, 이스라엘 백성의 모든 더러운 것을 정결하게 하실 것입니다(25절). 셋째, 새 영과 새 마음을 주어 마음을 부드럽게 하실 것입니다(26절). 넷째, 하나님의 영을 이스라엘 백성의 마음에 두어 율례를 행하게 하실 것입니다(27절). 그 결과 언약을 회복하심으로 하나님의 이름을 거룩하게 하실 것입니다. 이것이 하나님의 뜻이요 계획이었습니다. 그리고 하나님께서는 "나 여호와가 말하였으니 이루리라"(36절)라고 말씀하셨습니다.

그렇다고 해서 이스라엘 백성이 할 일은 없었을까요? 그렇지 않습니다. 아니 반드시 실행해야 할 중요한 일이 있습니다. "주 여호와께서 이같이 말씀하셨느니라 그래도 이스라엘 족속이 이같이 자기들에게 이루어 주기를 내게 구하여야 할지라"(37절). 그렇습니다. 기도해야 한다는 말씀입니다. 하나님의 뜻(계획)이 이루어지도록 하나님께 구해야 한다는 말입니다. 37절에서 '그래도'라는 단어는 하나님의 뜻을 위한 기도는 이스라엘이 실행해야 할 중요한 부분임을 강조해 줍니다. 하나님의 주권적인 역사가 있을 것이지만, 그래도 하나님 나라 백성은 마땅히 하나님의 뜻이 이루어질 것을 기도해야 합니다.

땅에서 풀면 하늘에서도 풀리리라

예수님은 한 영혼을 구원하는 것과 관련하여 하나님의 뜻이 이루어지길 기도하는 우리의 간구가 얼마나 중요한 것인지를 다음과 같이 말씀하십니다. "진실로 너희에게 이르노니 무엇이든지 너희가 땅에서 매면 하늘에서도 매일 것이요 무엇이든지 땅에서 풀면 하늘에서도 풀리리라"(마 18:18). 이 구절에 의하면, 한 영혼의 구원에 있어서 매고 푸는 것은 우리의 뜻에 따른 것이 아닙니다. 하나님의 뜻에 따른 것입니다. 우리가 하나님의 뜻에 따라 교회 공동체에 위임하신 권위를 사용하여 땅에서 매면, 하늘에서도 매이고, 땅에서 풀면 하늘에서도 풀릴 것이라는 말씀입니다.

예수님은 땅과 하늘의 연관성 가운데 기도의 중요성을 계속해서 말씀하십니다. "진실로 다시 너희에게 이르노니 너희 중의 두 사람이 땅에서 합심하여 무엇이든지 구하면 하늘에 계신 내 아버지께서 그들을 위하여 이루게 하시리라"(마 18:19). 예수님은 두 사람의 합심 기도를 "땅에서" 하는 기도라고 말씀하십니다. 그리고 그 기도에 대한 응답은 "하늘에 계신 내 아버지께서" 이루어 주신다고 하십니다. 땅에 거하는 우리가 하늘에 계신 하나님의 사역에 동참하는 길을 보여주신 것입니다.

성경은 땅에 거하는 하나님 나라 백성이 하늘에 계신 하나님과 어떻게 하나님 나라의 사역을 동역하는지 잘 보여줍니다.[27] "나는 심었고 아볼로는 물을 주었으되 오직 하나님께서 자라나게 하셨나니 그런즉 심는 이나 물 주는 이는 아무 것도 아니로되 오직 자라게 하시는 이는 하나님뿐이니라"(고전 3:6-7). 사도 바울은 복음의 씨를 심고 아볼로는 그 위에 물을 주었습니다. 그러자 하나님께서는 그 복음의 씨가 자라게 하셨습니다.

이어서 바울은 다음과 같이 말합니다. "우리는 하나님의 동역자들이요 너희는 하나님의 밭이요 하나님의 집이니라"(고전 3:9). 사도 바울은 자신과 아볼로를 "하나님의 동역자"라고 말합니다. 그렇습니다. 하나님 나라의 사역은 하늘에 계신 하나님과 이 땅에 거하는 하나님 나라 백성의 동역으로 펼쳐집니다. 우리가 하나님의 뜻을 품고 그것을 기도할 때, 우리는 모두 하나님의 동역자가 되며, 하나님 나라의 사역에 동참하는 것입니다.

하나님 마음에 맞는 사람

진 에드워드(G. Edwards)는 『세 왕 이야기』에서 하나님의 뜻을 추구하는 다윗의 모습을 극적 상황을 통해 실감 나게 보여줍니다. 그에 따르면, 다윗이 아들 압살롬의 반역을 이미 알고 있으면서도 압살롬을 제거하지 않은 것은 그것이 하나님의 뜻 가운데서 일어난 일이라고 생각했기 때문입니다.

"하지만 당신은 압살롬이 왕이 되어서는 안 된다는 사실을 알고 있지 않습니까?"라는 아비새 장군의 절망 섞인 질문에 다윗은 다음과 같이 말합니다.

> 나는 그분의 능력이 아니라 그분의 뜻을 구하네. 다시 말하지. 나는
> 지도자의 위치를 갈망하는 것보다 그분의 뜻을 더욱 갈망하네. 그
> 는 나와 끝장을 내셨는지도 모르는 거야.[28]

압살롬의 역모 계획은 착착 진행되었습니다. 압살롬은 자기를 위하여 병거와 말을 모으고 호위병을 세웠습니다. 그리고 백성의 마음을 아버지로부터 훔치기 시작했습니다. 역모는 4년 동안 비밀리에 진행되었고, 마침내 때가 왔습니다. 압살롬은 아버지 다윗에게 헤브론에 가서 자신의 서원을 이루게 해 달라고 요청했습니다. 다윗이 허락하자 압살롬은 헤브론에서 반역을 일으켰습니다. 다윗의 책사 아히도벨도 그 역모에 합류했습니다. 반역의 무리가 점점 많아졌습니다(삼하 15:1-12).

　　　　　　　　　　　Part 4 주기도문, 하나님 나라 학습 가이드

압살롬의 반역으로 인해 다윗은 피난길에 올랐습니다. 다윗의 피난길에 두 번째로 나타난 무리가 있었습니다.[29] 바로 일단의 제사장 무리였습니다(삼하 15:24). 제사장 사독과 모든 레위 사람들이 하나님의 궤를 메고 길목에서 다윗 왕을 기다리고 있었습니다. 그들은 여전히 하나님의 손이 다윗에게 있다는 것을 알고 있었기 때문에, 언약궤가 다윗과 함께 가야 한다고 판단한 것입니다. 그러나 다윗의 생각은 달랐습니다.

> 왕이 사독에게 이르되 보라 하나님의 궤를 성읍으로 도로 메어 가라 만일 내가 여호와 앞에서 은혜를 입으면 도로 나를 인도하사 내게 그 궤와 그 계신 데를 보이시리라(삼하 15:25).

다윗은 삶과 죽음의 경계를 지나는 중입니다. 가장 절박한 상황입니다. 그런 상황에서 다윗 자신이 사랑하던 언약궤가 나타났습니다. 가져오라고 한 것도 아닙니다. 제사장들에 의해서 자기 앞에 나타난 것입니다. 언약궤와 함께 가며 하나님의 함께 하심을 바랄 수도 있었을 것입니다. 언약궤가 다윗에게 있다는 것을 알려서 하나님이 다윗 편이라는 것을 정략적으로 활용할 수도 있었을 것입니다.

하지만 다윗은 그렇게 하지 않았습니다. "하나님의 궤를 성읍으로 도로 메어 가라" 다윗은 단호했습니다. 그리고 그는 분명하게 말했습니다. 다윗은 하나님을 수단으로 사용하지 않겠다는 것입니다. 그러면서 다윗은 이렇게 말했습니다. "만일 내가 여호와 앞에서 은혜를 입으면 도로 나를 인도하사 내게 그 궤와 그 계신 데를 보이시리라" 다윗은 언약궤를 가지고 있으면서 하나님이 자기에게로 오게 하려는 것보다 하나님께서 자신을 하나님의 궤로 인도하시길 원하며, 그것을 기다리겠다는 것입니다.

> 그러나 그가 이와 같이 말씀하시기를 내가 너를 기뻐하지 아니한다
> 하시면 종이 여기 있사오니 선히 여기시는 대로 내게 행하시옵소서
> 하리라(삼하 15:26).

모든 것을 하나님의 뜻에 맡기겠다는 것입니다. 하나님의 뜻이 아니라면 차라리 죽는 것이 낫다는 것입니다. 하나님이 자신을 압살롬의 손으로부터 구원하시길 기뻐하지 않으신다면, 그 손에 죽겠다는 것입니다. 하나님의 뜻 외에는 관심이 없다는 것입니다. 하나님이 뜻이라면 그 무엇이라도 괜찮다는 것입니다.

이런 다윗에 대해 누가는 사도행전에서 다음과 같이 말합니다. "다윗을 왕으로 세우시고 증언하여 이르시되 내가 이새의 아들 다윗을 만나니 내 마음에 맞는 사람이라 내 뜻을 다 이루리라"(행 13:22). 다윗의 삶은 한마디로 "하나님의 뜻을 따라 섬기다가"(행 13:36) 잠든 인생이라고 할 수 있습니다.

나를 따라오려거든

하나님이 약속하신 대로 다윗의 후손에서 이스라엘의 구주 곧 예수님이 오셨습니다(행 13:23). 예수님이 하늘에서 이 땅에 내려오신 목

적은 분명했습니다. "내가 하늘에서 내려온 것은 내 뜻을 행하려 함이 아니요 나를 보내신 이의 뜻을 행하려 함이니라"(요 6:38-39). 또한 이 땅에서 행하신 모든 사역이 하나님의 뜻에 따른 것이었습니다. "내가 아무 것도 스스로 할 수 없노라 듣는 대로 심판하노니 나는 나의 뜻대로 하려 하지 않고 나를 보내신 이의 뜻대로 하려 하므로 내 심판은 의로우니라"(요 5:30). 그리고 죽기까지 하나님의 뜻에 순종하셨습니다.

> 이르시되 아버지여 만일 아버지의 뜻이거든 이 잔을 내게서 옮기시
> 옵소서 그러나 내 원대로 마시옵고 아버지의 원대로 되기를 원하나
> 이다 하시니(눅 22:42).

결국 예수님의 모든 생애가 하나님의 뜻에서 시작하여 하나님의 뜻 안에서 마쳐진 것이었습니다. 예수님은 하나님의 뜻에 따라 율법 아래 나셨으며(갈 4:4), 세례를 받으셨고(마 3:15), 십자가에 달리셨습니다(행 2:23).

예수님은 하나님 나라 백성을 향해 다음과 같이 말씀하셨습니다. "이에 예수께서 제자들에게 이르시되 누구든지 나를 따라오려거든 자기를 부인하고 자기 십자가를 지고 나를 따를 것이니라"(마 16:24). "자기를 부인하고"라는 말은 적극적인 차원에서 하나님의 뜻을 추구하는 것입니다. 칼빈은 "하나님께 대한 자기 부정은 그의 뜻에 대한 헌신이다."라고 말합니다.[30] 하나님은 맏아들이신 예수 그리스도로부터 모든 자녀에 이르기까지 이 계획을 적용하십니다.[31] 그리고 예

수님이 가르쳐 주신 세 번째 청원을 통해 우리는 자신을 부정하는 법을 배우게 됩니다.[32]

하나님의 뜻 분별하기

따라서 예수님을 따르고자 하는 자들은 하나님의 뜻을 분별할 수 있어야 합니다.[33]

> 1 그러므로 형제들아 내가 하나님의 모든 자비하심으로 너희를 권하노니 너희 몸을 하나님이 기뻐하시는 거룩한 산 제물로 드리라 이는 너희가 드릴 영적 예배니라 2 너희는 이 세대를 본받지 말고 오직 마음을 새롭게 함으로 변화를 받아 하나님의 선하시고 기뻐하시고 온전하신 뜻이 무엇인지 분별하도록 하라(롬 12:1-2).

하나님의 뜻을 분별하기 위한 선행 조건은 첫째, "이 세대를 본받지 말고"입니다. 부정적 접근입니다. 이는 로마서 12:1의 "너희 몸을 하나님이 기뻐하시는 거룩한 산 제물로 드리라"와 연결됩니다. 둘째, "마음을 새롭게 함으로 변화를 받아"입니다. 이는 우리가 드릴 "영적 예배"를 드리는 중에 얻게 되는 은혜를 말합니다. 은혜를 통해 우리는 마음이 새롭게 되며, 변화될 준비를 하게 됩니다.

그 결과 우리 몸을 거룩한 산 제물로 하나님께 드리기를 기뻐하며, 영적 예배를 통해 마음을 새롭게 함으로 변화를 경험하는 자들은 하나님의 선하신 뜻, 기뻐하시는 뜻, 온전하신 뜻이 무엇인지 분별할 수 있습니다. 사도 바울은 더 구체적으로 분별의 기준을 우리에게 제시해 줍니다. "너희 안에서 행하시는 이는 하나님이시니 자기의 기쁘신 뜻을 위하여 너희에게 소원을 두고 행하게 하시나니"(빌 2:13). 로마서 12:1-2의 말씀을 전제로 할 때, 참된 그리스도인의 마음에 일어나는 소원은 하나님께서 자기의 기쁘신 뜻을 위해 주시는 것입니다.[34] 빌립보서 2:13에 나타나는 하나님의 사역은 두 가지입니다.[35] 하나는 우리 안에 하고자 하는 갈망을 일으켜 주시는 것이며, 다른 하나는 그 갈망을 행동으로 옮길 능력을 주시는 것입니다. 따라서 우리가 분별해야 할 하나님의 뜻은 성령께서 우리 안에 불러일으키는 소원들을 주의 깊게 살피는 것과 관련되어 있습니다.

분명한 하나님의 뜻

하지만 하나님의 뜻 가운데는 이미 우리에게 명확하게 밝혀 주신 것들이 있습니다. 간략하게 살펴본다면, 첫째, 하나님의 뜻은 택하신 하나님의 백성이 구원을 받는 것입니다. 아버지 하나님의 뜻은 "아들을 보고 믿는 자마다 영생을 얻는"(요 6:40) 것입니다. 하나님은 아무리 작은 자라도, 그중에 한 사람이라도 잃는 것을 원하시지 않습니다(마 18:14). 둘째, 우리가 하나님의 자녀답게 거룩한 삶을 사는 것이 하나님의 뜻입니다. "하나님의 뜻은 이것이니 너희의 거룩함이라 곧 음란을 버리고"(살전 4:3). 왕이신 하나님이 거룩하시기에 백성인 우리도 거룩해야 합니다. 셋째, 선을 행함으로 고난을 받는 것이 하나님의 뜻입니다. "선을 행함으로 고난 받는 것이 하나님의 뜻일진대 악을 행함으로 고난 받는 것보다 나으니라"(벧전 3:17). 따라서 선을 행한 것 때문에 고난을 받고 있다면 참고 인내해야 합니다. 결국은 하나님이 아름답게 매듭지어 주실 것입니다. 넷째, 항상 기뻐하는 것이 하나님의 뜻입니다(살전 5:16). 다섯째, 지속적으로 기도하는 것이 하나님의 뜻입니다(살전 5:17). 여섯째, 모든 일에 감사하는 것이 하나님의 뜻입니다(살전 5:18). 이와 함께 기억해야 할 것은 기록된 하나님의 말씀이 분명하게 드러난 하나님의 뜻이라는 사실입니다. "하나님의 말씀을 거역하며 지존자의 뜻을 멸시함이라"(시 107:11). 이 말씀을 통해 우리는 "하나님의 말씀"과 "지존자의 뜻"이 동격임을 알 수 있습니다.

하나님의 뜻 구하기

이제 남은 것은 하나님의 뜻을 기도하는 것입니다. 무엇을 기도해야 할까요? 첫째, 하나님의 뜻을 분별하고 깨달을 수 있게 해달라고 기도해야 합니다. 이것이 우선입니다. 그래서 사도 바울은 골로새 성도들이 "모든 신령한 지혜와 총명에 하나님의 뜻을 아는 것으로 채우게"(골 1:9) 해달라고 기도하고 있습니다. 여기서 우리는 예수님의 가르침 사역이 이것과 관련되어 있음을 알 수 있습니다. 즉, 예수님의 가르침은 하나님의 뜻을 드러내시는 것과 연결됩니다. "주는 나의 하나님이시니 나를 가르쳐 주의 뜻을 행하게 하소서 주의 영은 선하시니 나를 공평한 땅에 인도하소서"(시 143:10).

둘째, 하나님의 분명한 뜻을 선포하는 기도를 드려야 합니다. 이는 말씀을 듣고, 읽는 중에 깨달은 말씀을 개인적으로 선포하고, 그 말씀을 적용하는 기도라고 할 수 있습니다. 영혼 구원과 관련된 말씀을 선포하며, 영혼 구원의 기도를 드리는 것, 거룩함과 관련된 말씀을 선포하면서 거룩함을 구하는 기도를 드리는 것을 말합니다. "항상 기뻐하라"라는 말씀을 선포하고 기쁨의 기도를 드리는 것, "범사에 감사하라"라는 말씀을 선포하고, 감사의 제목을 찾아 감사 기도를 드리는 것을 말합니다. 이는 예수 그리스도의 선포 사역과 연결됩니다.

셋째, 하나님의 뜻을 따라 기도한 것에 대한 응답의 확신을 갖고 기도해야 합니다. "그를 향하여 우리가 가진 바 담대함이 이것이니 그의 뜻대로 무엇을 구하면 들으심이라"(요일 5:14). 하나님의 계획은 반드시 성취됩니다. 그러므로 우리는 하나님의 뜻을 따라 기도할 때 하나님이 반드시 응답해 주신다는 확신을 가지고 기도해야 합니다. 또한 하나님의 뜻을 따라 기도하고 응답받는 일은 영원히 가치 있는 일임을 기억해야 합니다.

14
주기도문으로
거룩한 습관 배우기

"이름이 거룩히 여김을 받으시오며"라는 청원은 하나님의 명예와 관련이 있습니다. 구약성경에 나오는 하나님의 이름인 '여호와'는 이스라엘 자손을 능력으로 '구원'하시고, 거룩한 '언약'을 맺으시며, 자비하심으로 '회복'하시는 분입니다(출 6:7, 19:5, 34:6). 따라서 이름과 관련하여 십계명에 나타난 하나님에 대한 사랑은 그분의 이름을 존중하는 것으로 나타납니다(출 20:7, 신 5:11).

모세는 여호와를 아는 자였으며 하나님의 명예를 그 무엇보다 소중히 여기는 자였습니다(출 17:15, 32:12). 다윗 역시 마찬가지였는데, 그는 여호와의 군대를 모욕한 골리앗을 향해 거룩한 분노를 품고 나가 싸웠습니다(삼상 17:45). 다니엘은 포로로 끌려간 이방 나라의 왕들 앞에서, 지혜와 능력을 주시는 하나님의 이름을 높여드렸습니다(단 2:20, 47, 6:26).

예수님은 "주의 이름", 즉 '여호와'의 이름으로 오신 메시야입니다(마 21:9). 또한 '예수'라는 이름 안에는 하나님 나라가 담겨 있습니다(마 1:21). 주기도문을 통해 하나님의 이름이 거룩히 여김을 받도록 기도하라고 말씀하신 예수님은 친히 "내가 아버지의 이름을 나타내었나이다"(요 17:6)라며 기도의 본을 보여주셨습니다.

"나라가 임하시오며"라는 청원은 주기도문의 핵심입니다. 하나님의 명예를 구하는 첫 번째 청원과 하나님의 뜻을 구하는 세 번째 청원도 결국은 하나님 나라를 구하는 청원에 수렴됩니다. "나라가 임하시오며"라는 청원은 왕이신 하나님의 통치를 갈망하는 것입니다. 다윗은 자신이 왕이었지만, 그 누구보다도 여호와 하나님만이 진정한 왕이심을 인정하고 고백했습니다(시 145:1). 그는 모든 일에서 하나님의 통치를 인정했기에, 사울 왕을 죽일 수 있었을 때도 "여호와의 기름 부음을 받은 내 주를 치는 것은 여호와께서 금하시는 것"(삼상 24:6)이라며 함께 하는 자들이 사울 왕을 해하지 못하게 막았습니다.

하나님 나라는 예수 그리스도의 오심으로 이미 이 땅에 임했습니다. 따라서 "임하시오며"라는 동사는 '나타남' 혹은 '드러남'을 의미합니다. 이미 임한 하나님 나라를 현재 경험하게 해달라는 것입니다. 영원하신 하나님의 통치는 '현재' 이곳에서 경험할 때 가장 분명하게 이해할 수 있기 때문입니다. 예수님이 이제 막 세우신 제자들에게 권능을 주신 목적도 바로 여기에 있습니다(마 10:1). 예수님은 제자들이 성령의 권능으로 복음을 전파하고 각종 병자를 고치게 하심으로 '현재' 드러나는 하나님 나라를 경험하게 하셨습니다(눅 10:17).

Part 4 주기도문, 하나님 나라 학습 가이드

"뜻이 하늘에서 이루어진 것같이 땅에서도 이루어지이다"라는 청원은 하나님의 뜻과 관련되어 있습니다. "뜻"이란 '계명', 즉 하나님의 '말씀'을 의미합니다. 하나님은 생각하고 뜻을 세우며 계획하는 존재로 우리를 지으셨습니다. 따라서 내 생각, 내 뜻, 내 계획이 그 자체로 문제가 되는 것은 아닙니다. 이것들이 문제가 될 때는 하나님의 뜻을 대적할 때입니다. 하나님의 뜻 앞에서 내 뜻을 주장하며 고집하고 관철하려고 하는 것이 죄요, 악이며, 더 나아가 사탄적인 것입니다(마 16:23). 다윗은 하나님의 뜻 앞에서 철저하게 자신의 뜻과 계획을 꺾은 사람이었습니다. 법궤를 이송하는 과정에서도(삼하 6:10), 시므이에게 모욕을 당하는 순간에도(삼하 16:10) 그는 하나님의 뜻 앞에 엎드렸습니다. 그래서 하나님은 그를 향하여 "내가 이새의 아들 다윗을 만나니 내 마음에 맞는 사람이라 내 뜻을 다 이루리라"(행 13:22)라고 말씀하셨던 것입니다.

우리의 온전한 모델은 예수님이십니다. 예수님은 하늘의 뜻을 온전히 이루신 분이기 때문입니다. 예수님이 이 땅에 오신 것은 자기 뜻이 아니라 보내신 분의 뜻을 행하기 위함이었습니다(요 6:38). 그것을 극명하게 보여주신 사건이 겟세마네에서 기도하신 일이었습니다(마 26:39). 그분은 아버지의 뜻에 따라 자기 백성을 위해 율법 아래 나시고(갈 4:4), 율법의 완성이 되셨을 뿐 아니라(롬 10:4), 이제는 우리가 하나님의 뜻을 이룰 수 있게 하셨습니다(롬 8:4).

하나님 나라와 실천

하나님 나라는 하나님의 통치권이 펼쳐지는 나라입니다. 그래서 그 나라를 실천한다는 것은 하나님의 통치가 잘 실현되도록 무엇인가를 실행한다는 의미입니다. 그렇다면 무엇을 실행할 것인가요? 우리는 참된 갈망으로써 주기도문을 생각해 보았습니다. 언약으로 시작하는 주기도문은 하나님 나라의 영광을 즐거워하는 것, 즉 하나님 나라의 영광을 갈망하는 삶으로 우리를 이끌어 갑니다. 영광의 개념에는 사랑과 목적이 통합되어 있습니다. 그리고 사랑과 목적은 참된 갈망의 또 다른 표현입니다. 갈망이 우리의 의지를 움직이는 에너지라면, 의지의 실현은 실천입니다. 실천이란 '깨달은 것'을 '행동'으로 옮기는 것입니다. 제임스 스미스(J. Smith)는 기도와 실천의 관계를 다음과 같이 말합니다.

기도는 우리를 겉으로 보이는 것에 만족하기를 거부하는 사람으로 만드는 실천이다. 혹은 달리 표현하자면, 기도는 우리를 눈으로 만나는 것 이상의 일이 벌어지고 있음을 언제나 볼 수 있는 사람들로 만든다. (중략) 한편으로 기도의 실천은 우리의 예배 공간을 초월하시고 공간과 시간의 제약을 뛰어넘으시며 우주의 창조자로서 우리가 여기 우리의 유한성 안에서 직면하는 구체적인 현실에 관심을 기울이시는 하나님께 의존한다. 기도는 하나의 우주론 전체를 실천하는 행위다. 왜냐하면 기도라는 행위 자체에 전체적인 존재론과 하나님과 세상의 관계에 대한 이해가 내재 되어 있기 때문이다.[36]

주기도문을 실천한다는 말은 보이는 세상 나라에 만족하는 삶을 거부한다는 것이며, 이 세상 나라에 속한 자들에게는 보이지 않는 하나님 나라를 주기도문을 통해 추구하며 살아간다는 것입니다. 따라서 주기도문으로 기도하는 것은 곧 우주론 전체를 포함하고 있는 하나님 나라를 실천하는 행위입니다. 예수님이 주기도문을 가르쳐주신 이유는, 우리가 주기도문을 통해 하나님 나라를 구하며 살아가게 하기 위해서입니다.

그렇다면 구체적인 하나님 나라 실천이란 무엇일까요? '이름' 청원, '나라' 청원, '뜻' 청원은 곧 왕이신 하나님의 명예를 구하고, 하나님의 통치를 갈망하며, 하나님의 뜻을 선택하기로 다짐하는 삶을 말합니다. 이것을 그림으로 표현하면 [그림 14-1]과 같습니다.

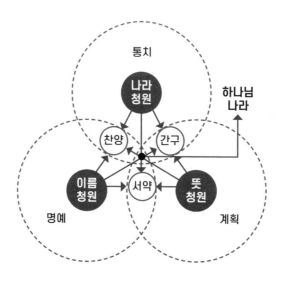

[그림 14-1] 하나님 나라 실천의 토대

[그림 14-1]을 통해 우리는 세 가지 청원이 결국은 하나님 나라를 구하는 것임을 알 수 있습니다. 각각의 청원은 찬양으로 드려질 수도 있고, 간절한 기도로 드려질 수도 있으며, 결단을 뜻하는 서약으로 표현될 수도 있습니다.

따라서 '이름' 청원은 하나님의 이름을 찬양하는 것으로, 하나님의 명예가 높여지길 소원하는 것으로, 하나님의 명예를 위해 살겠다는 결단으로 드려질 수 있습니다.

'나라' 청원 역시 하나님의 통치에 대한 찬양으로, 하나님의 통치를 구하는 기도로, 하나님의 통치에 순종하겠다는 결단으로 드려질 수 있습니다.

'뜻' 청원의 경우도 하나님의 섭리와 계획을 기뻐하는 찬양으로, 하나님의 뜻이 이 땅에 이루어지길 소원하는 기도로, 나의 뜻이 아니라 하나님의 뜻을 선택하겠다는 결단으로 드려질 수 있습니다.

그리고 각각의 청원은 하나님의 통치 개념의 확장으로 볼 수 있는 '양식' 청원으로, 하나님의 명예를 위한 '용서' 청원으로, 하나님의 계획과 연계된 '시험' 청원으로 이어진다는 것을 알 수 있습니다.[37]

성경에는 하나님 나라를 삶 속에서 실천한 사람들이 나옵니다. 그중의 한 사람이 아리마대 사람 요셉입니다(눅 23:50-54). 그는 산헤드린 공회 의원이었으며, 종교적, 정치적으로 중요한 직책을 가진 사람이었습니다. 그런 그가 빌라도를 찾아가 위험한 요청을 합니다. "예수의 시체를 달라"라고 한 것입니다. 이는 공회가 결정한 것을 인정하지 않는 행위입니다. 요셉은 애초에 공회가 예수님에 대해 부당한 결정을 할 때도 찬성하지 않았습니다. 그리고 빌라도에게 예수님의 시신을 요청하고 있는 사실로 인해 그것이 더 분명해졌습니다. 이제 이 사실이 알려지게 되면 자신의 입지, 권리, 이권이 위협을 받게 될 것입니다. 그러함에도 요셉은 왜 이런 요청을 한 것일까요? 성경은 이렇게 답합니다. "하나님의 나라를 기다리는 자라"(51절). 그렇습니다. 그는 하나님 나라를 갈망하는 자였습니다. 그러니 이 땅에서의 유익, 이권, 명예보다 하나님 나라에 더 관심이 있었습니다. 그는 하나님 나라를 위해 이 땅의 것을 포기할 줄 아는 자였습니다. 이것이 바로 하나님 나라를 실천하는 삶입니다. 요셉은 하나님 나라를 기다리는 가운데 구약성경의 예언이 성취되는 통로가 되었으며, 하나님 나라를 드러내는 삶을 살았습니다.

모범-모방-반복의 중요성

주기도문을 통한 하나님 나라의 실천을 위해서는 모범이 필요합니다. 칼빈(J. Calvin)은 제네바 교회 교리문답에서 주기도문을 우리에게 주신 기도의 모범이라고 말합니다.

> 성경은 이에 관하여 광범위하면서도 자세하게 전달하고 있습니다. 하나님께서는 정확하게 목표를 제시하시기 위해 모범을 보여주셨습니다. 그리고 어떠한 기도가 하나님께 상달되며, 우리에게 유익한가에 대하여 성경 일부분에서 축약하여 제시하셨습니다."[38]

주기도문은 예수님이 우리에게 제시하신 기도의 모범이라는 것입니다. 예수님은 기도형식의 모범을 제자들에게 가르쳐 주셨을 뿐 아니라 실제로 기도하시는 모범도 보여주셨습니다.

> 예수께서 한 곳에서 기도하시고 마치시매 제자 중 하나가 여짜오되
> 주여 요한이 자기 제자들에게 기도를 가르친 것과 같이 우리에게도
> 가르쳐 주옵소서(눅 11:1).

또한 결정적인 순간마다 주기도문에 담긴 정신에 따라 친히 기도하심으로 주기도문을 실천하는 본을 보여주셨습니다. 이처럼 '실천'이란 교사에 의해 모범이 제시되는 과정이며, 동시에 학습자가 '모방'하는 과정입니다. 그러므로 주기도문을 배우고 가르치려는 모든 학부모, 교사, 교역자는 주기도문으로 기도하는 삶을 보여주는 것이 무엇보다 우선임을 기억해야 합니다.

가브리엘 타르드(G. Tarde)에 따르면, "모방되는 것은 믿음이거나 욕망입니다." 기본적인 사회적 행위 모방은 그것을 가능하게 하는 실체 혹은 힘을 가지고 있습니다. 그것은 바로 믿음 혹은 욕망입니다.

> 발명되는 것, 모방되는 것은 언제나 어떤 관념이나 의욕, 어떤 판단
> 이나 의도인데, 이러한 것에서는 일정량의 믿음과 욕망이 표현된다.
> 왜냐하면 믿음과 욕망은 사실상 언어에서 낱말, 종교에서 기도, 국
> 가에서 행정, 법에서 조문, 도덕에서 의무, 산업에서 노동, 예술에서
> 수법의 혼이기 때문이다. 따라서 믿음과 욕망은 실체며 힘이다.[39]

모범에 대한 신뢰와 함께 모범을 따르고 싶은 마음이 일어날 때 모방은 시작됩니다. 칼빈의 언급대로 주기도문은 우리가 모방해야 할 기도의 완전한 패턴을 보여줍니다. 동시에 완전하신 예수님이 가르쳐주신 주기도문을 우리는 온전히 신뢰할 수 있습니다. 또한 주기도문이 교육적 의도에 따라 내용뿐 아니라 구조까지 잘 짜여 있다는 점을 이해한다면 신뢰는 갈망으로 이어질 것입니다. 더구나 주기도문의 내용이 예수님의 핵심 사역인 하나님 나라를 보여주는 창문과 같은 것임을 확신하게 되면, 주기도문으로 기도할 갈망은 더욱 커지고 그 결과 적극적인 모방이 시작됩니다.

확신과 갈망으로 나타난 모방의 실제는 반복입니다. "그러므로 너희는 이렇게 기도하라"라는 예수님의 명령에 따라 주기도문으로 기도하는 것은 가장 지혜로운 반복 행위입니다. 반복은 중언부언으로 기도하는 것과 다릅니다. 주기도문의 패턴에 따라 기도하는 것은 기도하는 내용을 분명히 인지하고 기도하는 것이기 때문입니다. 우리는 의미 있는 반복을 이름하여 '연습' 혹은 '훈련'이라고 부릅니다. 그러므로 주기도문의 의미를 깨닫고 그 패턴에 따라 하나님 나라를 구하는 기도의 반복은 '경건의 연습'입니다. 이와 관련하여 사도 바울은 "크도다 경건의 비밀이여"(딤전 3:16)라고 선언하면서 다음과 같이 선포했습니다. "망령되고 허탄한 신화를 버리고 경건에 이르도록 네 자신을 연단하라 육체의 연단은 약간의 유익이 있으나 경건은 범사에 유익하니 금생과 내생에 약속이 있느니라"(딤전 4:7-8). 이제까지의 내용을 그림으로 정리하면 [그림 14-2]와 같습니다.

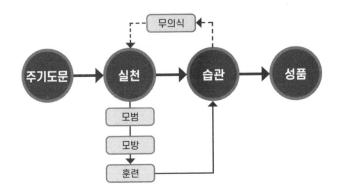

[그림 14-2] 실천과 습관의 관계

　[그림 14-2]는 주기도문이 어떤 과정을 거치면서 실천되고 습관화되는지를 보여줍니다. 실천은 습관을 형성하며, 형성된 습관은 무의식적 실천을 낳습니다. 습관이 중요한 이유입니다. 거룩한 습관은 저절로 형성되는 것이 아닙니다. 일찍이 코메니우스(J. A. Comenius)는 '이론'을 '실천'함에 있어서 '모범'과 '모방'의 중요성을 강조했습니다.[40] '이론'이 '주기도문'이라고 한다면, 주기도문을 삶 속에서 실천하기 위해서는 주기도문을 실천하는 본을 보여주는 모범이 있어야 합니다. 우리 모두의 온전한 모범이 있습니다. 바로 예수 그리스도이십니다. 예수님은 기도의 본을 가르쳐주셨을 뿐만 아니라, 주기도문의 정신으로 사는 삶을 친히 보여주셨습니다. 따라서 우리는 모두 그리스도를 본받는 자가 되어야 합니다.

　또한 동시에 사도 바울의 권면과 같이 우리 스스로가 자라나는 믿음의 세대에게 본이 되어야 합니다. "내가 그리스도를 본받는 자가

된 것 같이 너희는 나를 본받는 자가 되라"(고전 11:1). 그러므로 주기도문은 지도자, 교사, 학부모가 먼저 배워야 하며, 실천해야 합니다. 그럴 때 진정한 모방이 이루어집니다. 모방이란 모범의 형상을 형성하는 것입니다. 그리고 그것은 한 번 두 번의 모방으로 만들어지지 않습니다. 반복 혹은 훈련이 필요한 이유입니다.

사도 바울은 이와 같은 실천의 패턴을 디도에게 권면하고 있습니다. 사도 바울은 디도에게 "범사에 네 자신이 선한 일의 본을"(딛 2:7) 보여주라고 말합니다. "선한 일의 본"을 보여주는 것은 지도자가 성도에게, 교사가 학생에게 해야 할 매우 중요한 사역입니다. 또한 사도 바울은 "경건함으로 이 세상에 살고"(딛 2:12)라고 말합니다. 이는 곧 진리의 말씀을 되새기고 반복하며 행하는 삶을 뜻합니다. 주기도문의 관점에서 말한다면, 하나님 나라를 떠올리며, 갈망하며, 찬양하며, 드러내며 살고자 애쓰는 삶입니다.

주기도문과 거룩한 습관

경건의 연습이 맺는 아름다운 열매 중의 하나가 거룩한 습관입니다. 신뢰가 바탕이 된 모범은 순종적인 모방을 불러일으키고, 지속적인 모방, 즉 반복 훈련은 결국 거룩한 습관을 낳게 됩니다. 습관이 중요한 이유는 습관이 실천을 본능적으로 행하게 하기 때문입니다. 이것은 선한 일뿐 아니라 악한 일에도 마찬가지입니다.

홉니와 비느하스가 아무런 거리낌 없이 여호와의 제사를 멸시했던 것도 그 행위가 습관이 되었기 때문이었습니다.[41] 사무엘상 2:13-

17은 홉니와 비느하스의 습관화된 악행(13절)을 보여줍니다. 그들의 악행은 하나님께 제사 드리기 위해 온 모든 사람을 대상으로 한 것이었으며(14절), 심지어 원하는 것을 얻기 위해 폭력까지 동반할 정도(16절)로 뼛속까지 습관화된 것이었습니다.

하나님의 말씀에 불순종했던 남 유다의 왕들 역시 마찬가지였습니다. 그들이 하나님의 말씀에 불순종한 이유는 다름이 아니라 어려서부터 불순종이 습관화되었기 때문입니다. "네가 평안할 때에 내가 네게 말하였으나 네 말이 나는 듣지 아니하리라 하였나니 네가 어려서부터 내 목소리를 청종하지 아니함이 네 습관이라"(렘 22:21).

우리가 무의식적으로 행하는 거의 모든 행위가 습관에 의한 것입니다. 마찬가지로 거룩한 습관은 우리가 본능적으로 거룩한 일을 행하게 합니다. 예수님은 특히 기도와 관련하여 우리에게 본을 보여주셨습니다.

39 예수께서 나가사 습관을 따라 감람 산에 가시매 제자들도 따라갔더니 40 그 곳에 이르러 그들에게 이르시되 유혹에 빠지지 않게 기도하라 하시고 41 그들을 떠나 돌 던질 만큼 가서 무릎을 꿇고 기도하여 42 이르시되 아버지여 만일 아버지의 뜻이거든 이 잔을 내게서 옮기시옵소서 그러나 내 원대로 마시옵고 아버지의 원대로 되기를 원하나이다 하시니 43 천사가 하늘로부터 예수께 나타나 힘을 더하더라(눅 22:39-43).

예수님은 "습관을 따라" 기도하셨습니다. 예수님은 제자들에게 습관에 따라 기도하는 것의 중요성을 '모범'으로 보여주셨을 뿐 아니라 '모방'할 것도 요구하셨습니다. 그래서 제자들에게 "그곳에 이르러 그들에게 이르시되 유혹에 빠지지 않게 기도하라"(40절)라고 말씀하셨습니다.

주기도문을 가르치는 것은 최고의 본을 보여주는 것입니다. 주기도문으로 기도하며 가르치는 것은 모방을 통해 경건의 훈련을 받게 하는 것입니다. 주기도문으로 기도하는 것은 거룩한 습관을 형성하는 것입니다. 결국 주기도문을 이해하고 그 내용으로 기도하는 것은 예수 그리스도의 장성한 분량을 향해 한 걸음씩 나아가는 것입니다.

주기도문, 하나님 나라 학습 가이드

1) 17세기의 탁월한 철학자요, 수학자이며, 신학자였던 파스칼 역시 극적인 체험을 통하여 출애굽기 3장의 하나님을 인식하게 됩니다. 파스칼의 극적인 체험은 1654년 11월 23일 월요일 저녁에 일어났습니다. 31세였던 파스칼은 마차 사고로 인하여 거의 죽음 직전까지 가게 됐는데, 그날 밤 그는 사경을 헤매는 가운데 하나님을 만나는 체험을 했습니다. 그 신비한 경험은 저녁 10시 30분부터 밤 12시 30분까지 계속됐습니다. 그는 자신이 체험한 은혜를 "불"이라는 한 단어로 표현했습니다. 그는 그 경험이 너무도 귀하고 결정적이어서 "불"이라는 제목의 '추도문'을 양피지에 기록하여 웃옷 안쪽에 부착하고 지냈습니다. 그는 남은 8년여의 여생 동안 새로 산 모든 상의마다 그것을 새겨 넣을 정도로 그 체험에 매료됐던 것입니다. 널리 인용되는 추도문의 전반부는 "철학자들과 학자들의 하나님이 아닌 '아브라함의 하나님, 이삭의 하나님, 야곱의 하나님'"으로 시작합니다. 이는 곧 출애굽기 3장의 내용을 떠올리게 합니다. Guinness, O.(2001). 『소명』 홍병룡 역. 서울: IVP. p.129-130에서 재인용. 다른 한편 칸트에 따르면, "뉴턴은 하나님의 이름을 언급할 때마다 항시 잠시 동안 자기의 내면성을 주시하면서 하나님에 관한 깊은 생각에 빠지곤 했다."라고 말합니다. Kant, I.(2007). 『칸트의 교육학 강의』 조관성 역. 서울: 철학과 현실사. p.251.

2) '여호와'라는 이름은 필자에게 특별합니다. 총신대학교 신학대학원에 입학한 첫해 성경 에스겔서 36장을 묵상하던 중 '여호와'라는 이름에 관심이 생겨났고, 결국 졸업 논문을 '여호와'라는 이름으로 쓰게 되었습니다. 나현규(1999). "출애굽기 3:1-15의 주해적 접근을 통한 '야웨' 의미와 속성 연구" 총신대학교 신학대학원. 석사학위논문.

3) "30 이튿날 모세가 백성에게 이르되 너희가 큰 죄를 범하였도다 내가 이제 여호와께로 올라가노니 혹 너희를 위하여 속죄가 될까 하노라 하고 31 모세가 여호와께로 다시 나아가 여짜오되 슬프도소이다 이 백성이 자기들을 위하여 금 신을 만들었사오니 큰 죄를 범하였나이다 32 그러나 이제 그들의 죄를 사하시옵소서 그렇지 아니하시오면 원하건대 주께서 기록하신 책에서 내 이름을 지워 버려 주옵소서"(출 32:30-32). "12 모세가 여호와께 아뢰되 보시옵소서 주께서 내게 이 백성을 인도하여 올라가라 하시면서 나와 함께 보낼 자를 내게 지시하지 아니하시나이다 주께서 전에 말씀하시기를 나는 이름으로도 너를 알고 너도 내 앞에 은총을 입었다 하셨사온즉 13 내가 참으로 주의 목전에 은총을 입었사오면 원하건대 주의 길을 내게 보이사 내게 주를 알리시고 나로 주의 목전에 은총을 입게 하시며 이 족속을 주의 백성으로 여기소서"(출 33:12-13).

4) Ridderbos, H. N. 『마태복음(하)』 오광만 역. 서울: 여수룬. p.599. '호산나'라는 말은 시

편 118:25에 나오는 "이제 (우리를) 구하옵소서"라는 말을 음역한 것(호쉬아 나)입니다.

5) Machiavelli, N.(2015). 『마키아벨리 군주론』 신동준 역. 서울: 인간사랑. p.178.

6) Ibid., p.180.

7) Ibid., p.185.

8) Ibid., p.186.

9) Ibid., p.194.

10) Ibid., p.195.

11) Wiker, B.(2009). 『세상을 망친 10권의 책』 김근용 역. 서울: 눈과 마음. p.27. 벤저민 와이커는 마키아벨리의 『군주론』을 매우 비판적으로 평가하길, "모든 윤리적, 종교적 양심의 가책을 일찌감치 저버린 군주들을 위한 도구인 동시에 의심할 필요도 없이 명명백백한 악이 때로는 선보다 더 필요하다고 믿게끔 하는 책이다."라고 말합니다. p.15. 안정석에 따르면, 마키아벨리는 플라톤, 아리스토텔레스, 중세의 신학자 어거스틴 등이 "존재하지도 않았고, 우리가 본 적도 없는 '국가에 관하여' 상상한 것"으로 주장했습니다. 그는 이런 문제에 대하여 오직 현실적으로 존재한 국가, 곧 '실제적인' 국가에 관한 정치문제를 고찰하겠다는 의지를 보여 준 것입니다. 마키아벨리가 볼 때, 공익과 공공선의 '실제적 진실'(effectual truth)은 결국 정치지도자의 사적 이익인 셈입니다. 안정석(2009). "마키아벨리와 리비우스의 사이에서: 근대성의 정치철학" 「한국정치학회보」 43(4). p.15.

12) Machiavelli, N.(2015). 『마키아벨리 군주론』. op. cit., p.176.

13) 다윗이 지은 시편 145편은 "왕이신 나의 하나님이여 내가 주를 높이고 영원히 주의 이름을 송축하리이다"(1절)로 시작하여, 그 중심부에 "주의 나라는 영원한 나라이니 주의 통치는 대대에 이르리이다"(13절)라는 말씀이 나오고, "내 입이 여호와의 영예를 말하며 모든 육체가 그의 거룩하신 이름을 영원히 송축할지로다"(21절)라는 말씀으로 끝납니다. 전체적인 내용을 보면, 시편 145편은 구약의 주기도문이라고 할 만큼 주기도문의 내용과 매우 닮아있습니다.

14) Dumbrell, W. J.(1994). 『언약과 창조』 최우성 역. 서울: 크리스챤서적. p.53. 둠브렐에 의하면, 창세기 1장의 창조 기사와 관련하여 성경이 하나님의 왕권 신학으로부터 출발하고 있음을 암시합니다. 또한 '하나님의 왕권'은 이스라엘 공동체 신앙의 뿌리를 제공하는 신학적 전제입니다.

15) 김의원(2004). 『하늘과 땅, 그리고 족장들의 톨레돗』 서울: 총신대학교 출판부. p.63.

김의원은 '형상'이 '통치권'과 관련되어 있다고 말합니다. 고대 근동의 비문에 따르면 전쟁에 승리한 왕이 점령한 지역에 승전비를 세우면서 그 안에 전쟁과 관련된 언급과 함께 승리한 왕의 얼굴을 조각해 놓았습니다. 이는 승리한 왕의 통치가 그 지역까지 행사하고 있다는 것을 선언하는 것입니다. '형상'이 '통치권'과 관련되어 있다는 것은 창세기 1:27-28에 나오는 '문화명령'에서 더욱 분명해집니다.

16) Dumbrell, W. J.(1994). 『언약과 창조』 op. cit., p.51.

17) Ibid., p.60. 이와 관련하여 둠브렐은 다음과 같이 말합니다. "인간은 그 열매를 먹음으로써 하나님께만 따로 보존되어 있던 어떤 영역으로 침입해 들어갔던 것이며 또한 명령을 위반한다는 것은 하나님과 동등하다고 주장하는 것, 다시 말해서 신성을 낚아채려는 것과 같은 것이다."

18) "내가 너로 여자와 원수가 되게 하고 네 후손도 여자의 후손과 원수가 되게 하리니 여자의 후손은 네 머리를 상하게 할 것이요 너는 그의 발꿈치를 상하게 할 것이니라 하시고"(창 3:15).

19) Ibid., p.66.

20) France, R. T.(2007). *The Gospel of Matthew*. New International Commentary on the New Testament. Grand Rapids, MI: Eerdmans. p.263.

21) 어거스틴(St. Augustine)은 "나라가 임하시오며"라는 청원은 우리 자신이 하나님 나라에 속하여 살기를 구하는 기도라고 말합니다. 하나님 나라에 속하여 살아가는 것보다 더 큰 복이 없기 때문입니다. St. Augustine(2010). *Commentary on the Lord's Sermon on the Mount with Seventeen Related Sermons*. The Catholic University of America Press. p.244.

22) Ridderbos, H. N.(1999). 『마태복음(상)』 오광만 역. 서울: 여수룬. p.204.

23) "예수께서 대답하여 이르시되 진실로 진실로 네게 이르노니 사람이 거듭나지 아니하면 하나님의 나라를 볼 수 없느니라"(요 3:3)라는 구절의 "볼 수 없느니라"(우 뒤나타이 이데인)에서 '보다'에 해당하는 '이데인'의 동사 원형(호라오)과 마태복음 5:16에 나오는 "이같이 너희 빛이 사람 앞에 비치게 하여 그들로 너희 착한 행실을 보고 하늘에 계신 너희 아버지께 영광을 돌리게 하라"라는 말씀의 "보고"(이도신)의 동사 원형(호라오)이 같습니다. '호라오'라는 동사는 '보다', '경험하다', '만나다', '참여하다' 등의 뜻으로 사용됩니다. 하나님 나라는 거듭난 그리스도인이 이 땅에서 경험할 수 있는 나라임을 의미합니다.

24) Lewis, C. S.(2003). 『천국과 지옥의 이혼』 김선형 역. 서울: 홍성사. p.95.

25) 김세윤(2009). 『주기도문 강해』 서울: 두란노아카데미. p.49-51.

26) 이 책의 11장에서 이미 에스겔 36장의 내용을 다룬 바가 있습니다. 11장에서는 하나님의 이름에 초점을 맞춰 다뤘다면, 본 장에서는 하나님의 뜻에 초점을 맞추고 있습니다.

27) 하나님과 하나님 나라 백성이 함께 사역하는 동역의 개념은 김형국(2021). 『한국교회가 잃어버린 주기도문』 서울: 죠이선교회. p.184-189에서 가져온 것입니다.

28) Edwards, G.(2008). 『세 왕 이야기』 허령 역. 서울: 예수전도단. p.121.

29) 다윗의 피난길에 첫 번째로 나타난 무리는 잇대와 그의 부하들이었습니다. 다윗이 벧메르학에 이르렀을 때, 이방인 중에서 망명해 온 외인부대의 장군 '잇대'가 600명의 군사를 끌고 다윗을 따라온 것입니다. 그러자 다윗은 "너도 돌아가고 네 동포들도 데려가라 은혜와 진리가 너와 함께 있기를 원하노라"(삼상 15:20)라고 말하며 이제 자신이 사울 왕 때와 같이 정처 없이 도망하는 신세가 되었음을 상기시켰습니다. 하지만 잇대는 도망하는 왕, 기울어져 가는 왕을 따라 불편과 패배를 무릅쓰고 합류하게 됩니다.

30) Calvin, J.(1988). 『기독교강요(중)』 김종흡, 신복윤, 이종성, 한철하 역. 서울: 생명의 말씀사. p.211. 기독교강요. 2.7.8.

31) Ibid., p.216. 기독교강요. 2.8.1.

32) Ibid., p.481. 기독교강요. 2.20.43.

33) Ibid., p.200. 기독교강요. 2.7.1.

34) Gordon, D. F.(1995). *Paul's Letter to the Philippians.* New International Commentary on the New Testament. Grand Rapids, MI: Eerdmans. p.238. 고든은 빌립보서 2:13을 로마서 12:1-2와 연결하여 해석하고 있습니다.

35) NLT 성경은 빌립보서 2:13을 다음과 같이 번역하고 있습니다. "For God is working in you, giving you the desire to obey him and the power to do what pleases him."

36) Smith, J. K. A.(2016). 『하나님 나라를 욕망하라』 박세혁 역. 서울: IVP. p.294-295.

37) 이에 대한 더 구체적인 내용은 18장에서 다루고 있습니다.

38) Calvin, J.(2010). 『요한네스 칼빈의 제네바 교회의 교리문답』 박위근, 조용석 편역. 서울: 한들출판사. p.167.

39) Tarde, G.(2020). 『모방의 법칙』 이상률 역. 서울: 문예출판사. p.200.

40) Comenius, J. A.(1953). *The Analytical Didactic of Comenius.* Translated from Latin with Introduction and Notes by Vladimir Jelinek. Chicago: The University of Chicago Press. p.154. '실천'에 관한 코메니우스의 주장 은 다양하게 제시되고 있습니다. '실천'은 '이론'과 '사용'의 매개체로써 존재합 니다. 즉, 이론을 행동으로 옮기는 것이 실천입니다. 실천은 익숙한 사용을 향 해 나아갑니다. 주목할 것은 실천 자체가 여러 요소를 내포하고 있다는 점입니다. *Comenius's Pampaedia or Universal Education*에서는 '실천'(practice)을 '지 침'(precepts), '모범'(examples)과 함께 제시하고 있는가 하면(Comenius, J. A.(1953). *Comenius's Pampaedia or Universal Education.* trans by A. M. O. Dobbie. London: Buckland. p.88), The Analytical Didactic of Comenius 의 1장(일반 교수법)에서는 '실천'을 '모범'(examples), '지침'(precepts), '사 용'(use), '모방'(imitation)으로 제시하고 있으며(p.109), 2장(특수 방법론)에서 는 '실천'(practice)을 '모범'(examples), '모방'(imitation), '교정'(correction)으 로 제시하고 있습니다(p.154). 또한 '실천'은 반복을 의미하는 '연습'(exercises)으 로 불리기도 합니다(p.157). 이것들을 종합해 볼 때, 코메니우스가 말하는 '실천'이 란 '모범'(examples), '지침'(precepts), '모방'(imitation), '교정'(correction), '연 습'(exercises)으로 정리할 수 있습니다. 필자는 세부 지침과 교정을 생략하고 '모범', '모방', '반복'으로 제시했습니다.

41) "13 그 제사장들이 백성에게 행하는 관습은 이러하니 곧 어떤 사람이 제사를 드리고 그 고기를 삶을 때에 제사장의 사환이 손에 세 살 갈고리를 가지고 와서 14 그것으로 냄비에나 솥에나 큰 솥에나 가마에 찔러 넣어 갈고리에 걸려 나오는 것은 제사장이 자 기 것으로 가지되 실로에서 그 곳에 온 모든 이스라엘 사람에게 이같이 할 뿐 아니라 15 기름을 태우기 전에도 제사장의 사환이 와서 제사 드리는 사람에게 이르기를 제사 장에게 구워 드릴 고기를 내라 그가 네게 삶은 고기를 원하지 아니하고 날 것을 원하신 다 하다가 16 그 사람이 이르기를 반드시 먼저 기름을 태운 후에 네 마음에 원하는 대 로 가지라 하면 그가 말하기를 아니라 지금 내게 내라 그렇지 아니하면 내가 억지로 빼 앗으리라 하였으니 17 이 소년들의 죄가 여호와 앞에 심히 큼은 그들이 여호와의 제사 를 멸시함이었더라"(삼상 2:13-17).

Part 5

주기도문,
하나님 나라 적용 가이드

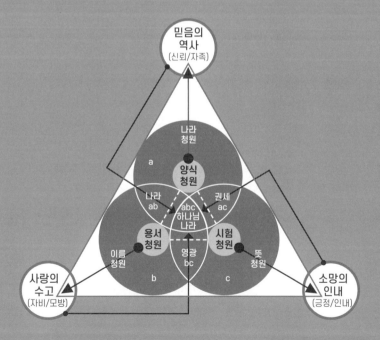

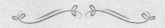

"오늘 우리에게 일용할 양식을 주시옵고"라는 청원에는 하나님이 모든 필요한 것을 채워주실 것을 믿는다는 신앙고백과 함께 하나님을 신뢰하며 살아가겠다는 서원, 그리고 일용할 양식을 달라는 간구가 담겨 있습니다.

내게 잘못한 사람을 용서하는 것은 마치 기적과 같은 일입니다. 그것이 아무리 사소한 문제라고 해도 하나님의 은혜가 아니면, 마음으로 용서할 수 없기 때문입니다.

주기도문에 비춰볼 때, "넘어질까 조심하라"라는 말씀은 "우리를 시험에 들게 하지 마시옵고 다만 악에서 구하시옵소서"라고 기도하는 것을 의미합니다. 우리가 '시련'을 당하거나 '유혹'을 만날 때, 주기도문은 우리에게 "피할 길"을 보여줄 것입니다.

예수님이 '양식', '용서', '시험'의 문제를 하나님 나라 백성을 위한 청원으로 제시하신 것은 곧 하나님 나라를 실천하라는 것이요 하나님 나라를 삶 속에서 적용하라는 것입니다. 즉, 하나님 나라 백성을 위한 기도 제목들은 하나님 나라를 경험하기 위한 실천 거리라고 할 수 있습니다.

15
왕을 신뢰함으로:
재물 vs 양식

주기도문이 혁명적인 기도라고 한다면[1], 그것을 실감하게 해주는 청원 중의 하나가 네 번째 청원, 즉 "오늘 우리에게 일용할 양식을 주시옵고"일 것입니다. 과연 이 청원은 현실적인 청원인가요? 오늘날과 같은 물질주의 시대에 "일용할 양식"을 구하는 것으로 충분합니까? 하나님 나라 백성은 일용할 양식만으로 살아가야만 하는 존재인가요? 달리 말해서 이 청원은 청빈한 삶을 전제한 기도라는 말입니까?

한 가지 분명한 것은 예수님이 주기도문을 통해 우리에게 금욕주의적인 삶을 요구하신 것은 아니라는 사실입니다. 특히 네 번째 청원은 절제와 금욕의 문제가 아니라 철저한 '신뢰'의 문제입니다. 하나님의 자리에 올라 있는 물질을 신뢰할 것인가 아니면 하나님을 신뢰할 것인가의 문제입니다.

우리가 기억해야 할 것이 있습니다. 이 세상을 창조하신 하나님은 태초부터 피조물인 우리의 먹을 양식에 대해 특별한 관심을 갖고 계셨다는 사실입니다. "하나님이 이르시되 내가 온 지면의 씨 맺는 모든 채소와 씨 가진 열매 맺는 모든 나무를 너희에게 주노니 너희의 먹을 거리가 되리라"(창 1:29). 하나님은 사람의 양식만이 아니라 "땅의 모든 짐승과 하늘의 모든 새와 생명이 있어 땅에 기는 모든 것"(창 1:30)의 먹거리를 마련해 주셨으며, 그것을 특별하게 언급하고 있습니다. 이것은 노아 시대에 죄악이 가득한 세상을 물로 심판하시는 상황에서도 그러하셨으며, "너는 먹을 모든 양식을 네게로 가져다가 저축하라 이것이 너와 그들의 먹을 것이 되리라"(창 6:21), 홍수 심판 후 새로운 언약을 세우시는 과정에서도 그러하셨습니다. "모든 산 동물은 너희의 먹을 것이 될지라 채소 같이 내가 이것을 다 너희에게 주노라"(창 9:3).

'양식' 문제와 하나님 나라

양식의 문제는 단순히 먹고 마시는 것에만 국한되어 있는 것이 아닙니다. 창세기의 요셉 이야기는 그 사실을 우리에게 보여줍니다. 하나님의 특별한 섭리로 애굽의 총리가 된 요셉은 극심한 흉년을 극복할 대안을 세워 많은 생명을 구하고 있었습니다. 곡식을 구하러 애굽에 두 번째 방문한 형들에게 요셉은 자신의 신분을 밝히면서 다음과 같이 말합니다.

5 당신들이 나를 이 곳에 팔았다고 해서 근심하지 마소서 한탄하지 마소서 하나님이 생명을 구원하시려고 나를 당신들보다 먼저 보내셨나이다 6 이 땅에 이 년 동안 흉년이 들었으나 아직 오 년은 밭갈이도 못하고 추수도 못할지라 7 하나님이 큰 구원으로 당신들의 생명을 보존하고 당신들의 후손을 세상에 두시려고 나를 당신들보다 먼저 보내셨나니 8 그런즉 나를 이리로 보낸 이는 당신들이 아니요 하나님이시라 하나님이 나를 바로에게 아버지로 삼으시고 그 온 집의 주로 삼으시며 애굽 온 땅의 통치자로 삼으셨나이다(창 45:5-8).

요셉은 자신이 애굽으로 팔려 온 것이 하나님의 섭리였다고 말합니다. 요셉은 "하나님이 보내셨다"는 표현을 3회에 걸쳐 언급하고 있습니다(5, 7, 8절). 그러면서 자신을 애굽에 먼저 보내신 하나님의 뜻을 세 가지로 설명합니다. 첫째, 하나님이 많은 사람의 생명을 구원하게 하시려고 요셉을 애굽에 보내셨다는 것입니다(5절). 둘째, 하나님이 야곱, 즉 이스라엘의 아들들의 생명을 보존하게 하시려고 요셉을 애굽에 보내셨다고 말합니다(7절). 셋째, 이스라엘의 아들들의 후손을 "세상에 두시려고" 요셉을 애굽에 보내셨다는 것입니다(7절). 첫 번째와 두 번째의 설명이 흉년으로부터 생명을 구하는 것에 관한 것이라면, 세 번째의 설명은 앞으로 있게 될 하나님 나라 백성에 관한 것입니다. 하나님은 아브라함, 이삭, 야곱과 맺은 언약에 따라 하나님 나라 백성을 일으키시려고 야곱의 후손을 애굽으로 옮기실 계획을 세우셨으며(창 15:13), 지금 그 계획이 실행되고 있는 것입니다. 이제 애굽은 하나님 나라 백성을 키우는 인큐베이터가 될 참이었습니다.[2] 이는 곧 '양식' 문제가 하나님 나라와 연결되는 것을 보여줍니다.

하나님 나라 백성의 정체성 테스트

출애굽기의 '만나' 사건은 '양식' 문제가 하나님 나라 백성과 긴밀하게 연결되어 있다는 것을 좀 더 발전적인 내용으로 드러내 줍니다. 애굽을 떠난 이스라엘 자손이 신 광야에 이르렀을 때였습니다. 애굽을 떠나온 지 45일쯤 되자 가져왔던 식량이 바닥났습니다. 이스라엘 자손은 모세와 아론을 원망하기 시작했습니다. 그때 여호와께서 모세에게 다음과 같이 말씀하셨습니다.

> 4 보라 내가 너희를 위하여 하늘에서 양식을 비 같이 내리리니 백성이 나가서 일용할 것을 날마다 거둘 것이라 이같이 하여 그들이 내 율법을 준행하나 아니하나 내가 시험하리라 5 여섯째 날에는 그들이 그 거둔 것을 준비할지니 날마다 거두던 것의 갑절이 되리라 (출 16:4-5).

아직 언약을 맺기 전이기 때문에 하나님은 이스라엘 자손의 원망에 아무런 책망도 없이 약속하십니다. "보라 내가 너희를 위하여 하늘에서 양식을 비 같이 내리리니"라는 약속과 함께 하나님께서 이스라엘 자손에게 두 가지를 요구하셨습니다. 일종의 율법인 셈입니다. 첫째, "일용할 것을 날마다 거둘 것이라"라고 하십니다. 5일 동안 날마다 하루 먹을 양식만 거두라는 말씀입니다. 둘째, 6일째 되는 날은 "날마다 거두던 것의 갑절"을 거두어 다음 날을 준비하라고 하십니다. 아직 언약법인 십계명을 주시기 전이기 때문에 '안식일' 개념이 없던 이스라엘 자손에게 미리 안식일을 지키게 할 목적으로 말씀하셨던 것이 분명합니다(출 16:29).

하나님이 이스라엘 자손에게 주신 만나는 "여호와께서 너희에게 주어 먹게 하신 양식"입니다(출 16:15). 특별히 하나님이 만나를 주시면서 하신 명령이 있습니다. "너희 각 사람은 먹을 만큼만 이것을 거둘지니"(출 16:16)라고 하셨습니다. 이에 더하여 "아무든지 아침까지 그것을 남겨두지 말라"(출 16:19)라고 말씀하신 것은 오늘 하루 먹을 만큼만 거두라는 뜻입니다. 이는 하나님께서 매일의 양식을 공급해 주시는 것을 신뢰하라는 것입니다. 하나님을 신뢰하고 하나님의 말씀에 순종하라는 것입니다. 이제 양식 문제는 하나님의 말씀에 순종하는 것과 연결되고 있습니다. 즉, 양식 문제가 하나님의 통치를 받는 것과 연결되어 있음을 보여줍니다. 여섯째 날은 갑절의 양을 거두고 다음 날까지 간직해야 했습니다. 일곱째 날은 만나를 내리시지 않기 때문입니다.

이처럼 하나님은 매일의 양식을 통해 이스라엘 자손의 순종을 요구하셨습니다. 하나님 나라 백성에게 있어서 양식은 단순히 먹고 마시는 문제만이 아님을 알려주신 것입니다. 중요한 것은 하나님을 신뢰하고 의지하는 삶의 자세입니다. 왜 그렇습니까? 하나님께서 이스라엘 백성에게 만나를 주신 이유는 무엇인가요? 일용할 양식만을 거두게 하신 이유가 무엇인가요? "너를 낮추시며 너를 주리게 하시며 또 너도 알지 못하며 네 조상들도 알지 못하던 만나를 네게 먹이신 것은 사람이 떡으로만 사는 것이 아니요 여호와의 입에서 나오는 모든 말씀으로 사는 줄을 네가 알게 하려 하심이니라"(신 8:3). 하나님 나라 백성은 떡으로만 사는 자들이 아니기 때문입니다. 하나님의 입에서 나오는 말씀에 순종하며 사는 자들이기 때문입니다.

양식과 순종: 통의 가루와 병의 기름

양식과 관련된 놀라운 순종의 이야기가 열왕기상에 나옵니다. 불순종의 시대에 별처럼 빛나는 순종 이야기입니다. 열왕기상 12장부터 16장까지 여로보암을 시작으로 북이스라엘 왕들의 행적이 나오는데, 한마디로 불순종의 역사였습니다. 하나님이 대리 통치자로 세우신 왕들이 하나님께 가장 크게 불순종했던 것입니다. 계속되던 북이스라엘 왕들의 불순종 이야기가 열왕기상 17장에서 갑자기 멈춥니다. 그리고 왕이 아닌 평범한 선지자 엘리야와 사르밧 과부 이야기가 등장합니다. 왕족 이야기가 아닌 이주민 신분의 엘리야와 가난한 과부의 이야기입니다.[3] 엘리야는 여호와께서 그릿 시냇가로 가라고 말씀하시자 그대로 순종했으며, 시돈에 속한 사르밧으로 가라고 말씀하시자 그대로 순종했습니다(왕상 17:5, 9).

하나님의 말씀에 순종한 엘리야는 사르밧의 한 과부에게도 말씀에 순종할 것을 요청했습니다. 가뭄이 심한 가운데 마실 물을 요청하는가 싶더니, 이에 더하여 음식까지 요청한 엘리야에게 사르밧 과부가 "나는 떡이 없고 다만 통에 가루 한 움큼과 병에 기름 조금뿐이라 내가 나뭇가지 둘을 주워다가 나와 내 아들을 위하여 음식을 만들어 먹고 그 후에는 죽으리라"(왕상 17:12)라고 대답했습니다. 그럼에도 불구하고 엘리야는 순종을 종용합니다. 순종하는 사람만이 순종의 타이밍을 간파하게 됩니다. 하나님의 말씀이 아니라면, 인간적으로 지금 상황에서 어떻게 그런 요구를 할 수 있겠습니까? 엘리야 선지자에게 하나님의 선하신 약속이 이미 계시가 되었던 것입니다.

> 이스라엘의 하나님 여호와의 말씀이 나 여호와가 비를 지면에 내리는 날까지 그 통의 가루가 떨어지지 아니하고 그 병의 기름이 없어지지 아니하리라 하셨느니라(왕상 17:14).

놀랍게도 사르밧 과부는 그 말씀을 믿고 순종했습니다. 그 결과 놀라운 기적을 경험할 수 있었습니다. "여호와께서 엘리야를 통하여 하신 말씀같이 통의 가루가 떨어지지 아니하고 병의 기름이 없어지지 아니하니라"(왕상 17:16).

일용할 양식을 채워주심: 오병이어

사르밧 과부에게 일어난 기적이 한 가정의 '양식' 문제와 관련된 사건이었다면, 수천 명의 일용할 양식과 관련된 기적이 복음서에 나옵니다. 큰 무리가 예수님께 나아와 고침을 받고, 말씀을 듣는 중에 저녁이 되었습니다. 제자들이 예수님께 "이곳은 빈 들이요 때도 이미 저물었으니 무리를 보내어 마을에 들어가 먹을 것을 사 먹게 하소서"(마 14:15)라고 하자, 예수님은 제자들을 향해 "갈 것 없다 너희가 먹을 것을 주라"(마 14:16)라고 말씀하셨습니다. 제자들은 예수님의 말씀에 당황했겠지만, 여기에는 분명 예수님이 의도하신 바가 있었을 것입니다.[4] 제자들이 그 상황에서 "오늘 우리에게 일용할 양식을 주시옵고"라고 청원했다면 어떠했을까요? 하지만 제자들은 일용할 양식을 청원하는 대신 "여기 우리에게 있는 것은 떡 다섯 개와 물고기 두 마리뿐이니이다"(마 14:17)라고 현실을 고백했습니다. 비록 믿음으로 가져온 것은 아니라도 제자들은 "너희에게 떡 몇 개나 있는지 가서 보라"(막 6:38)라는 예수님의 명령에 순종했으며, 예수님은 제자들이 구해온 오병이어로 하늘의 기적을 베풀어 오천 명의 양식을 해결해주셨습니다.[5]

그 광경을 목격한 무리는 예수님을 자신들이 생각하는 세상 나라의 왕으로 삼으려 했습니다(요 6:15). 양식의 문제가 왕의 통치 문제와 연결되어 있다는 사실을 연상하게 하는 대목입니다. 하지만 예수님은 그들의 생각을 아시고 피하셨습니다. 예수님은 그들이 생각하는 세상 나라의 왕이 아니라 하나님 나라의 왕이시기 때문입니다. 오병이어의 기적은 하나님 나라 왕이신 예수님이 친히 백성의 일용할 양식을 채워주신 사건입니다.

양식과 관련된 기적은 여기서 끝나지 않았습니다. 마태복음 15장에 보면, 오병이어의 기적을 체험한지 얼마 지나지 않아 제자들은 이방인 지역이라는 것을 제외하고는 거의 비슷한 상황을 만나게 됩니다. 다시 한 번 양식을 채워주시는 예수님의 능력을 목격하게 된 것입니다. 제자들은 오병이어의 기적을 경험했음에도 불구하고 여전

Part 5 주기도문, 하나님 나라 적용 가이드

히 필요를 채워주시는 예수님의 능력에 대한 믿음이 작은 상태였습니다. "우리가 어디서 이런 무리가 배부를 만큼 떡을 얻으리이까"(마 15:33). 사천 명을 먹이신 기적 역시 제자들이 구해온 일곱 개의 떡과 생선 두어 마리를 사용하여 베푸셨습니다.

문제는 무리를 흩어 보내신 후에 드러납니다. 서로 적대관계에 있던 바리새인과 사두개인들이 하나가 되어 예수님을 찾아와 시험한 것입니다. 그들은 예수님께 "하늘로부터 오는 표적"을 요청했습니다(마 16:1). 하지만 예수님은 이미 수많은 표적을 행하심으로 하나님 나라의 도래를 증명하셨습니다(마 12:28). 그럼에도 불구하고 또 다른 표적을 요구하는 것은 눈앞에서 펼쳐지고 있는 하나님 나라의 일을 받아들이지 않았음을 의미할 뿐입니다. 바리새인들은 하나님 나라를 눈에 보이는 세상 나라로 오해하고 있었으며(눅 17:20), 사두개인들은 영적인 세계를 부인하는 지극히 현세적인 세계관을 가지고 있다는 점에서(막 12:18) 서로 공통점을 가집니다.

따라서 그들이 가르치는 교훈의 중심에는 눈에 보이지 않는 하나님 나라는 거부하고, 사람에게서 기인한 그들만의 왕국이 자리하고 있었습니다. 예수님은 그것을 지적하며 제자들에게 "바리새인과 사두개인들의 누룩을 주의하라"(마 16:6)라고 말씀하셨습니다. 여기서 "누룩을 주의하라"라는 말은 그들의 '왕국관'을 주의하라는 것으로 볼 수 있습니다. 왜냐하면 하나님 나라 역시 누룩처럼 퍼져가는 것이기 때문입니다(마 13:33).[6]

그때 제자들의 반응은 "우리가 떡을 가져오지 아니하였도다"라는 것이었습니다. 이는 제자들이 표적 자체에 머물러 있는 것을 보여줌니다. 예수님은 그런 제자들을 책망하셨습니다.

> 8 예수께서 아시고 이르시되 믿음이 작은 자들아 어찌 떡이 없으므
> 로 서로 논의하느냐 9 너희가 아직도 깨닫지 못하느냐 떡 다섯 개로
> 오천 명을 먹이고 주운 것이 몇 바구니며 10 떡 일곱 개로 사천 명을
> 먹이고 주운 것이 몇 광주리였는지를 기억하지 못하느냐 11 어찌 내
> 말한 것이 떡에 관함이 아닌 줄을 깨닫지 못하느냐 오직 바리새인과
> 사두개인들의 누룩을 주의하라 하시니 (마 16:8-11).

떡에 머무는 것은 표적에 머무는 것이요, 그것은 곧 믿음이 작은
자의 모습입니다. 표적을 통해 하나님 나라의 도래를 알아채야 하는
것처럼 떡에 머물지 않고 하나님 나라를 지향해야 합니다. 바리새인
과 사두개인들은 표적을 통해 하나님 나라의 도래를 알아채지 못했
습니다. 하나님 나라를 알지 못하면 어쩔 수 없이 세상 나라의 기준
으로 살게 됩니다. 예수님은 그것을 경계하신 것입니다. 하나님 나라
백성은 일용할 양식에 머물러서는 안 됩니다. 일용할 양식을 책임져
주시는 하나님을 신뢰하고 하나님 나라를 지향해야 합니다.

일용할 양식 vs 재물

출애굽기의 '만나'와 마찬가지로 '일용할 양식'은 우리의 정체성을
테스트하는 테스트 용지입니다. 주기도문에서 "오늘 우리에게 일용
할 양식을 주시옵고"라는 청원은 매일 하나님께 의지해서 사는 삶의

자세를 갖추라는 뜻입니다.[7] 이는 근본적으로 내가 하나님 노릇을 하겠다는 것을 전적으로 내려놓는 것을 의미합니다. 아담의 타락 이후 인간의 실존은 자기 힘으로 땀을 흘려야 살아갈 수 있게 되었고, 그 결과 하나님의 은혜가 아니면 그 누구도 결핍에서 자유로울 수 없게 되었습니다.[8] 그러다 보니 재물을 하나님 자리에 올려놓고 섬기는 현상이 발생하게 된 것입니다.

누가복음에는 유독 부자 이야기가 많이 나옵니다. 그중에서도 '어리석은 부자 이야기'(눅 12:16-21)는 재물을 섬기는 자의 전형을 보여줍니다. 그런 사람의 관심은 땅에 보물을 쌓는 것에만 관심이 있습니다(마 6:19). 그래서 온통 쌓을 것만 생각합니다. 그의 궁극적 목적은 편하게 쉬고, 먹고, 마시고, 즐거워하는 것입니다. 이런 자는 재물을 섬기는 자입니다.

흥미로운 경우는 하나님 나라에도 관심이 있는 '부자 관리 이야기'입니다(눅 18:18-30). 그는 영적인 일에도 관심이 있었습니다. 그래서 예수님께 나아와 "무엇을 하여야 영생을 얻으리이까"라고 물을 정도였습니다. 하지만 그는 큰 부자였고 재물을 포기할 수 없었습니다. 그래서 "네게 있는 것을 다 팔아 가난한 자들에게 나눠 주라 그리하면 하늘에서 네게 보화가 있으리라 그리고 와서 나를 따르라"(눅 18:22)라는 예수님의 말씀을 듣고 근심하며 돌아갔습니다. 이때 예수님은 "재물이 있는 자는 하나님의 나라에 들어가기가 얼마나 어려운지 낙타가 바늘귀로 들어가는 것이 부자가 하나님의 나라에 들어가는 것보다 쉬우니라"(눅 18:24-25)라고 말씀하셨습니다.

반면에 '삭개오 이야기'(눅 19:1-10)는 놀라운 반전을 가져다줍니다.

그는 "세리장이요 또한 부자"였습니다. 그런 그가 예수님의 은혜를 경험하게 되었으며, 이윽고 예수님을 영접하고 난 후에는 재물을 섬기던 삶에서 하나님을 섬기는 삶으로 돌이켰습니다. "주여 보시옵소서 내 소유의 절반을 가난한 자들에게 주겠사오며 만일 누구의 것을 속여 빼앗은 일이 있으면 네 갑절이나 갚겠나이다"(눅 19:8). 그렇습니다. 일용할 양식을 구한다는 것은 재물을 섬기지 않겠다는 것을 의미합니다. 더 나아가 일용할 양식을 청원하는 기도는 왕이신 하나님의 다스림을 신뢰한다는 것을 의미합니다. 일용할 양식을 구하는 기도는 결국 하나님 나라를 지향하는 기도라는 말입니다. 정리해 보면, "오늘 우리에게 일용할 양식을 주시옵고"라는 청원에는 하나님이 모든 필요한 것을 채워주실 것을 믿는다는 신앙고백과 함께 하나님을 신뢰하며 살아가겠다는 서원, 그리고 일용할 양식을 달라는 간구가 담겨 있습니다.[9]

끝으로 우리는 잠언에 나오는 아굴의 기도를 마음에 새길 필요가 있습니다. 이는 주기도문의 네 번째 청원의 정신과 맥을 같이하는 기도입니다.

> 7 내가 두 가지 일을 주께 구하였사오니 내가 죽기 전에 내게 거절하지 마시옵소서 8 곧 헛된 것과 거짓말을 내게서 멀리 하옵시며 나를 가난하게도 마옵시고 부하게도 마옵시고 오직 필요한 양식으로 나를 먹이시옵소서 9 혹 내가 배불러서 하나님을 모른다 여호와가 누구냐 할까 하오며 혹 내가 가난하여 도둑질하고 내 하나님의 이름을 욕되게 할까 두려워함이니이다(잠 30:7-9).

아굴은 두 가지 기도 제목으로 오랜 시간 기도해 온 것을 고백합니다. 전체 맥락을 통해 볼 때, 첫 번째 기도가 하나님과의 관계 속에서 진실한 삶을 구한 것이라면, 두 번째 기도의 핵심인 "오직 필요한 양식으로 나를 먹이시옵소서"라는 기도는 자족하는 삶을 구하는 것입니다. 이는 주기도문의 "일용할 양식"에 대한 청원을 떠올리게 하는데, 특히 9절은 '양식' 청원이 곧 하나님의 명예와 직결되어 있음을 보여줍니다.

사도 바울은 디모데전서 6장에서 이 기도 내용을 정확하게 해석합니다. 하나님 나라 백성이 "자족하는 마음이 있으면" 경건은 큰 이익이 된다는 것입니다(6절). 그러면서 일용할 양식을 구하는 것의 참된 의미를 말해 줍니다. "우리가 먹을 것과 입을 것이 있은즉 족한 줄로 알 것이니라"(8절). 또한 부자들을 위한 교훈도 잊지 않습니다. 부자들을 향한 교훈은 세 가지입니다(딤전 6:17-18). 첫째, "마음을 높이지 말고" 즉, 교만하지 말아야 합니다. 둘째, "재물에 소망을 두지 말고" 하나님께 소망을 두어야 합니다. 셋째, "선을 행하고 선한 사업을 많이 하고 나누어 주기를 좋아하며 너그러운 자"가 되어야 합니다. 이렇게 하는 것이 참된 생명을 취하는 길이며, 하늘에 보화를 쌓는 길이며, 하나님께 대해 부요해 지는 길입니다.

16
왕의 자비하심으로:
심판 vs 용서

뮌헨의 한 교회에서 말씀을 선포하던 코리 텐 붐(C. T. Boom)의 눈에 한 남자가 들어왔습니다. 그는 악몽과도 같았던 라벤스브룩 중앙에 있는 목욕실 문을 지키던 자였습니다. 그는 수용소에 갇힌 이들을 괴롭혔던 간수 중의 한 사람이 틀림없었습니다. 그 순간 코리에게는 조롱, 멸시, 냄새, 고통, 그리고 얼굴들이 떠오르기 시작했습니다. 예배가 끝나고 사람들이 다 나가자 그가 웃음을 띠며 코리에게 다가왔습니다.

"후로라인, 당신의 설교가 얼마나 고마웠는지요."

그가 말했습니다.

"당신이 말씀하신 대로 주님께서 내 죄를 다 씻어 버리셨다니!"[10]

코리는 그가 악수하려고 손을 내밀던 순간을 다음과 같이 술회했습니다.

> 그는 악수를 하려고 내게 손을 내밀었다. 그런데 브루멘달에서 사람들에게 그렇게 자주 용서할 필요가 있음을 누누이 설교했던 내가 손을 옆으로 내린 채 있었다. 나는 그들의 죄를 보면서 분노와 복수심까지 내 속에서 끓어오르고 있었다.[11] (중략) 나는 미소를 지으려고 애를 썼고, 내 손을 들어 올리려고 몸부림쳤다. 할 수가 없었다. 나는 아무것도 느끼지 못했다. 따스함이나 사랑은 털끝만치도 일어나지 않았다.[12]

코리 텐 붐 여사의 이야기는 아무리 놀라운 은혜를 경험한 자라도 용서란 쉬운 것이 아님을 보여줍니다. 그러니 하나님의 은혜를 모르는 자들에게는 얼마나 더하겠습니까? "그를 용서하라고요? 농담하는 건가요? 그가 나에게 어떻게 했는지 알고서도 말입니까? 절대로 용서할 수 없어요."라는 외침은 그 누구만의 것이 아닙니다. 비록 입밖으로 외치지는 않았을지 모르지만, 우리 모두 마음속으로 수없이 외쳤을 말입니다. 놀랍게도 용서의 문제는 두 얼굴을 가지고 있습니다. 우리의 일상에서 그렇게 자주 마주치는 것이면서도 다른 한편으로는 만날 때마다 매번 새롭게 느껴진다는 사실입니다.

Part 5 주기도문, 하나님 나라 적용 가이드

용서에 관한 청원의 순서

예수님이 가르쳐 주신 다섯 번째 청원인 "우리가 우리에게 죄 지은 자를 사하여 준 것같이 우리 죄를 사하여 주시옵고"는 그 순서에 주목할 필요가 있습니다. 순서에 있어서 '먼저 기도할 것'이 있고, '붙들어야 할 것'이 있으며, '실행해야 할 것'이 있습니다. 먼저 기도할 것은 '죄고백'입니다. 용서에 관한 한 하나님께 우리 죄를 고백하는 것이 다른 모든 것보다 앞에 있어야 합니다. 실제로 주기도문의 원문에서 다섯 번째 청원의 순서는 "우리 죄를 사하여 주시옵고"가 먼저 나옵니다.

그다음으로 '붙들어야 할 것'은 '죄용서의 은혜'입니다. 물론 근본적으로 '죄용서의 은혜'를 아는 자만이 하나님께 자신의 죄를 고백할 것입니다. 그럼에도 불구하고 우리가 죄를 고백할 때, '죄용서의 은혜'를 다시금 경험하게 되며, 그 '죄용서의 은혜'를 붙잡을 수 있게 됩니다. 그리고 '죄용서의 은혜'를 붙잡고 있을 때만이 '실행해야 할 것', 즉 다른 사람이 내게 잘못했을 때, 그 사람의 잘못을 용서할 수 있습니다. 따라서 '죄 고백', '죄용서의 은혜', '용서하기'는 주기도문의 다섯 번째 청원과 함께 기억해야 할 순서입니다. 하지만 이것들을 차례로 다루기 전에 먼저 살펴볼 문제가 있습니다. 그것은 '용서'와 '관계'의 상관성입니다.

스스로 있는 자: 관계의 근원

우리는 이 책의 11장에서 '여호와'라는 이름에 대해 살펴보았습니다. 모세를 통해 계시된 '여호와'라는 이름에는 "스스로 있는 자"라는 의미가 담겨 있습니다(출 3:14). "스스로 있는 자"이신 여호와는 모든 관계의 근원이십니다. 삼위로 존재하시는 여호와는 영원부터 영원까지 관계로 존재하십니다. 따라서 여호와 하나님은 관계를 위해 다른 존재를 필요로 하지 않으십니다.[13] 그런 의미에서도 여호와는 스스로 존재하십니다. 여호와는 관계로 존재하시며, 관계의 근원이 되시는 하나님이십니다.[14]

여호와 하나님이 우리를 하나님의 형상대로 창조하셨다는 것은 하나님과 같은 관계적 존재로 창조하셨다는 것을 의미합니다. 다만 사람은 관계의 근원이신 하나님과 '관계 맺음'이 필요한 존재라는 점에서 다릅니다. 이런 면에서 인간은 관계 의존적 존재입니다. 인간은 스스로 존재할 수 없는 존재일 뿐 아니라, 홀로 존재할 수 없는 존재입니다. 그래서 여호와 하나님께서는 다음과 같이 말씀하셨습니다. "여호와 하나님이 이르시되 사람이 혼자 사는 것이 좋지 아니하니 내가 그를 위하여 돕는 배필을 지으리라 하시니라"(창 2:18). 이는 곧 사람이 하나님과 관계하는 존재인 동시에, 사람과 상호 관계하는 존재임을 말합니다.[15]

아담과 하와는 타락하기 전에 하나님과의 관계 속에서 더할 나위없는 복된 삶을 누렸습니다. '타락하기 전'이라는 말은 하나님과의 언약 안에 거할 때를 의미하며, 따라서 아담과 하와의 복된 삶은 언약 관계 안에 거하는 것을 전제로 합니다. 그러나 하나님이 금하신 선과 악을 알게 하는 나무의 열매를 먹는 순간 하나님과의 관계가 단절되었습니다. 성경은 그것을 "반드시 죽으리라"(창 2:17)라는 말씀으로 표현하고 있습니다. 그리고 관계의 단절은 아담과 하와가 에덴동산에서 쫓겨났을 때 마침표를 찍게 되었습니다(창 3:23).

이후 여호와 하나님의 구속 역사는 아담과 하와가 잃어버린 관계 회복의 역사라고 할 수 있습니다. 이것은 하나님이 이스라엘 자손을 구원하시는 과정을 보여주는 출애굽기에 잘 나타납니다. 크게 세 가지로 정리할 수 있습니다. 첫째, 이스라엘 자손을 애굽으로부터 구출하신 목적은 아브라함, 이삭, 야곱에게 약속하신 언약의 관계를 맺기 위함이었습니다(출 6:2-8). 출애굽기에 나타난 구원의 첫 단계는 '관계 맺음'을 위한 구속의 과정입니다.[16]

둘째, 하나님은 이스라엘 자손을 애굽에서 구출하신 후 시내산에서 언약 체결식을 거행하셨습니다. 그와 함께 하나님은 이스라엘 백성에게 언약법을 주셨습니다(출 20:1). 언약법을 주신 목적은 하나님과의 언약 관계 유지를 위한 방편이었습니다. 출애굽기에 나타난 구원의 둘째 단계는 특별한 '관계 수립'(언약 체결)과 함께 '관계 유지'를 위한 율법 수여의 과정입니다.

셋째, 하나님은 언약 체결 직후 모세를 통해 이스라엘 백성에게 성막을 지으라고 명령하셨습니다(출 25:8). 성막을 지으라고 명하신 가장 중요한 목적은 바로 속죄에 있었습니다.[17] 즉, 이스라엘 백성의 범죄로 인해 언약 관계가 깨졌을 때, 깨진 언약 관계의 회복을 위한 방편으로 성막을 준비하게 하셨습니다. 출애굽기에 나타난 구원의 셋째 단계는 '관계 회복'을 위한 성막의 준비 과정입니다.

이처럼 구원은 단면적이지 않습니다. 구원이란 관계 맺음을 위한 구속이며, 관계 유지를 위한 지속적인 교통이고, 관계 회복을 위한 돌이킴의 연속입니다. 이 중에서 주기도문의 "우리 죄를 사하여 주시옵고"라는 청원과 관련하여 주목할 것은 '관계 회복'의 측면입니다. 만약 여호와께서 관계 회복의 길을 열어 놓지 않으셨다면, 그 누구도 여호와 하나님과 지속적인 관계를 유지할 수 없습니다. 여호와의 자비하심과 긍휼이 아니면 그 누구도 하나님과 언약 관계를 계속할 수 없습니다. 어린 양을 통한 속죄가 아니라면 그 누구도 관계의 근원이신 하나님과 함께 할 수 없습니다. 용서가 없다면 관계도 없습니다.

죄 고백: "우리 죄를 사하여 주시옵고"

하나님의 용서가 없다면, 우리는 하나님을 예배힐 수도 없을 뿐 아니라, 예배해도 아무런 의미가 없습니다. 오히려 그것으로 하나님의 진노만 더 쌓을 뿐입니다. 따라서 다섯 번째 청원에서 가장 우선으로 기도할 내용은 "우리 죄를 사하여 주시옵고"입니다. 이 기도는 진토와 같고 먼지뿐인 우리를 하나님과의 사귐으로 이끄는 영적 사다리와 같습니다. 신앙생활에서 하나님께 '죄를 고백하는 것'이 중요하다는 사실은 아무리 강조해도 지나치지 않습니다. 사도 요한은 그에 관해서 다음과 같이 선포합니다.

6 만일 우리가 하나님과 사귐이 있다 하고 어둠에 행하면 거짓말을 하고 진리를 행하지 아니함이거니와 7 그가 빛 가운데 계신 것 같이 우리도 빛 가운데 행하면 우리가 서로 사귐이 있고 그 아들 예수의 피가 우리를 모든 죄에서 깨끗하게 하실 것이요 8 만일 우리가

죄가 없다고 말하면 스스로 속이고 또 진리가 우리 속에 있지 아니할 것이요 9 만일 우리가 우리 죄를 자백하면 그는 미쁘시고 의로우사 우리 죄를 사하시며 우리를 모든 불의에서 깨끗하게 하실 것이요 10 만일 우리가 범죄하지 아니하였다 하면 하나님을 거짓말하는 이로 만드는 것이니 또한 그의 말씀이 우리 속에 있지 아니하니라 1 나의 자녀들아 내가 이것을 너희에게 씀은 너희로 죄를 범하지 않게 하려 함이라 만일 누가 죄를 범하여도 아버지 앞에서 우리에게 대언자가 있으니 곧 의로우신 예수 그리스도시라 2 그는 우리 죄를 위한 화목 제물이니 우리만 위할 뿐 아니요 온 세상의 죄를 위하심이라(요일 1:6-2:2).

사도 요한은 "우리의 사귐"이 계속되기 위해서는 "빛 가운데" 행해야 한다고 말합니다. 그렇다면 "빛 가운데 행하면"이라는 말씀은 무엇을 의미할까요? 이를 이해하기 위해 〈표 16-1〉에서와 같이 요한일서 1:6-2:2의 구조를 살피는 것이 필요합니다. [18]

A1 어둠 가운데 행하면, 거짓말, 진리를 행치 않음(1:6)

B1 빛 가운데 행하면, 서로 사귐이 있고, 예수의 피로(1:7)

A2 죄 없다고 말하면, 스스로 속이고, 진리가 없음(1:8)

B2 우리 죄를 자백하면, 의롭고 미쁘신 분, 우리 죄를(1:9)

A3 범죄하지 않았다고 하면, 거짓말, 말씀이 없음(1:10)

B3 죄를 범해도, 대언자가 있음, 예수 그리스도(2:1-2)

〈표 16-1〉 요한일서 1:6-2:2의 구조

〈표 16-1〉을 통해 볼 때, 본 단락은 각각 세 개의 잘못된 주장(A1, A2, A3)과 그에 대한 반론(B1, B2, B3)이 쌍을 이루고 있습니다. 잘못된 주장은 첫째, 하나님과 사귐이 있다고 하면서도 어둠 가운데 행하는 것이며(A1), 둘째, 죄가 없다고 주장하는 것이며(A2), 셋째, 죄를 범하지 않았다고 주장하는 것입니다(A3). 주목할 것은 각각의 잘못된 주장에는 그에 대한 평가가 이어지고 있다는 점입니다. 첫째는 "거짓말을 하고 진리를 행하지 아니함이거니와"이며, 둘째는 "스스로 속이고 또 진리가 우리 속에 있지 아니할 것이요"이고, 셋째는 "하나님을 거짓말하는 이로 만드는 것이니 또한 그의 말씀이 우리 속에 있지 아니하니라"입니다. 각각의 잘못된 주장에 대한 평가 내용에 공통점이 있습니다. 그것은 '거짓말', '속임'이라는 점에서, 그리고 '진리' 혹은 '말씀'이 없는 상태라는 점에서 그렇습니다. 따라서 세 개의 잘못된 주장은 서로 연결되어 있으며 의미의 맥락도 유사합니다. 즉, 하나님과 사귐이 있다고 하면서 어둠 가운데 행하는 것은 자신이 죄가 없다고 주장하는 것이며, 또한 자신은 죄를 범하지 않았다고 주장하는 것과 같습니다.

이와 같은 패턴은 반론(B1, B2, B3)의 경우도 마찬가지입니다. 각각의 반박 내용 역시 서로 연결되어 있으며 그 의미도 연결됩니다. 7절의 "빛 가운데" 행하는 것이란 함께 "사귐" 가운데 거하는 것이며, 이는 8절의 "우리 죄를 자백하면"과 연결됩니다. 또한 우리가 죄를 자백하면 우리의 "대언자" "예수 그리스도"께서 "우리를 모든 죄에서 깨끗하게 하실 것"입니다.

예수님이 주기도문을 통해 우리에게 "우리 죄를 사하여 주시옵고" 라고 기도하도록 가르쳐 주신 것은 우리를 "빛 가운데" 행하게 하시려는 것이요, "아버지와 그의 아들 예수 그리스도와 더불어"(요일 1:3) 사귐을 누리게 하시기 위함입니다. 그러므로 우리는 예수 그리스도 안에서, 예수 그리스도를 믿음으로, 담대함과 확신을 가지고 하나님께 나아가서 우리 죄를 고백해야 합니다. "그러므로 우리는 긍휼하심을 받고 때를 따라 돕는 은혜를 얻기 위하여 은혜의 보좌 앞에 담대히 나아갈 것이니라"(히 4:16).

젊은 날에 자유분방한 삶을 살았던 어거스틴은 하나님의 은혜를 경험한 이후 죽기까지 죄 고백의 삶을 살았다고 합니다. A.D. 429년, 반달족이 스페인을 통해 북아프리카 서쪽에 상륙한 후 어거스틴이 살던 히포의 도시를 포위했을 때였습니다.

> 반달족이 히포 시를 포위한 지 3개월 뒤 어거스틴은 열병으로 눕게 되었다. 그는 옆에 있는 사람들에게 다윗의 참회하는 시편 구절을 적어 자기가 누워 있는 침대의 맞은편 벽에 걸어달라고 부탁하였다. 그는 늘 그 시를 외우면서 참회의 눈물을 흘렸고 430년 8월 28일 석양이 질 때 반달족의 기마병들이 내는 말굽 소리를 들으면서 이 변화무쌍한 시간의 세계에서 영원한 하나님의 도성으로 옮겨갔다.[19]

어거스틴은 76세의 나이로 그토록 그리던 하나님의 품에 안기는 순간까지 "우리 죄를 사하여 주시옵고"라는 죄 고백을 잊지 않았습니다.

죄용서의 은혜를 붙들어라

다섯 번째 청원과 관련하여 붙들어야 할 사실은 하나님이 우리 죄를 용서해주셨다는 것입니다. 여호와 하나님은 우리 죄를 용서하시기 위해 우리 모두의 죄악을 '그리스도'에게 담당시키실 것을 예언하셨습니다. "그가 찔림은 우리의 허물 때문이요 그가 상함은 우리의 죄악 때문이라 그가 징계를 받으므로 우리는 평화를 누리고 그가 채찍에 맞으므로 우리는 나음을 받았도다 우리는 다 양 같아서 그릇 행하여 각기 제 길로 갔거늘 여호와께서는 우리 모두의 죄악을 그에게 담당시키셨도다"(사 53:5-6).

"때가 차매 하나님이 그 아들을 보내사 여자에게서 나게 하시고 율법 아래에 나게 하신 것은 율법 아래에 있는 자들을 속량하시고 우리로 아들의 명분을 얻게 하려 하심이라"(갈 4:4-5). "그리스도께서 하나님 곧 우리 아버지의 뜻을 따라 이 악한 세대에서 우리를 건지시려고 우리 죄를 대속하기 위하여 자기 몸을 주셨으니"(갈 1:4), "염소와 송아지의 피로 하지 아니하고 오직 자기의 피로 영원한 속죄를 이루사 단번에 성소에 들어가셨느니라"(히 9:12). 이처럼 그리스도께서 "단번에 죄를 위하여 죽으사 의인으로서 불의한 자를 대신하셨으니"(벧전 3:18), 그로 말미암아 "그 아들 안에서 우리가 속량 곧 죄 사함을 얻었도다"(골 1:14). "우리는 그리스도 안에서 그의 은혜의 풍성함을 따라 그의 피로 말미암아 속량 곧 죄 사함을 받았느니라"(엡 1:7).

"염소와 황소의 피와 및 암송아지의 재를 부정한 자에게 뿌려 그 육체를 정결하게 하여 거룩하게 하거든 하물며 영원하신 성령으로 말미암아 흠 없는 자기를 하나님께 드린 그리스도의 피가 어찌 너희 양심을 죽은 행실에서 깨끗하게 하고 살아 계신 하나님을 섬기게 하지 못하겠느냐"(히 9:13-14). "이 뜻을 따라 예수 그리스도의 몸을 단번에 드리심으로 말미암아 우리가 거룩함을 얻었노라"(히 10:10).

다윗은 죄 용서를 받은 사람의 복을 다음과 같이 선포했습니다. "불법이 사함을 받고 죄가 가리어짐을 받는 사람들은 복이 있고 주께서 그 죄를 인정하지 아니하실 사람은 복이 있도다"(롬 4:7-8). 아멘! 예수님은 오늘도 다윗처럼 죄 용서의 은혜를 믿는 자를 향해 "이 사람아 네 죄 사함을 받았느니라"라고 선언하십니다(눅 5:20). "그러므로 이제 그리스도 예수 안에 있는 자에게는 결코 정죄함이 없나니 이는 그리스도 예수 안에 있는 생명의 성령의 법이 죄와 사망의 법에서 너를 해방하였음이라"(롬 8:1-2). 이 사실을 기억하는 것이 중요합니다. 이 은혜를 마음에 품고 살아야 합니다. 그래야만 다섯 번째 청원의 서약이라고 할 수 있는 다음 단계로 나아갈 수 있기 때문입니다.

이웃의 잘못을 용서하라

주기도문의 다섯 번째 청원과 관련하여 '실행해야 할 것'은 다른 사람의 잘못을 마음으로 용서하는 일입니다. 예수님은 십자가 위에서 자기를 못 박고 비웃으며 희롱한 사람들을 위해 "아버지 저들을 사하여 주옵소서 자기들이 하는 것을 알지 못함이니이다"(눅 23:34)라고 기도하셨습니다. 예수님은 그들의 죄뿐 아니라 오늘 우리의 모든 죄까지도 용서해주셨습니다. 그러니 우리도 마음으로 용서하는 삶을 살아야 합니다. "서로 친절하게 하며 불쌍히 여기며 서로 용서하기를 하나님이 그리스도 안에서 너희를 용서하심과 같이 하라"(엡 4:32). 이것이 바로 하나님께 사랑을 받은 자의 삶의 모습입니다. "누가 누구에게 불만이 있거든 서로 용납하여 피차 용서하되 주께서 너희를 용서하신 것 같이 너희도 그리하고"라고 말한 사도 바울은 한 걸음 더 나아갑니다. "이 모든 것 위에 사랑을 더하라 이는 온전하게 매는 띠니라"(골 3:13-14).

도저히 갚을 수 없는 만 달란트 빚을 탕감받았음에도 불구하고 백 데나리온의 빚을 진 사람을 용서하지 않는 것은 '은혜'를 모르고 있음을 나타낼 뿐입니다(마 18:33). 용서의 문제는 긍휼(불쌍히 여김)과 식결되어 있습니다.[20] 우리는 은혜가 아니면 살아갈 수 없는 존재입니다. 이는 곧 우리가 용서하지 않으면 온전한 삶을 살 수 없다는 것을 의미합니다. 용서하지 않는 것은 하나님의 은혜를 거부하는 것이며, 또한 내가 왕 노릇 하겠다는 의미입니다. 반대로 이웃의 잘못을 용서하는 것은 나를 용서해주신 그 은혜를 알고 있다는 증거이며, 내게 은혜를 베푸신 왕을 닮아가고 있음을 보여주는 증거입니다.

코리 텐 붐 여사 이야기로 다시 돌아가 봅시다. 코리는 자신의 힘으로 할 수 없음을 느꼈을 때, 그 자리에 서서 기도했습니다. "주 예수님, 나를 용서하시고 내가 그를 용서할 수 있도록 도와주옵소서." 한 번의 기도로는 미소조차 지을 수 없고 악수조차 할 수 없었지만, 그녀는 포기하지 않고 계속 기도했습니다.

'예수님, 나는 그를 용서할 수 없습니다. 당신의 용서를 내게 주옵소서.' 내가 손을 올리려고 할 때 믿을 수 없는 일이 일어났다. 팔을 따라 내 어깨로부터 내 손을 통해서 어떤 흐름이 내게서 그에게로 전달되는 것 같았다. 그러는 동안 내 마음속에서 이 알지 못하는 사람에 대한 사랑이 솟아나 주체할 수 없었다. 그래서 이 세상을 치유할 수 있는 것은 우리의 선함에 근거를 둔 용서가 아니라 예수님의 용서에 있음을 발견했다. 예수님께서 우리에게 우리 원수를 사랑하라고 말씀하실 때 그는 그 명령과 함께 그 사랑까지 주시는 것이다.[21]

내게 잘못한 사람을 용서하는 것은 마치 기적과 같은 일입니다. 그것이 아무리 사소한 문제라고 해도 하나님의 은혜가 아니면, 마음으로 용서할 수 없기 때문입니다. 코리 텐 붐 여사의 말과 같이 용서는 우리의 선함에 있는 것이 아니라 예수님의 자비에 있습니다. 우리가 용서할 때, 말로 표현하기 어려운 하나님 나라의 의와 평강과 희락을 경험하게 됩니다.

17
왕의 선하심으로:
욕망 vs 인내

1967년 여름, 미국의 체사피크만의 한 해변에서 별생각 없이 그
냥 해봤던 다이빙이 그녀의 인생을 송두리째 바꾸었습니다. 그녀의
머리가 모랫바닥에 박혀 목이 꺾이면서 척추가 부러진 것입니다. 그
때부터 3년이란 시간 속에서 조니 에릭슨 타다(Joni Eareckson Tada)는
하나님의 주권이란 주제와 씨름했습니다.

하나님, 왜 내가 다이빙을 못하게 막지 않으셨어요? 당신은 바닷물
의 흐름과 높낮이를 주관하시고 바닥의 모래더미도 마음대로 옮기
는 분이시잖아요. 나의 관심을 다른 곳으로 돌리게 할 수도 있으시
고, 해변에 계속 남아 있게 할 수도 있으시고, 아니면 좀 더 안전한 곳
에서 수영해야지 하는 생각을 나에게 불어넣어 줄 수도 있으시잖아

요. 하나님, 당신은 그때 어디 계셨나요? 당신은 선하시고 전능하시다면서, 왜 천사를 보내어 고무보트에서 나를 끌어내리지 않으셨나요? 그렇게 할 만큼 선하지는 않으신가요? 왜 그런 일이 일어나는 것을 막지 않으셨나요? 그렇게 할 만큼 전능하지는 않으셨던가요?[22]

예기치 못한 사고를 당해 중환자실에 있는 동안 그녀는 하나님의 주권에 대해 계속 원망하며 공격했습니다. 그동안 어려운 순간마다 위로를 주었던 하나님의 주권에 대한 개념이 불의의 사고를 당한 상황에서는 뼛속까지 떨리게 하는 공포로 다가왔던 것입니다.

우리는 시련 앞에서 어떻게 해야 할까요? 시련에 대한 성경의 교훈은 무엇인가요? 우리는 이 질문에 대한 답을 예수님이 가르쳐주신 주기도문의 여섯 번째 청원에서 만나게 됩니다. "우리를 시험에 들게 하지 마시옵고 다만 악에서 구하시옵소서"라는 청원은 '시련' 혹은 '유혹' 그리고 '악한 자'와 관련되어 있습니다. 먼저 '시험'에 대해 생각해 보고 나서 '악한 자'와 관련된 청원의 의미를 살펴보도록 하겠습니다.

'시련'으로 다가오는 시험

모든 그리스도인은 신앙생활을 하는 가운데 시험을 만나게 됩니다. 성경은 이에 대해 다음과 같이 말합니다.

2 내 형제들아 너희가 여러 가지 시험을 당하거든 온전히 기쁘게 여

기라 3 이는 너희 믿음의 시련이 인내를 만들어 내는 줄 너희가 앎이
라 4 인내를 온전히 이루라 이는 너희로 온전하고 구비하여 조금도
부족함이 없게 하려 함이라(약 1:2-4).

성경은 "형제들아 너희가 여러 가지 시험을 당하거든"(3절)이라고
말합니다. 시험은 예외가 없습니다. 그리고 시험에는 여러 가지가 있
습니다. 크게 '시련'으로 다가오는 시험과 '유혹'으로 다가오는 시험
두 가지로 정리할 수 있습니다. 첫째, '시련'으로 다가오는 시험입니
다. 예수님은 제자들에게 "나와 복음을 위하여" 사는 자는 특별한 보
상을 받게 되며 동시에 "박해를 겸하여" 받을 것이라고 말씀하셨습
니다(막 10:29-30). 또한 하나님 나라 백성이 믿음으로 살고자 할 때 시
련을 만나게 되어 있습니다. 누구든지 그리스도 안에서 경건하게 살
려고 하면 박해를 피할 수 없다는 것입니다(딤후 3:12). 루스드라에서
복음을 전하던 사도 바울은 유대인들의 충동질로 인하여 흥분한 무
리가 던진 돌에 맞아 죽을 뻔했습니다. 사도 바울은 그 직후에도 또
다시 복음을 선포하는 가운데 다음과 같이 말했습니다. "제자들의 마
음을 굳게 하여 이 믿음에 머물러 있으라 권하고 또 우리가 하나님
의 나라에 들어가려면 많은 환난을 겪어야 할 것이라 하고"(행 14:22).
우리는 시련을 겪을 때 인내해야 합니다. 성경은 "인내를 온전히
이루라"(4절)라고 말합니다. 형용사 '온전히'(텔레이온)라는 단어에는
'끝까지', '목적지까지'라는 의미가 담겨 있습니다.[23] 우리에게 시련
으로 다가온 그 문제가 해결될 때까지 인내해야 함을 말합니다. 너
무 힘들어서 도중에 멈추고 싶을 때도 있고, 심지어 멈출 때도 있을

수 있습니다. 그러나 다시 그 문제 앞에 선다면, 즉 포기하지 않고 다시 그 문제에 직면한다면 멈춤조차도 인내를 온전히 이루는 과정에 지나지 않습니다.

또 기억할 것은 시련으로 다가오는 시험을 성경은 "믿음의 시련"이라고 칭한다는 사실입니다. 따라서 믿음의 시련은 우리 안에 인내를 형성하기 위한 목적으로 하나님께서 우리에게 허락하신 것입니다. 그리고 우리가 시련을 인내로 반응할 때, 우리가 "온전하고 구비하여 조금도 부족함이 없게" 됩니다(4절). 이는 곧 우리가 인내를 통해 우리 인격의 최종 목적지인 "그리스도의 장성한 분량"까지 성숙하게 된다는 것을 의미합니다(엡 4:13). 이처럼 포기하지 않고 시련을 견디어 내면 마침내 "주께서 지기를 사랑하는 자들에게 약속하신 생명의 면류관을 얻을" 것입니다(약 1:12).

놀라운 사실은 우리가 시련 앞에서도 기뻐할 수 있다는 것입니다(2절). 물론 시련을 기뻐할 자가 누가 있겠습니까? 그래서 성경도 "기쁘게 여기라"라고 말합니다. '여기다'(헤게오마이)라는 동사는 '생각하다', '간주하다', '셈하다'라는 의미를 포함하고 있습니다.[24] 이는 곧 힘을 써서 의지적 결단을 통해 기뻐할 일로 받아들이라는 것입니다. 그렇다고 해서 이것이 억지 주장은 아닌지 의심할 필요는 없습니다. 그것이 가능한 이유를 사도 바울은 다음과 같이 말합니다.

1 그러므로 우리가 믿음으로 의롭다 하심을 받았으니 우리 주 예수 그리스도로 말미암아 하나님과 화평을 누리자 2 또한 그로 말미암아 우리가 믿음으로 서 있는 이 은혜에 들어감을 얻었으며 하나님의

영광을 바라고 즐거워하느니라 3 다만 이뿐 아니라 우리가 환난 중에도 즐거워하나니 이는 환난은 인내를, 4 인내는 연단을, 연단은 소망을 이루는 줄 앎이로다(롬 5:1-4).

우리가 환난 중에도 즐거워할 수 있는 이유를 성경은 두 가지로 제시하고 있습니다. 첫째, "이 은혜에 들어감을 얻었으며", 즉 "믿음으로 의롭다 하심"을 받음으로 "하나님과 화평"을 누릴 수 있게 되었기 때문에 그 결과 "하나님의 영광을 바라고 즐거워" 할 수 있게 되었다는 것입니다. 이는 믿음의 시련을 기뻐할 수 있는 근거입니다. 둘째, 우리가 만난 환난은 인내를 이루고, "인내는 연단을, 연단은 소망을" 이루기 때문입니다. 환난은 환난으로 끝나지 않고, 그리스도 안에서 우리의 소망을 이루는 밑거름이 된다는 것입니다.

주기도문의 정신으로 사는 삶은 시련의 연속일 가능성이 큽니다. 구약성경에서 다윗의 일생이 그것을 보여주며, 신약 성경에서 사도 바울의 삶이 그것을 보여줍니다. 하나님의 뜻에 따라 사는 삶은 지금 끝장을 낼 수 있는 도피 생활을 연장하는 것을 의미하며[25], 하나님의 통치를 구하는 삶은 언약궤를 정치적으로 이용할 기회를 포기함으로 불리한 상황을 선택하는 것입니다.[26] 하나님 나라를 추구하는 삶은 "많은 환난"을 감수하는 삶이기 때문입니다(행 14:22).

'유혹'으로 다가오는 시험

야고보서 1:13-15는 또 다른 종류의 시험이 있음을 보여줍니다.

그것은 바로 '유혹'으로 다가오는 시험입니다.

> 13 사람이 시험을 받을 때에 내가 하나님께 시험을 받는다 하지 말
> 지니 하나님은 악에게 시험을 받지도 아니하시고 친히 아무도 시험
> 하지 아니하시느니라 14 오직 각 사람이 시험을 받는 것은 자기 욕
> 심에 끌려 미혹됨이니 15 욕심이 잉태한즉 죄를 낳고 죄가 장성한즉
> 사망을 낳느니라(약 1:13-15).

먼저 유혹으로 다가오는 시험에 관해서는 분명히 해야 할 것이
있습니다. 유혹으로 다가오는 시험은 하나님께로부터 오는 것이
아니라는 사실입니다. "하나님은 악에게 시험을 받지도 아니하시
고 친히 아무도 시험하지 아니하시느니라"(13절)라는 말씀에서 우
리는 "하나님은 악에게 시험을 받지도 아니하시고"라는 말씀이 예
외인 경우가 있다는 사실을 유념해야 합니다. 바로 예수님의 경우
입니다. 예수님은 친히 마귀에게 시험을 받으셨습니다(마 4:1-11). 왜
그러셨습니까? 예수님은 "종의 형체를 가지사 사람들과 같이 되셨
고 사람의 모양으로 나타나사 자기를 낮추시고 죽기까지 복종"하셨
습니다(빌 2:7-8). 즉, 예수께서 시험을 받아 고난을 받으신 이유는 시
험을 받는 우리를 도와주시기 위해서였습니다. "그가 시험을 받아
고난을 당하셨은즉 시험 받는 자들을 능히 도우실 수 있느니라"(히
2:18). 그가 우리를 위해 시험을 받으셨기 때문에 시험을 당하는 우
리를 더욱 긍휼히 여기시는 것입니다. "우리에게 있는 대제사장은
우리의 연약함을 동정하지 못하실 이가 아니요 모든 일에 우리와 똑

같이 시험을 받으신 이로되 죄는 없으시니라"(히 4:15). 예수님은 시험을 받으셨지만, 시험으로 인해 죄를 짓지 않으셨습니다.

"친히 아무도 시험하지 아니하시느니라"(13절)라는 말씀은 시련으로 다가오는 시험에는 해당하지 않습니다. 하나님께서 아브라함을 시험하셨으며(창 22:1), 예수님도 빌립을 시험하셨기 때문입니다(요 6:6).[27] 즉, 그 말씀은 유혹을 의미하는 시험을 하지 않으신다는 의미입니다. 왜냐하면 유혹으로 다가오는 시험은 "자기 욕심"에서 비롯되는 것이기 때문입니다. 유혹으로 다가오는 모든 시험은 자기 마음의 욕망으로부터 시작됩니다. 욕심으로 인한 시험의 대표적인 예가 우상 숭배와 음행입니다. "그들 가운데 어떤 사람들과 같이 너희는 우상 숭배하는 자가 되지 말라 기록된 바 백성이 앉아서 먹고 마시며 일어나서 뛰논다 함과 같으니라 그들 중의 어떤 사람들이 음행하다가 하루에 이만 삼천 명이 죽었나니 우리는 그들과 같이 음행하지 말자"(고전 10:7-8). 이를 좀 더 구체적으로 말하면 다음과 같습니다. "그러므로 땅에 있는 지체를 죽이라 곧 음란과 부정과 사욕과 악한 정욕과 탐심이니 탐심은 우상 숭배니라"(골 3:5). 이웃의 아내를 탐하는 마음에서 유혹이 오고, 더러운 이익을 탐하는 마음에서 유혹이 오며, 육체의 욕구를 탐하는 마음에서 유혹이 오고, 자기 욕심에 끌려 사람이나 사물을 하나님처럼 높이려는 마음에서 유혹이 오는 것입니다.

문제는 그와 같은 욕심을 마음에 품는 것에서 시작됩니다. 성경은 그것을 "잉태한즉"(쉴람부사)이라고 말합니다. 이 동사의 원형인 '쉴람바노'는 의지를 사용하여 꽉 붙들고 있는 것을 뜻하며, 빠져나갈 기회를 주지 않으려고 틈틈이 경계서는 것을 뜻하고, 그 욕심을 날마다 점점 키우는 것을 의미합니다. 한마디로 그 욕심을 행하려고 작심한 것을 뜻합니다. 이처럼 음란의 욕심, 부정의 욕심, 육체적 욕심, 명예의 욕심을 잉태하여 의도를 가지고 붙들고 있으며, 기회를 엿보고, 점점 그 욕심을 키우다 보면 결국은 죄를 낳게 됩니다.

'낙심하지 말고' '피하라'

이제까지 살펴본 내용을 그림으로 정리하면 [그림 17-1]과 같습니다.[28)]

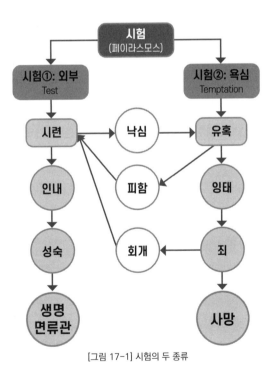

[그림 17-1] 시험의 두 종류

Part 5 주기도문, 하나님 나라 적용 가이드

'시험'은 두 가지로 구분할 수 있습니다. 테스트의 목적으로 외부로부터 오는 '시련'과, 욕심에서 비롯된 '유혹'입니다. '시련'의 경우 '인내'로 반응할 때 '성숙'하게 되고 결국은 '생명의 면류관'을 받게 됩니다. 문제는 '낙심'했을 경우입니다. '시련'으로 인해 '낙심'하게 되면, '유혹'에 흔들릴 가능성이 커집니다. 그래서 성경 곳곳에서 우리를 향해 낙심하지 말라고 권면합니다. "형제들아 너희는 선을 행하다가 낙심하지 말라"(살후 3:13). "우리가 선을 행하되 낙심하지 말지니 포기하지 아니하면 때가 이르매 거두리라"(갈 6:9). 또한 우리가 낙심했을 때라도 하나님은 우리를 내버려 두지 않으십니다. "그러나 낙심한 자들을 위로하시는 하나님이 디도가 옴으로 우리를 위로하셨으니"(고후 7:6).

하나님은 우리의 연약함을 아십니다. 아실뿐만 아니라 우리와 같이 연약한 자들에게 하나님 나라 사역을 맡기셨습니다. 하나님은 복음 전파, 곧 하나님 나라 전파의 사명을 우리에게 맡기셨습니다. 질그릇과 같이 연약한 우리 안에 하나님 나라가 담겨 있는 것입니다. 이는 놀라운 역설입니다. 연약한 우리 안에 "하나님의 능력"인 복음이 담겨 있습니다(롬 1:16). 흔들리며 깨지기 쉬운 우리 안에 "흔들리지 않는 나라"가 담겨 있습니다(히 12:28). 이는 곧 "심히 큰 능력이 하나님께" 있음을 드러내시는 하나님의 방법입니다. 능력이 하나님께 있습니다. 하나님이 역사하십니다. 그러므로 사방으로 길이 막혀있다고 해도 길이 없는 것이 아닙니다. 무엇을 해야 할지 알 수 없는 때라도 하나님은 일하십니다. 우리를 대적하는 자들이 제아무리 많을지라도 하나님이 우리와 함께하십니다. 비록 그들이 우리에게 상처를 입힐지라도 우리를 결코 무너뜨릴 수는 없습니다. 도리어 예수 그리스도의 생명이 우리를 통해 드러나게 될 것입니다(고후 4:7-10).

유혹으로 다가오는 시험 앞에서 우리는 어떻게 해야 할까요? 성경은 간단명료하게 알려줍니다. "음행을 피하라 사람이 범하는 죄마다 몸 밖에 있거니와 음행하는 자는 자기 몸에 죄를 범하느니라"(고전 6:18). "그런즉 내 사랑하는 자들아 우상 숭배하는 일을 피하라"(고전 10:14). "또한 너는 청년의 정욕을 피하고 주를 깨끗한 마음으로 부르는 자들과 함께 의와 믿음과 사랑과 화평을 따르라"(딤후 2:22). "오직 너 하나님의 사람아 이것들을 피하고 의와 경건과 믿음과 사랑과 인내와 온유를 따르며"(딤전 6:11). 이 구절들에서 '피하다'(퓨고)라는 동사는 위험으로부터 도망치듯 벗어나는 것을 의미합니다. 마치 작은 새가 위험을 감지하자마자 빠르게 날아가는 것과 같습니다. 사도 바울은 이 의미를 좀 더 현실적으로 표현합니다. "이제 내가 너희에게 쓴 것은 만일 어떤 형제라 일컫는 자가 음행하거나 탐욕을 부리거나 우상 숭배를 하거나 모욕하거나 술 취하거나 속여 빼앗거든 사귀지도 말고 그런 자와는 함께 먹지도 말라 함이라"(고전 5:11). 음행하는 자, 탐욕을 부리는 자, 우상 숭배하는 자는 사귀지도 말고, 심지어 함께 먹지도 말라고 경고합니다. 더 나아가 유혹을 불러일으키는 것에 대해서는 입에 담지도 말라고 권면합니다. "음행과 온갖 더러운 것과 탐욕은 너희 중에서 그 이름조차도 부르지 말라 이는 성도에게 마땅한 바니라"(엡 5:3).

[그림 17-1]을 다시 한번 보겠습니다. '유혹'으로 다가오는 시험은 '사망'을 향하여 있는 반면에, '시련'으로 다가오는 시험은 '생명'

을 향하고 있습니다.[29] 따라서 의미 있는 시험은 '시련'으로 다가오는 시험입니다. '유혹'으로 다가오는 시험이 의미 있는 것이 되기 위해서는 "피하라"(퓨게테)라는 말씀에 반응할 때입니다. 물론 유혹을 피한다고 해서 모든 문제가 해결되는 것은 아닙니다. 그것으로 인해 새로운 시련이 시작될 수 있습니다. 요셉의 경우가 그렇습니다. 보디발의 아내가 요셉을 "날마다" 유혹하자 요셉은 그녀와 "함께 있지도" 아니했으며, 이후 억지로 "옷을 잡고" 동침하자고 했을 때, 옷을 "손에 버려두고 도망하여" 밖으로 나갔습니다(창 39:10-13). 유혹을 피한 것입니다. 그 결과 요셉은 억울한 옥살이를 하게 되었습니다. 시련이 시작된 것입니다. 요셉이 그 시련을 인내했을 때, 마침내 면류관을 얻었습니다. 유혹의 시험을 피할 때만이 우리는 인내와 성숙을 향해 나아가게 됩니다. 그런 일이 없어야 하겠지만 설사 유혹에 넘어졌더라도 기회가 사라지는 것은 아닙니다. 우리가 그 죄 가운데 머물지 않고 회개하여 돌이키면, 다시금 인내와 성숙으로 나아갈 길이 열리게 되기 때문입니다.

악한 자의 전략

주기도문의 여섯 번째 청원은 "시험에 들게 하지 마시옵고"에서 끝나지 않습니다. "다만 악에서 구하시옵소서"라는 청원은 사탄으로부터의 보호를 요청하는 기도입니다. 여기에서 '악'은 '악한 자' 즉 '사탄'으로 보는 것이 적절합니다.[30] 우리가 기억할 것은 사탄의 간교함입니다.[31] 마귀는 예수님이 하나님 나라를 선포하기 직전에 집요하게도 세 번의 시험을 통해 예수님을 방해했습니다(마 4:1-11). 금식하신 후 주리신 예수님을 빵으로 유혹했으며, 성전에서 뛰어내려 하나님의 아들임을 증명하라고 유혹했고, 자기에게 굴복하면 천하만국을 주겠다며 유혹했습니다. 그때마다 예수님은 말씀으로 물리치셨습니다.

사탄의 간계는 예수님을 유혹하는 것으로 멈추지 않았습니다. 마태복음 13:24-30에는 또 다른 마귀의 술책이 나옵니다. "사람들이 잘 때에 그 원수가 와서 곡식 가운데 가라지를 덧뿌리고 갔더니"(마 13:25).[32] 종들이 가라지가 어디서 생겨났는지를 묻자, 주인은 이렇게 대답했습니다. "원수가 이렇게 하였구나"(마 13:28). 예수님은 원수 마귀의 간계를 간파하고 계십니다.[33] 그렇습니다. 원수 마귀는 하나님 나라 백성을 유혹하며(창 3:4-5), 말씀을 깨닫지 못하게 방해하고(눅 8:12), 마귀의 자식을 통해서 복음을 믿지 못하게 방해하며(행 13:10), 올무를 설치해서 성도를 걸려 넘어지게 하고(딤전 3:7), 할 수만 있으면 거짓 그리스도와 거짓 선지자를 통해 택하신 자를 미혹하려고 하는가 하면(마 24:24), 우는 사자와 같이 삼킬 자를 찾아다니고 있습니다(벧전 5:8).

그럼에도 불구하고 우리는 두려워 떨 필요가 없습니다. 왜 그렇습니까? 우리를 위해 깨어 기도하시는 예수님이 계시기 때문입니다. 예수님은 붙잡히시기 직전에 이제 곧 자신을 배반할 베드로에게 다음과 같이 말씀하셨습니다.

31 시몬아, 시몬아, 보라 사탄이 너희를 밀 까부르듯 하려고 요구

하였으나 32 그러나 내가 너를 위하여 네 믿음이 떨어지지 않기를 기도하였노니 너는 돌이킨 후에 네 형제를 굳게 하라(눅 22:31-32).

예수님은 베드로가 범죄 한 이후에 믿음이 떨어지지 않기를 기도하셨습니다. 예수님의 기도로 인해 베드로는 결국 믿음을 회복하게 되었습니다. 또한 예수님은 십자가를 앞에 두고 진정한 대제사장으로 우리를 위해 기도하셨으며, "내가 비옵는 것은 그들을 세상에서 데려가시기를 위함이 아니요 다만 악에 빠지지 않게 보전하시기를 위함이니이다"(요 17:15), 승천하신 후 하나님의 우편에서 지금도 우리를 위해 기도하고 계십니다. "누가 정죄하리요 죽으실 뿐 아니라 다시 살아나신 이는 그리스도 예수시니 그는 하나님 우편에 계신 자요 우리를 위하여 간구하시는 자시니라"(롬 8:34). 아멘!

깨어 기도하라

주기도문을 통해 "시험에 들게 하지 마시옵고"라는 기도를 가르쳐주신 예수님은 겟세마네 동산의 실제 상황에서 제자들에게 그것을 적용하도록 요청하셨습니다. "시험에 들지 않게 깨어 기도하라 마음에는 원이로되 육신이 약하도다 하시고"(마 26:41). 그러나 제자들은 육신의 피곤함을 이기지 못하고 잠이 들었습니다. 기도하지 못한 것입니다. 그 결과 어떻게 되었습니까? "이에 제자들이 다 예수를 버리고 도망하니라"(마 26:56). 시험을 만났을 때 넘어졌던 것입니다. 넘어짐은 제자들만의 일이 아닙니다. 성경이 이 사실을 우리에게 들려주는 이유는 우리를 깨우치기 위함입니다. 그래서 사도 바울은 다음과 같이 선언합니다. "그런즉 선 줄로 생각하는 자는 넘어질까 조심하라"(고전 10:12). 조심해야 할 이유와 그에 대한 묘사를 좀 더 강하게 표현하면 근신하는 것이요 깨어 기도하는 것입니다. 왜냐하면 우리의 대적 마귀가 배고픈 사자처럼 먹잇감을 두루 찾아다니고 있기 때문입니다(벧전 5:8).

또한 우리가 기억할 것이 있습니다. "사람이 감당할 시험 밖에는 너희가 당한 것이 없나니 오직 하나님은 미쁘사 너희가 감당하지 못할 시험 당함을 허락하지 아니하시고 시험 당할 즈음에 또한 피할 길을 내사 너희로 능히 감당하게 하시느니라"(고전 10:13). 하나님은 우리를 시험하는 분이 아니시지만(약 1:13), 우리가 딩하는 시험의 경중에 따라 그것을 허락하시는 분입니다. 이는 곧 시험을 감당하고 극복하는 길이 하나님께 있음을 뜻합니다. "피할 길"을 내시고 "감당하게" 하시는 분이 하나님이신 것입니다.

주기도문은 이 사실을 우리에게 가르쳐줍니다. 우리는 자신도 모르게 "선 줄로 생각하는 자"의 자리에 올라 설 때가 있습니다. 자만에 빠지는 때가 있다는 말입니다. 이때 넘어지는 것, 즉 시험에 빠지는 것을 조심해야 합니다. 주기도문에 비춰볼 때, "넘어질까 조심하라"라는 말씀은 "우리를 시험에 들게 하지 마시옵고 다만 악에서 구하시옵소서"라고 기도하는 것을 의미합니다. 우리가 '시련'을 당하거나 '유혹'을 만날 때, 주기도문은 우리에게 "피할 길"을 보여줄 것입니다.

18
주기도문으로
거룩한 삶 적용하기

    하나님 나라 백성을 위한 청원은 삶 속에서 '양식', '용서', '시험'의 문제를 하나님 나라의 관점으로 적용하고 실습하는 것과 연결되어 있습니다. 하나님 나라를 삶의 핵심 주제인 '양식', '용서', '시험'을 통해 우리 삶에 적용하는 것입니다.

    "오늘 우리에게 일용할 양식을 주시옵고"라는 청원은 '양식'뿐 아니라 일상적 필요와 관련이 있습니다. 이 기도의 핵심은 돌보시는 하나님에 대한 신뢰입니다. 하나님은 태초부터 사람들의 '먹거리' 제공을 의미 있게 언급하셨습니다(창 1:29-30, 9:3). 특히 하나님은 어떤 상황에서도 하나님 나라 백성의 '양식'뿐 아니라 필요를 채워주시는 분입니다(신 8:3-4). 주목할 것은 "일용할 양식"의 의미입니다. 이스라엘 백성이 출애굽의 과정에서 먹거리가 떨어져 하나님을 원망할 때, 하나님은 '만나'를 언급하시면서 "일용할 것을 날마다 거둘 것"을 말씀하셨습니다. 이는 이스라엘 백성이 율법을 준행하는지 테스트하시기 위함이었습니다(출 16:4).

주기도문에서 "일용할 양식"에 대한 청원은 하나님 나라 백성의 왕에 대한 신뢰도 테스트라고 할 수 있습니다. 하나님의 백성이 양식을 대하는 태도는, 하나님을 배제한 채 자기 힘으로 재물을 쌓고 양식 문제를 해결하기보다, 오히려 왕이신 하나님을 더욱 신뢰하며 일용할 양식을 구하는 것입니다. 따라서 "일용할 양식"을 청원하는 것은 하나님의 통치를 구하는 것이며, 이는 곧 현실적인 문제를 통해 하나님 나라를 삶에 적용하는 것입니다.

"우리가 우리에게 죄 지은 자를 사하여 준 것 같이 우리 죄를 사하여 주시옵고"라는 청원은 '용서'에 대한 내용입니다. '용서'는 관계 문제의 핵심입니다. 그 누구도 '용서' 없이 관계를 지속할 수 없기 때문입니다. 하나님과 우리의 관계가 그것을 잘 보여줍니다. 출애굽기에 보면 하나님께서 이스라엘 백성과 언약을 맺으신 직후에 모세에게 "성소"를 지으라고 명령하셨습니다(출 25:8). '성소'는 하나님의 임재하실 처소인 동시에 깨어진 언약을 회복하기 위한 속죄의 장소이기도 했습니다. 하나님의 용서가 없다면 그 누구도 하나님과 관계를 지속할 수 없기 때문입니다.

때가 찼을 때, 하나님은 원수 관계였던 우리와의 관계를 회복하기 위해 독생자 예수님을 화목제물로 십자가에 세우셨습니다(롬 3:25, 갈 4:4). 우리로서는 도저히 갚을 수 없는 빚을 탕감해주신 것입니다. 따라서 이제 탕감을 받은 자에게 요구되는 것은 '마음으로' 형제의 잘못을 용서하는 것입니다(마 18:27). 그렇게 함으로 왕의 자비를 보여주고, 왕의 통치를 드러내며, 왕의 뜻을 실천할 수 있습니다.

"우리를 시험에 들게 하지 마시옵고 다만 악에서 구하시옵소서"라는 청원은 '시련' 혹은 '유혹'의 문제와 함께 '악한 자'와 관련이 있습니다. '시험'이란 우리에게 '시련'으로 다가올 수도 있고(약 1:2-4), '유혹'으로 다가올 수도 있습니다(약 1:13-14). 문제는 시험이 올 때 욕심이 아니라 믿음으로 대처해야 한다는 것입니다. 시험에 욕심으로 반응하면 죄에 빠져 결국 파멸에 이르지만, 믿음으로 반응하면 그 시험으로 인해 성숙해지고 풍성한 생명에 이르게 됩니다. 믿음으로 반응한다는 것은 왕을 신뢰하는 것을 말하며, 왕의 뜻을 기억하여 그 뜻에 순종하는 것을 말합니다. 하나님을 신뢰함으로 시련을 극복하고, 하나님의 말씀으로 욕심을 물리치는 것입니다.

예수님은 하나님 나라를 선포하기 직전 마귀에게 세 번이나 시험을 받으셨습니다(마 4:1-11). 마귀는 먹는 문제와 명성, 권력으로 예수님을 시험했지만, 그때마다 예수님은 말씀으로 물리치셨습니다. 우리는 이 사실을 통해 예수님이 왜 "시험"과 "악"에 대한 기도를 하라고 하셨는지 알 수 있습니다. 먼저 예수님은 "우리와 똑같이 시험을 받으신" 분이지만 죄는 없으십니다(히 4:15). 예수님은 시험을 만날 수밖에 없는 우리의 삶을 아시며, 시험 앞에 연약한 우리의 존재를 잘 아십니다. 그래서 "시험에 들게 하지 마시옵고"를 기도하게 하셨습니다. 또한 예수님은 결정적인 순간마다 우리를 공격하는 사탄의 존재가 있음을 우리에게 알려주셨습니다. 따라서 우리는 악한 자로부터 우리를 지켜주실 것을 기도해야 합니다.

공동체성 적용하기

하나님 나라 백성을 위한 청원에서 가장 눈에 띄는 것은 "우리"라는 대명사입니다. "오늘 **우리**에게 일용할 양식을 주시옵고 **우리**가 **우리**에게 죄 지은 자를 사하여 준 것 같이 **우리** 죄를 사하여 주시옵고 **우리**를 시험에 들게 하지 마시옵고 다만 악에서 구하시옵소서"(마 6:11-13). 하나님 나라는 "우리"가 강조되고 "우리"가 자연스럽게 떠오르는 나라입니다.

언약 공동체는 홀로 존재한 적이 없습니다. 하나님께서 아브라함에게 가나안 땅을 주시겠다고 약속하셨을 때, 그 약속은 아브라함 개인뿐만 아니라 아직 태어나지 않은 그의 후손까지를 포함합니다. "보이는 땅을 내가 너와 네 자손에게 주리니 영원히 이르리라"(창 13:15). "내가 너와 네 후손에게 네가 거류하는 이 땅 곧 가나안 온 땅을 주어 영원한 기업이 되게 하고 나는 그들의 하나님이 되리라"(창 17:8). 아브라함이 살았을 때 확보한 땅은 사라가 죽었을 때 은 사백 세겔을 주고 산 "막벨라에 있는 에브론의 밭 곧 그 밭과 거기에 속한 굴과 그 밭" 뿐이었습니다.[34] 그 땅에 대한 약속이 온전히 성취된 것은 아브라함이 죽은 지 400년이 지난 후였습니다.[35] 하나님 나라를 이루는 신령한 공동체는 지역을 초월할 뿐만 아니라 시대까지도 초월합니다. 이처럼 하나님 나라 백성은 지역과 시대를 초월한 "우리"라는 공동체적 개념을 유념해야 합니다. 주기도문은 이 땅의 삶을 위해 필수적인 요소와 관련하여 "우리"라는 개념을 가르쳐줍니다.

그 필수적 요소는 거룩한 갈망을 품고 경건의 연습을 통해 거룩한 습관을 형성하기 위해서도 필요합니다. 즉, 주기도문의 네 번째 청원(양식), 다섯 번째 청원(용서), 여섯 번째 청원(시험)은 하나님 나라를 삶 속에서 실습하고 적용하도록 이끄는 최고의 실천 항목입니다. 각각의 청원은 하나님을 신뢰하는 문제, 하나님의 사랑을 본받아 그 사랑을 실천하는 문제, 소망 가운데 인내하는 문제와 연결되어 있습니다. '믿음의 역사', '사랑의 수고', '소망의 인내'는 고난 중에 있던 데살로니가 교회가 실천했던 것들입니다. "너희의 믿음의 역사와 사랑의 수고와 우리 주 예수 그리스도에 대한 소망의 인내를 우리 하나님 아버지 앞에서 끊임없이 기억함이니"(살전 1:3).

니콜라스 월터스토프(N. Wolterstorff)는 우리의 행동을 형성하는 세 가지 중요한 요인을 '훈육', '모델링', '추론'(reasoning)이라고 말합니다.[36] '훈육'이란 행동하는 성향을 형성하기 위해 사용하는 일종의 전략과 같은 것입니다. 이는 "신체적인 보상과 체벌" 및 "격려의 말과 질책의 말, 칭찬의 말과 비난의 말"까지도 포괄하는 폭넓은 개념입니다.[37] '모델링'이란 특정 상황에서 다른 사람의 행동을 모방하는 성향이 작동되는 상태를 의미합니다.[38] '추론'이란 쉽게 말해서 실천을 가능하게 하는 이론을 뜻합니다. 내게 믿어지는 내용이 아직 믿어지지 않는 다른 내용에 대한 증거라고 판단되는 순간, 믿어지지 않던 내용도 믿게 되는 성향이 생겨나는데 이것이 추론의 과정입니다.[39]

주기도문은 훈육, 즉 가르쳐야 할 훌륭한 내용이며, 그 자체로 모범이요, 설득력 있는 구조로 이루어진 하나의 '원리'입니다. 실행을 위해서는 강조되어야 할 요소가 있는데, 그것은 '공동체성', '기쁨의 차원', '실천 거리'입니다.[40] 실행을 개인적 행동에만 초점을 맞추게 되면, '공동체'를 통해 얻을 수 있는 강점을 간과하게 됩니다. 실천은 본질적으로 공동체적이기 때문입니다. 또한 하나님 나라 백성이 이루는 공동체는 단순한 공동체 이상입니다. 그 구성원들이 하나님과 화평을 이루는 가운데 모든 관계 속에서 기쁨을 발견하는 공동체이기 때문입니다. 예수님은 공동체를 향해 주기도문을 주셨으며, 그 안에 포함된 '양식' 청원, '용서' 청원, '시험' 청원은 구체적 실천 거리인 셈입니다.

믿음의 역사: 하나님의 통치 적용하기

하나님의 통치를 경험하기에 적합한 주제 중 하나가 바로 '양식'의 문제입니다. 예수님은 주기도문을 통해 우리에게 "일용할 양식"을 구하라고 말씀하셨습니다. 왜 그러셨을까요? 두 가지로 정리할 수 있습니다. 하나는 하나님을 신뢰하라는 것입니다. 왜냐하면 하나님은 우리의 모든 필요를 아시고 책임져 주시는 분이기 때문입니다. 공중의 새와 들의 백합화를 먹이시고 입히시는 하나님은 우리의 모든 필요를 채워주십니다(마 6:26-32). 따라서 하나님 나라 백성이 믿고 의지해야 할 것은 재물이 아니라 하나님입니다. '일용할 양식 구하기'의 반대는 '일용할 양식 쌓아 놓기'입니다. 우리는 본능적으로 어리석은 부자처럼 양식을 쌓아 놓고 싶어 합니다. 부자가 되려고 한다는 말입니다. 그래야 물질주의 시대 속에서 안심할 수 있기 때문입니다. 그러나 그렇게 하는 것은 재물을 의지하는 것이요, 나아가 재물을 섬기는 것입니다.

다른 하나는 적극적인 의미로, 하나님 나라를 추구하는 삶을 살겠다는 결단을 촉구하는 것입니다. '일용할 양식'을 구하는 삶은 그것으로 만족하는 삶을 의미합니다. 이에 대해 사도 바울은 "우리가 먹을 것과 입을 것이 있은즉 족한 줄로 알 것이니라"(딤전 6:8)라고 말합니다. 이것이 바로 "자족하는 마음"(딤전 6:6)입니다. 하나님 나라로 가득 채워진 마음은 부족함이 없기 때문입니다. 일용할 양식을 걱정하지 않는 사람은 "먼저 그의 나라와 그의 의를 구하라"라는 예수님의 명령에 반응할 수 있습니다. 이처럼 일용할 양식을 구하며 사는 그리스도인은 결국 하나님의 초월적 능력을 경험하게 됩니다. 오병이어의 기적과 같이 채워주시는 하나님의 은혜를 경험하게 될 뿐 아니라 그보다 더 본질적인 하나님 나라를 추구하며 사는 삶이 무엇인지 깨닫게 될 것이기 때문입니다.

사랑의 수고: 하나님의 자비 모방하기

'죄 용서'에 대한 청원의 실천적 지향점은 하나님이 베풀어 주신 긍휼과 자비를 모방하겠다는 결단입니다. 또한 그 결단의 실습입니다. 이 청원의 실천적 요청은 강력합니다. 내가 나에게 잘못한 사람을 용서하지 않고는 나의 죄를 용서해 달라는 청원을 제대로 할 수 없기 때문이요, 죄 용서에 대한 기도 응답을 기대할 수 없기 때문입니다. 다른 한편으로 '죄 용서'의 실천은 '모방'의 차원에서 접근할 때 가능해집니다. 즉, 내게 용서를 베푸신 하나님의 자비를 알고, 그것을 모방하려고 할 때만 '죄 용서'의 실천이 가능해진다는 말입니다. 그러나 그렇다고 하더라도 '죄 용서'의 실천은 저절로 실행되는 것이 아닙니다. "사랑의 수고"에서 '수고'(코포스)라는 단어의 의미는 슬픔으로 인해 가슴을 치는 듯한 아픔이 동반되는 것일 수도 있고, 고난과 시련이 기다리는 애씀일 수도 있습니다. 그러나 우리가 하나님의 은혜를 힘입어 이웃의 잘못을 용서할 때, 비록 큰 애씀이 요구될지라도 그 실천의 열매는 아름답습니다. 사도 바울은 그 열매를 "의와 평강과 희락"이라고 말하며, 그것이 하나님께는 기쁨이요 다른 사람에게는 칭찬을 불러일으키는 것이라고 말합니다.[41]

소망의 인내: 하나님 나라 바라보기

'시험'과 관련된 청원의 실천은 시험에 대한 바른 이해에서 시작하여 '시련'에 대해서는 '인내'하고, '유혹'에 대해서는 '피하는 것'으로 나타납니다. 이를 위해 필요한 것은 '긍정적 수용'과 '이해'입니다. "내 형제들아 너희가 여러 가지 시험을 당하거든 온전히 기쁘게 여기라 이는 너희 믿음의 시련이 인내를 만들어 내는 줄 너희가 앎이라"(약 1:2-3). '시험' 자체를 두려워할 것이 아니라 기쁘게 여겨야 합니다. 왜냐하면 "믿음의 시련"은 인내를 만들어 내기 때문입니다. '시련'으로 다가오는 시험을 믿음으로 대처하여 인내하고, 끝까지 견디면 그로 인해 예수 그리스도의 성품을 닮게 됩니다.

또한 유혹으로 다가오는 시험의 경우, 그것을 욕심으로 품는 대신 지혜롭게 피하면, 그 자체가 믿음의 시련을 통과하는 과정으로 바뀌게 됩니다. 그리고 인내를 온전히 이루게 되면 마침내 "생명의 면류

Part 5 주기도문, 하나님 나라 적용 가이드

관"을 얻게 됩니다. '인내'의 과정에서 하나님 나라는 소망으로 다가옵니다. 즉, 하나님 나라를 바라볼 때 더 잘 인내할 수 있으며, 인내하면 할수록 하나님 나라가 더욱 실제로 다가오기 때문입니다.

비전과 실천 사이

리처드 니버(H. Richard Niebuhr)에 따르면 하나님 나라는 단순히 묵상 거리가 아닙니다. 단지 사유의 기쁨을 위한 것이 아니라는 말입니다. 그는 다음과 같이 말합니다.

> 비전을 인간의 가장 위대한 선이라고 부르는 것은 묵상을 삶의 최종적 목적이라 부르는 것과 같으며, 하나님의 주권을 최고의 위치에 두는 것은 순종의 행위를 묵상보다 우위에 두는 것이다. (중략) 비전의 원리는 눈에 보이는 대상의 완전함이 무엇보다도 사랑받는다고 주장하지만, 하나님 나라의 원리는 순종을 명령하는 존재의 실재와 권세를 무엇보다도 먼저 중요시해야 한다고 말한다.[42]

주기도문은 단순히 '비전'에서 멈추는 것이 아니라 하나님 나라의 실현으로 나아가게 합니다. 예수께서 '양식', '용서', '시험'의 문제를 하나님 나라 백성을 위한 청원으로 제시하신 것은 곧 하나님 나라를 실천하라는 것이요, 하나님 나라를 삶 속에서 적용하라는 것입니다. 즉, 하나님 나라 백성을 위한 기도 제목들은 하나님 나라를 경험하기 위한 실천 거리라는 말입니다. 이제까지 살펴본 '양식', '

용서', '시험' 청원의 실천적 지향점을 그림으로 정리하면 [그림 18-1]
과 같습니다.

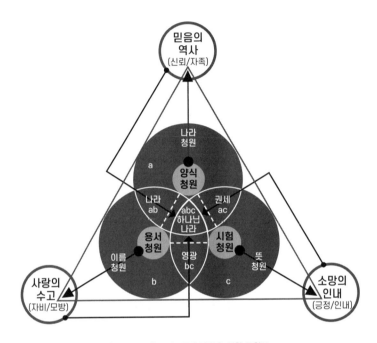

[그림 18-1] 주기도문의 적용을 위한 종합도

[그림 18-1]을 통해 우리는 '양식', '용서', '시험' 청원과 '이름', '나라',
'뜻' 청원의 관계를 세 가지로 정리할 수 있습니다. 첫째, 1차적 관계
입니다. 이는 원 a, b, c 안에 있는 두 가지 청원 사이의 관계를 의미
합니다. 둘째, 2차적 관계입니다. 두 원이 겹치는 부분인 ab, bc, ac에
관한 것으로, 예를 들어 '양식' 청원과 '나라' 및 '뜻' 청원과의 관계성
을 의미합니다. 셋째, 3차적 관계입니다. 세 원이 겹치는 부분인 abc

Part 5 주기도문, 하나님 나라 적용 가이드

에 관한 것입니다. 이것들을 차례대로 살펴보겠습니다.

먼저 1차적 관계입니다. '양식' 청원의 뿌리는 '나라' 청원에 있음을 알 수 있습니다. 오늘의 양식을 구하며 산다는 것은 오늘의 양식을 공급해 주실 뿐만 아니라, 내일의 양식도 채워주실 하나님의 통치를 신뢰함을 의미합니다. 이것을 극명하게 보여주는 것이 오병이어의 표적과 그에 대한 백성의 반응이었습니다. 예수님이 양식 문제를 해결해주셨을 때, 무리는 예수님을 억지로 임금을 삼으려고 했습니다.

> 그러므로 예수께서 그들이 와서 자기를 억지로 붙들어 임금으로 삼
> 으려는 줄 아시고 다시 혼자 산으로 떠나 가시니라(요 6:15).

그러므로 '양식' 청원은 하나님의 통치를 신뢰한다고 고백하는 '나라' 청원과 연결됩니다.

'용서' 청원은 '이름' 청원을 토대로 하고 있음을 알 수 있습니다. 우리는 그 배경을 출애굽기에서 발견합니다. 이스라엘 백성이 금송아지 우상을 숭배한 사건으로 언약이 파기되었을 때, 이스라엘 백성에게 필요한 것은 오직 하나님의 자비와 용서뿐이었습니다. 바로 그 상황에서 선포된 말씀이 여호와의 이름과 관련된 것이었습니다.

> 여호와께서 그의 앞으로 지나시며 선포하시되 여호와라 여호와라
> 자비롭고 은혜롭고 노하기를 더디하고 인자와 진실이 많은 하나님
> 이라(출 34:6).[43]

'여호와'란 칭호가 연속해서 나오는 유일한 경우입니다. 이 말씀은 죄 용서와 여호와의 이름이 깊이 관련되어 있음을 보여줍니다.[44]

'시험' 청원 역시 그 근원이 '뜻' 청원에 있음을 알 수 있습니다. 이 두 청원이 서로 이어져 있다는 사실을 우리는 예수님의 겟세마네 기도에서 찾을 수 있습니다. 십자가를 앞에 둔 예수님은 그 십자가의 시련을 인내하시기 위해 습관을 좇아 기도하셨습니다.

> 이르시되 아버지여 만일 아버지의 뜻이거든 이 잔을 내게서 옮기시옵소서 그러나 내 원대로 마시옵고 아버지의 원대로 되기를 원하나이다 하시니(눅 22:42).

예수님의 기도 내용 중에서 "이 잔을 내게서 옮기시옵소서"라는 간구가 바로 '시험' 청원과 관련되어 있습니다. 십자가의 고난이 지나가게 해 달라는 청원입니다. 하지만 예수님은 곧바로 "나의 원대로 마시옵고 아버지의 원대로 되기를 원하나이다"라고 기도하십니다. '시험' 청원과 '뜻' 청원이 하나의 상황 속에서 연결되어 있음을 잘 보여줍니다.

둘째, 2차적 관계를 살펴보겠습니다. '양식' 청원은 '나라' 청원뿐 아니라 '이름' 청원과도 연결되어 있습니다(ab). 이것을 잘 보여주는 것이 잠언에 나오는 아굴의 기도입니다.

> 8 곧 헛된 것과 거짓말을 내게서 멀리 하옵시며 나를 가난하게도 마옵시고 부하게도 마옵시고 오직 필요한 양식으로 나를 먹이시옵소

서 9 혹 내가 배불러서 하나님을 모른다 여호와가 누구냐 할까 하오

며 혹 내가 가난하여 도둑질하고 내 하나님의 이름을 욕되게 할까

두려워함이니이다(잠 30:8-9).

아굴은 "오직 필요한 양식으로 나를 먹이시옵소서"라고 기도하는

데 이는 "오늘 우리에게 일용할 양식을 주시옵고"라는 기도와 다르

지 않습니다. 그리고 그 기도는 "하나님의 이름", 즉 하나님의 명예

와 직결되어 있습니다.

'용서' 청원은 '이름' 청원과 함께 '뜻' 청원과도 연결되어 있습니다

(bc). 구약성경에서 하나님이 뜻을 돌이키신 경우는 모두 '용서'와 관

련되어 있습니다. 모세의 기도를 들으시고[45] "여호와께서 뜻을 돌이

키사 말씀하신 화를" 내리지 아니하셨으며(출 32:14), "사십 일이 지나

면 니느웨가 무너지리라"라는 요나의 선포를 듣고 니느웨 백성들이

"그 악한 길에서 돌이켜" 회개했을 때, "하나님이 뜻을 돌이키사"(욘

3:10) 그들에게 내리시려고 했던 재앙을 거두시고 용서를 베푸셨습

니다. 그만큼 죄 용서를 구하는 기도가 중요합니다. 우리가 죄 용서

를 구할 때 하나님은 진노의 뜻을 돌이키십니다. 또한 우리가 죄 용

서의 은혜를 힘입어 이웃의 잘못을 용서하는 것은 하나님의 뜻을 이

루는 것입니다(마 6:14).

'시험' 청원은 '뜻' 청원과 함께 '나라' 청원과도 연결되어 있습니

다(ac). 민수기 22장에 나오는 발람 사건은 유혹 앞에서 하나님의 통

치를 거역하는 이야기입니다. 발람은 이스라엘 백성을 저주하라는

발락의 첫 번째 요청은 거절합니다. 그러나 발락이 "더 높은 고관들

을 더 많이"(15절) 보내어 "내가 그대를 높여 크게 존귀하게 하고 그대가 내게 말하는 것은 무엇이든지 시행하리니"(17절)라고 말하자 마음이 흔들렸습니다. 비록 발람이 입으로는 "그 집에 가득한 은금을 내게 줄지라도 내가 능히 여호와 내 하나님의 말씀을 어겨 덜하거나 더하지 못하겠노라"(18절)라고 말을 했지만, "여호와께서 내게 무슨 말씀을 더하실는지 알아보리라"(19절)라는 말씀은 그의 본심을 보여줍니다. 또한 발람의 이와 같은 행동은 여호와를 거역하는 것임을 나귀의 행동을 통해 보여줍니다(29절).[46] 사도 베드로는 이를 가리켜 "미혹되어" 불의의 삯을 사랑한 것이라고 말합니다(벧후 2:15). 즉 시험에 굴복하는 것은 하나님의 통치를 거역하는 것임을 의미합니다.

셋째, 3차적 관계입니다. [그림 18-1]은 '양식', '용서', '시험' 청원과 '이름', '나라', '뜻' 청원이 하나에 집중되고 있음을 보여줍니다. 그것은 주기도문의 여섯 가지 청원의 공통분모라고 할 수 있는데, 바로 영원한 하나님 나라입니다(abc). 하나님의 통치에 신뢰를 둔 '양식' 청원은 '자족'으로 반응하는 것입니다. 이것은 곧 '믿음의 역사'를 일으킵니다. 하나님께서 채우시고, 먹이시며, 입히시는 능력을 경험하게 될 것이기 때문입니다. 우리는 '양식' 문제를 통해 하나님의 다스림을 경험하게 되고(마 15:32),[47] 진정으로 하나님의 명예를 드러낼 수 있으며(잠 30:9),[48] 하나님의 뜻을 이룰 수 있게 됩니다(요 4:34).[49] 결국 우리는 '양식' 청원을 통해 하나님 나라를 적용할 수 있습니다.

하나님의 명예를 드러내는 실제적인 기도와 실천은 이웃의 잘못을 용서해주는 것입니다. "일곱 번을 일흔 번까지" 용서하는 일은 엄

청난 '사랑의 수고'입니다. 사랑이 단순한 감정의 표현이 아니라 의지의 실천임을 깨닫는 순간은 바로 우리가 용서를 실천하는 때입니다. 용서란 내 감정의 표현이 아니라 하나님의 자비를 모방하는 일입니다. 이웃의 잘못을 용서하는 것은 예수님의 뜻이며(마 6:14),[50] 하나님의 자비하심을 따라 이웃의 잘못을 용서하는 순간 하나님의 이름을 높이게 되고(요 13:34-35),[51] 용서를 통해 하나님의 다스림을 드러낼 수 있는 것입니다(창 50:19-21).[52] 결과적으로 '용서' 청원을 통해 하나님 나라를 실천할 수 있습니다.

하나님의 뜻을 이루기 위한 실천의 핵심은 인내하는 것에 있습니다. "너희에게 인내가 필요함은 너희가 하나님의 뜻을 행한 후에 약속하신 것을 받기 위함이라"(히 10:36). 이를 위해서는 먼저 다가오는 시험을 기쁘게 여기는 마음이 필요합니다. 왜냐하면 하나님의 뜻 가운데 있는 시련(벧전 4:19)[53]은 "인내를, 인내는 연단을, 연단은 소망을"(롬 5:4) 이루기 때문입니다. 하나님 나라 백성이 시련으로 다가오는 시험을 인내하게 되면 예수 그리스도의 이름을 영광스럽게 하는 것이 됩니다(벧전 4:16).[54] 또한 유혹으로 다가오는 시험을 피하게 되면 요셉과 같이 하나님의 다스림을 드러내게 됩니다(창 39:23).[55] 결국 '시험' 청원을 통해 우리는 하나님 나라를 경험할 수 있습니다.

이처럼 주기도문으로 기도하는 것은 참된 갈망을 표출하는 것이며, 거룩한 실천의 발걸음을 옮기는 것이고, 복된 적용을 연습하는 것입니다. 이를 통해 하나님 나라를 맛보고 적용하며 드러낼 수 있습니다.

이 책의 프롤로그를 다음과 같이 정리할 수 있습니다.

A 주기도문, 예수님의 교육·사역의 핵심

B 주기도문, 가르침을 위한 구조

X 주기도문, 우리 기도와 삶의 전환점

B' 주기도문, 실행을 위한 구조

A' 주기도문, 예수님의 교육·사역의 의도

주기도문은 예수님의 가르침과 사역의 핵심(A)을 압축한 상태로 담고 있으면서, 그 형식과 구조를 통해 교육적 의도(A')를 드러내고 있습니다. 그래서 주기도문은 마태복음 전체 속에서, 그리고 산상설교의 구조 속에서, 더 구체적으로는 마태복음 6장의 구조 속에서 특별한 역할을 합니다(B). 따라서 주기도문의 청원 하나하나를 살필 때, 우리는 하나님 나라를 구하는 참된 갈망을 알 수 있으며, 그로 인한 세부적 실천을 통해 거룩한 습관을 형성할 수 있고, 나아가 구체적 실천 거리를 통해 하나님 나라를 적용할 수 있습니다(B').

결국 주기도문의 지향점으로 그 초점이 모이는데, 그것이 바로 하나님 나라입니다. 주기도문은 그리스도인이 세상 사람과 다른 기도를 하게 하는 전환점이며, 하나님 나라 백성이 하나님 나라를 가장 먼저 갈망하게 하는 전환점인 동시에, 하나님 나라를 바라보는 가운데 하나님 나라를 삶 속에 드러내게 하는 삶의 전환점이 됩니다(X).

A-B-X-B'-A'의 과정이 주기도문을 가르치기 위한 크로노스적 차원의 접근이었다면, 이제 남은 것은 주기도문을 배우기 위한 카이로스적 차원의 역사입니다. 이는 곧 성령께서 역사하심으로 삶 속에서 하나님 나라를 경험하는 것입니다. 이것을 예수님의 3대 중심 사역으로 연결해 보면 다음과 같습니다. A-B-X-B'-A'의 과정이 '가르침' 그리고 '선포'와 관련된 것이었다면, 이제 기대할 것은 '치유' 혹은 '기적'의 과정인 셈입니다. 이를 위해서는 "아버지여"를 부르며 주기도문의 청원을 가지고 하나님 앞에 엎드리는 것뿐입니다. 주기도문의 의미를 깨달았다면 더더욱 하나님 앞에 엎드리지 않을 수 없습니다. 엎드려 주기도문에 따라 기도할 때, 하나님 나라를 보게 되고, 하나님 나라에 동참하게 되며, 하나님 나라를 드러내는 삶을 살게 될 것입니다.

끝으로 한 가지만 더 언급하려고 합니다. 성령의 능력으로 드러나는 하나님 나라의 실제 모습입니다. 사도 바울은 로마 교회 안에 발생한 분쟁과 분열의 문제를 '하나님 나라'를 통해 해결하고자 시도합니다. 간략한 정리를 위해 로마서 14:1-15:13의 구조를 제시하면 다음과 같습니다.

A 형제를 비판하지 말라 우리가 주의 것이다(14:1-12)

    a   서로 비판하지 말라(14:1-6)
        x   우리가 주의 것이다(14:7-9)
    a'   어찌하여 네 형제를 비판하느냐(14:10-12)

X 하나님 나라는 성령 안에 있는 의, 평강, 희락(14:13-23)

    a   음식으로 형제 앞에 부딪힐 것을 두지 말라(14:13-16)
        x   **하나님 나라: 성령 안에 있는 의, 평강, 희락(14:17-18)**
    a'   음식으로 하나님의 사업을 무너지게 말라(14:19-23)

A' 형제를 받아들임으로 아버지께 영광 돌리라(15:1-13)

    a   각 사람이 이웃을 기쁘게 하라(15:1-4)
        x   서로 받음으로 아버지께 영광 돌리라(15:5-7)
    a'   소망 중에 이방인으로 하나님께 영광 돌리게 하라(15:8-13)

로마 교회의 분쟁은 특히 음식 문제(날 문제를 포함하여) 때문이었습니다. 믿음이 강한 그리스도인과 약한 그리스도인 사이에서 특정 음식을 '먹어도 된다'와 '먹어서는 안 된다'라는 견해 차이로 분쟁이 생기고 급기야 분열의 조짐까지 발생하게 된 것입니다. 이에 대한 사도 바울의 해법은 크게 세 가지로 정리할 수 있습니다.

첫째, 서로 비판하지 말라는 것입니다(롬 14:1). 먹는 자와 먹지 않는 자 모두 주를 위해서 그러는 것이며, 양쪽 모두가 "주의 것"이기 때문입니다. 우리가 기억해야 할 것은 "하나님이 그를 받으셨음이라"라는 말씀입니다. 하나님이 그를 책임지실 것입니다. 넘어지더라도 하나님이 그를 다시 세우실 것입니다.

둘째, 형제 앞에 "부딪힐 것이나 거칠 것"을 두지 말라는 것입니다(롬 14:13). 이는 좀 더 적극적인 해법입니다. 그 예로 제시하고 있는 것이 차라리 "고기도 먹지 아니하고 포도주도 마시지 아니하고"(롬 14:21)라는 말씀입니다. 이런 삶이 가능하려면, 하나님 나라를 바라보는 믿음이 있어야 합니다. "의와 평강과 희락"의 나라를 떠올릴 수 있어야 합니다.

셋째, 이제 성령의 도우심으로 하나님 나라를 떠올리는 순간 우리는 가장 적극적인 사랑의 실천으로 나아갈 수 있습니다. "그리스도께서 우리를 받아 하나님께 영광을 돌리심과 같이 너희도 서로 받으라"(롬 15:7)라는 것입니다. 그리스도께서 우리를 받으셨습니다. 연약한 우리, 보잘 것 없는 우리, 자주 넘어지는 우리를 그리스도께서 받으셨습니다. 여전히 받아주시고 계십니다. 그러니 우리도 서로 받아주어야 합니다.

하나님 나라를 떠올릴 때, 놀라운 삶이 시작됩니다. 성령의 능력

을 힘입을 때, 놀라운 경험을 하게 됩니다. "서로 받으라"라는 말씀
에 순종할 수 있게 됩니다. 그 결과 그리스도께서 하나님께 영광 돌
린 것과 같이 우리도 그렇게 할 수 있습니다. "의와 평강과 희락"의
하나님 나라를 경험할 수 있습니다. 이는 주기도문의 정신을 정확하
게 적용하는 것입니다.

그러기 위해서는 성령의 도움이 절대적으로 필요합니다. 그래서
사도 바울도 로마 교회를 위해 '성령의 능력'이 함께 하길 기도한 것
입니다(롬 15:13). 성령의 역사는 우리가 주기도문을 떠올리는 순간부
터 나타나기 시작합니다. 그러므로 거룩한 습관처럼 우리는 순간마
다 주기도문을 떠올릴 수 있도록, 어떠한 상황 속에서도 하나님 나라
를 바라볼 수 있도록, 지속해서 주기도문을 통해 하나님 나라를 구하
는 삶을 살아가야 합니다.

Part 5

주기도문, 하나님 나라 적용 가이드

1) 스텐리 하우어워스(S. Hauerwas)와 윌리엄 윌리몬(W. Willimon)은 말하길, 주기
도문으로 기도하는 것은 마치 "사자를 우리 밖으로 꺼내는 것이며, 원자폭탄의 위력도
무색케 하는 어마어마한 힘을 폭발시키는 것과 같다."라고 말합니다. Hauerwas, S.
& Willimon, W(2009). 『주여 기도를 가르쳐 주소서』 이종태 역. 서울: 복있는사람.
p.10. 또한 주기도문으로 기도하는 것은 사실 "급진적인 의미를 내포하고 있는" 것이
며, 따라서 "그리스도인은 주기도를 기도하는 가운데 예수께서 가르치신 대로 기도하기
를 배운다는 것이 얼마나 특이하고 급진적인지를 계속해서 배우게 된다는 것이다."라고
말합니다. p.23.

2) 송제근은 애굽에 내려간 이스라엘의 가족을 '묘목'이라는 말로 표현합니다. 그렇다면 애
굽은 '묘판'인 셈입니다. "완전수 70명으로 준비가 완료된 하나님 나라의 씨가 애굽에
도착하여 정착하였고(창 46:7), 이 완전수의 하나님 나라의 묘목이 이제 애굽에서 완전
한 숫자의 하나님 나라의 씨로 성장할 뿐 아니라(출 1:5), 적법한 과정을 통해 법적으로
하나님 나라의 씨로 등록되는 과정을 묘사한다(출 19-24)." 송제근(2003). 『오경과 구
약의 언약신학』 서울: 두란노아카데미. p.109.

3) 본문은 엘리야를 "길르앗에 우거하는 자 중에 디셉 사람"이라고 소개합니다. 길르앗
에 살던 엘리야는 그곳 토박이가 아니었습니다. 이주민이었다는 말입니다. '우거하는
자'(미토샤베)란 '체류자'(토샤브)를 의미하며 땅을 소유하지 않은 임시 임금 노동자를
가리킵니다. 엘리야가 내세울 것이 없는 사람이었음을 말해 줍니다. 그런 엘리야가 아합
왕에게 나아가서 흉한 예언을 전합니다. "여호와께서 살아 계심을 두고 맹세하노니 내
말이 없으면 수년 동안 비도 이슬도 있지 아니하리라"(왕상 17:1). 엘리야의 이와 같은
행동은 여호와 하나님의 말씀에 대한 순종이었습니다.

4) 요한복음은 같은 사건을 다음과 같이 기록하고 있습니다. "예수께서 눈을 들어 큰 무리
가 자기에게로 오는 것을 보시고 빌립에게 이르시되 우리가 어디서 떡을 사서 이 사람들
을 먹이겠느냐 하시니 이렇게 말씀하심은 친히 어떻게 하실지를 아시고 빌립을 시험하
고자 하심이라"(요 6:5-6). 이로 보아 예수님께서 제자를 테스트할 목적이 있었음을 알
수 있으며, 오병이어 기적을 통해 의도하신 것이 있음을 짐작할 수 있습니다.

5) 프랜스는 오병이어의 기적이 하나님께서 자기 백성이 이미 가지고 있는 것을 취하
여 기적을 베푸시는 구약의 기적 패턴에 잘 부합하는 것이라고 말합니다. France, R.
T.(2007). *The Gospel of Matthew.* New International Commentary on the
New Testament. Grand Rapids, MI: Eerdmans. p.518.

6) 리델보스는 바리새인과 사두개인들의 교훈과 관련해서 다음과 같이 말합니다. "특별히 (마태복음) 13:33에 비추어볼 때 그가 이것을 누룩에 비유한 이유는 분명하다. 천국이 어느 곳이나 스며드는 능력이 있는 것처럼 바리새인과 사두개인들의 교훈에는 모든 생을 지배하고 부패케 하는 숨겨진 동기와 원리가 포함되어 있다." Ridderbos, H. N.(1999). 『마태복음(상)』 오광만 역. 서울: 여수룬. p.452.

7) 어거스틴(St. Augustine)은 하나님 나라 백성이 일용할 양식을 구하는 기도는 자랑스러운 것임에 반해, 부자가 되게 해달라고 구하는 것은 부끄러운 것이라고 말합니다. St. Augustine(2010). *Commentary on the Lord's Sermon on the Mount with Seventeen Related Sermons.* The Catholic University of America Press. p.247.

8) 김세윤은 자신이 하나님 노릇하겠다는 것이 곧 아담적 실존이라고 말합니다. "아담의 타락의 내용은 자기 자신이 자신의 안녕과 행복을 확보하겠다는 것입니다. 자신이 자신의 생명을 유지하겠다는 것입니다. 어떻게 해서 그렇게 합니까? 아담은 농사를 해서, 즉 일을 해서 그 땀의 열매인 양식으로 살게 되었다는 것입니다. 창세기 3장 19절의 말씀이 그것입니다. 그런데 문제는 아담의 그 상황이 항상 결핍이라는 점입니다. 인간이 자기의 힘으로 자기의 삶을 유지하려고 하는 것은 항상 '삶'만 확대하는 것이 아니고 동시에 '죽음'을 확대하는 것입니다." 김세윤(2009). 『주기도문 강해』 서울: 두란노아카데미. p.136-137.

9) Ibid., p.139-140. 김세윤은 주기도문의 네 번째 청원에 담긴 세 가지 의미를 다음과 같이 설명합니다. "첫째로 기도하는 사람의 신앙고백이 들어 있습니다. 초월의 하나님, 은혜의 하나님이 하나님 노릇 해 주심에 의해서만 나의 생명이 가능하다는 것이 전제되어 있습니다. 둘째로, '이제 나는 이 양식 청원에 담겨 있는 신앙고백대로 살겠습니다' 하는 서원이 들어 있습니다. 셋째로는 우리에게 그런 양식을 달라는 청원이 들어 있습니다."

10) Boom, C. T.(1996). 『주는 나의 피란처』 양은순 역. 서울: 생명의 말씀사. p.331.

11) Ibid.

12) Ibid., p.332.

13) Schaeffer, F. A.(2002). 『기독교 문화관』 문석호 역. 서울: 크리스챤다이제스트. p.318. 쉐퍼에 따르면, '존재'(being)와 '실존'(existence)의 영역에 있어서 우리는 인격적 통일성과 다양성을 요청하는데, 기독교의 삼위일체는 이에 대한 충분한 답을 제공합니다. 즉 삼위일체 하나님은 서로 사랑하고, 서로 교통하는 세 인격으로 존재하십니다. 계속해서 그는 다음과 같이 말합니다. "만일 이것이 그렇지 않았더라면, 우리는 사랑하고, 교통하기 위해 창조가 요청되는 하나님을 소유했을 것이다. 이런 경우에

하나님은, 우주가 하나님을 필요로 하는 것만큼 우주가 필요했을 것이다. 그러나 하나님은 창조할 필요가 없었다. 하나님은 우주가 하나님을 필요로 하는 것만큼 우주를 필요로 하지 않는다. 왜 그런가? 그것은 우리는 충분하고도 진정한 삼위일체를 가지고 있기 때문이다. 삼위일체의 각 인격들은 세상이 창조되기 이전에 서로 교통하고, 서로 사랑하셨다." p.320.

14) 어거스틴에 따르면, 성부, 성자, 성령의 본질 자체에서 '관계'가 나옵니다. "성부는 존재 자체까지도 그 자신에 관해서 가지신 것이 아니라, 그가 낳으신 본질적 존재인 성자에 관해서 존재를 가지셨으며, 그는 그 본질적 존재에 의해서 그의 모든 존재이시기 때문이다. 그러므로 두 분은 어느 편도 그 자신만으로 존재하시는 것이 아니며, 상호 관계로 존재하신다." Augustinus, A.(2007). 『삼위일체론』 김종흡 역. 서울: 크리스챤 다이제스트. p.210.

15) 리차드 미들턴(R. Middleton)은 창세기 1장에 나오는 '이마고 데이', 즉 하나님의 형상 안에는 "인간상호적 관계"가 근본적으로 담겨 있으며, 그렇기 때문에 하나님의 형상에 대한 적절한 해석은 지배하는 권세보다는 함께하는 권세에 있어야 한다고 말합니다. Middleton, J. R.(2010). 『해방의 형상』 성기문 역. 서울: SFC. p.391.

16) 언약 체결과 관련해서는 이 책의 8장을 참고하시기 바랍니다.

17) 송제근은 성막의 핵심이라고 할 수 있는 증거궤의 두 가지 기능을 다음과 같이 소개합니다. 첫째, 하나님이 말씀하시는 장소로서의 증거궤입니다. 둘째, 범죄한 이스라엘의 죄를 속하는 장소로서의 증거궤입니다. 특히 속죄의 기능과 관련하여 송제근은 다음과 같이 말합니다. "이 두 번째 기능은 성전의 가장 중요한 목적이 속죄임을 나타낸다. 사실상 이 증거궤 위의 속죄소에 속죄를 위해서 피가 뿌려지는 것은 일 년에 단 한 차례인 대속죄일에 대제사장에 의해서 행해지는 것에 불과하다. 이 장소는 증거막이 이동을 위해서 분해될 때 외에는 일년내내 깜깜한 장소였을 것이고, 성전이 만들어졌을 경우에는 더욱 그러했을 것이다. 번제단에 제물들이 드려지고 살라지는 것도 속죄를 받는 행위가 되겠지만, 더 근본적이고 완전한 속죄는 이 속죄소 위에 피를 붓는 행위라고 할 수 있다." 송제근(2003). 『오경과 구약의 언약신학』 op. cit., p.172-173.

18) 레이몬드 브라운은 요한일서 1:5-2:2를 한 단락으로 봅니다. 그러면서 5절은 프롤로그에 해당하는 요한일서 1:1-4와 1:6-2:2를 이어주는 역할을 한다고 말합니다. 따라서 필자는 5절을 뺀 1:6-2:2의 구조를 제시했습니다. Brown, R. E.(1995). *The Epistles of John*. The Anchor Yale Bible Commentaries. Yale University Press. p.224.

19) 선한용(2004). 『성 어거스틴의 기도』 서울: 대한기독교서회. p.29.

20) 이 책의 4장을 참조하시기 바랍니다.

21) Boom, C. T.(1996).『주는 나의 피란처』op. cit., p.332.

22) Tada, J. E.(2010). "하나님의 주권 이해하기"『내 영혼을 바꾼 한 권의 책』Scott Larsen 엮음. 박원철 역. 서울: 위즈덤로드. p.310.

23) '온전히'(텔레이온)라는 형용사의 원형인 '텔레이오스'(완전한, 성숙한)는 '목적지', '끝', '종결'을 의미하는 '텔로스'에서 유래한 것입니다. 따라서 '텔레이오스'란 단어에는 "목적지에 도달한"이란 의미도 포함되어 있습니다.

24) '여기다'(헤게오마이)란 동사는 예수 그리스도께도 사용된 동사입니다. "그는 근본 하나님의 본체나 하나님과 동등됨을 취할 것으로 여기지 아니하시고"(빌 2:6). 또한 사도 바울도 그리스도와 관련하여 '여기다'라는 동사를 여러 번 사용하고 있습니다. "7 그러나 무엇이든지 내게 유익하던 것을 내가 그리스도를 위하여 다 해로 여길뿐더러 8 또한 모든 것을 해로 여김은 내 주 그리스도 예수를 아는 지식이 가장 고상하기 때문이라 내가 그를 위하여 모든 것을 잃어버리고 배설물로 여김은 그리스도를 얻고 9 그 안에서 발견되려 함이니 내가 가진 의는 율법에서 난 것이 아니요 오직 그리스도를 믿음으로 말미암은 것이니 곧 믿음으로 하나님께로부터 난 의라"(빌 3:7-9).

25) "6 자기 사람들에게 이르되 내가 손을 들어 여호와의 기름 부음을 받은 내 주를 치는 것은 여호와께서 금하시는 것이니 그는 여호와의 기름 부음을 받은 자가 됨이니라 하고 7 다윗이 이 말로 자기 사람들을 금하여 사울을 해하지 못하게 하니라 사울이 일어나 굴에서 나가 자기 길을 가니라"(삼상 24:6-7).

26) "25 왕이 사독에게 이르되 보라 하나님의 궤를 성읍으로 도로 메어 가라 만일 내가 여호와 앞에서 은혜를 입으면 도로 나를 인도하사 내게 그 궤와 그 계신 데를 보이시리라 26 그러나 그가 이와 같이 말씀하시기를 내가 너를 기뻐하지 아니한다 하시면 종이 여기 있사오니 선히 여기시는 대로 내게 행하시옵소서 하리라"(삼하 15:25-26).

27) "그 일 후에 하나님이 아브라함을 시험하시려고 그를 부르시되 아브라함아 하시니 그가 이르되 내가 여기 있나이다"(창 22:1). 히브리서는 아브라함이 시험을 받았다고 분명히 기록하고 있습니다. "아브라함은 시험을 받을 때에 믿음으로 이삭을 드렸으니 그는 약속들을 받은 자로되 그 외아들을 드렸느니라"(히 11:17). 이때 '시험하다'(페이라조)라는 단어는 그 의미가 '테스트'에 가깝습니다. 예수께서 빌립을 시험하셨을 때 사용된 동사 역시 '페이라조'입니다. "이렇게 말씀하심은 친히 어떻게 하실지를 아시고 빌립을 시험하고자 하심이라"(요 6:6).

28) 이 그림은 김형국이 제시한 그림에서 착안하여 보완하고 확장한 것입니다. 김형국의 그림은 야고보서 1장의 내용을 매우 잘 도표화했다고 생각합니다. 다만 김형국은 모든 시험을 자기 욕심에서 나오는 것으로 보고 있는데, 앞에서 언급한 바와 같이 필자는 이에 대해 약간의 이견이 있습니다. 김형국(2021).『한국교회가 잃어버린 주기도문』서울: 죠이선교회. p.281.

29) 칼빈(J. Calvin)은 이것을 하나님이 주시는 시험과 사탄이 주는 시험으로 제시합니다. 사탄이 주는 시험은 사람을 멸망시키며 정죄하며 혼란에 빠뜨리며 낙심하게 만들기 위한 것이라면, 하나님이 주시는 시험은 자녀들을 단련시키시고 그들의 성실을 테스트하시며, 실천을 통해 그들의 힘을 강하게 하시기 위한 것입니다. Calvin, J.(1988).『기독교강요(중)』김종흡, 신복윤, 이종성, 한철하 역. 서울: 생명의 말씀사. p.490. 기독교강요. 3.20.46.

30) 김세윤에 따르면, '악'(투 포네로우)이 중성 속격인지 아니면 남성 속격인지에 대한 논쟁이 있는데, 중성 속격을 주장하는 입장은 유대적 배경에서 사탄을 악한 자로 지칭하는 경우가 없다는 것입니다. 하지만 복음서에 따르면 '악한 자'라는 표현이 나오고 있다는 점(마 13:19, 38), '시험'이 '사탄'과 연결되어 있다는 점(눅 22:28-32) 등을 볼 때 주기도문의 '악'은 '사탄'을 지칭하는 것으로 보는 것이 적절합니다. 김세윤(2009). 『주기도문 강해』 op. cit., p.178-179. 칼빈의 경우, '악'으로 보는 것과 '마귀'로 보는 것은 그렇게 중요한 것은 아니라고 하면서, '악'이 '시험' 및 '유혹'과 연결되어 있다는 점에서 주기도문의 여섯 번째 청원은 영적 전투와 관련되어 있으며, 그것은 마귀(사탄)와의 싸움임을 여러 번 언급하고 있습니다. Calvin, J.(1988).『기독교강요(중)』op. cit., p.490-491. 기독교강요. 3.20.46.

31) Ibid., p.489. 기독교강요. 3.20.46. 칼빈은 '시험'과 '유혹' 자체가 '마귀의 간계'라고 말합니다.

32) 이 같은 원수 마귀의 행동은 뿌리 깊은 증오심에서 나온 것이며, 이런 행위를 통해 자신의 비열함과 교활함을 나타냅니다. Ridderbos, H.(1999).『마태복음(상)』오광만 역. 서울: 여수룬. p.403.

33) Ibid., p.404.

34) "16 아브라함이 에브론의 말을 따라 에브론이 헷 족속이 듣는 데서 말한 대로 상인이 통용하는 은 사백 세겔을 달아 에브론에게 주었더니 17 마므레 앞 막벨라에 있는 에브론의 밭 곧 그 밭과 거기에 속한 굴과 그 밭과 그 주위에 둘린 모든 나무가 18 성 문에 들어온 모든 헷 족속이 보는 데서 아브라함의 소유로 확정된지라"(창 23:16-18).

35) "13 여호와께서 아브람에게 이르시되 너는 반드시 알라 네 자손이 이방에서 객이 되어 그들을 섬기겠고 그들은 사백 년 동안 네 자손을 괴롭히리니 14 그들이 섬기는 나라를 내가 징벌할지며 그 후에 네 자손이 큰 재물을 이끌고 나오리라 15 너는 장수하다가 평

안히 조상에게로 돌아가 장사될 것이요 16 네 자손은 사대 만에 이 땅으로 돌아오리니 이는 아모리 족속의 죄악이 아직 가득 차지 아니함이니라 하시더니"(창 15:13-16).

36) Wolterstorff, N.(2014). 『샬롬을 위한 교육』 신영순, 이민경, 이현민 역. 서울: SFC. p.212.

37) Ibid., p.303.

38) Ibid., p.150.

39) Ibid., p.147.

40) Ibid., p.213.

41) "17 하나님의 나라는 먹는 것과 마시는 것이 아니요 오직 성령 안에 있는 의와 평강과 희락이라 18 이로써 그리스도를 섬기는 자는 하나님을 기쁘시게 하며 사람에게도 칭찬을 받느니라"(롬 14:17-18).

42) Ibid., p.340에서 재인용.

43) 다니엘의 기도 역시 용서가 하나님의 이름과 긴밀하게 연관되어 있음을 보여줍니다. "주여 들으소서 주여 용서하소서 주여 귀를 기울이시고 행하소서 지체하지 마옵소서 나의 하나님이여 주 자신을 위하여 하시옵소서 이는 주의 성과 주의 백성이 주의 이름으로 일컫는 바 됨이니이다"(단 9:19).

44) 같은 맥락에서 우리는 십자가 위에서 외치신 예수님의 처절한 외침을 떠올릴 수 있습니다. "제구시쯤에 예수께서 크게 소리 질러 이르시되 엘리 엘리 라마 사박다니 하시니 이는 곧 나의 하나님, 나의 하나님, 어찌하여 나를 버리셨나이까 하는 뜻이라"(마 27:46). 예수님은 우리의 모든 죄를 용서하시려고 십자가의 형벌을 대신 받으셨습니다. 십자가는 용서와 심판이 동시에 이루어진 사건입니다. 우리의 모든 죄를 용서하시기까지 한량없는 자비를 쏟으신 하나님께서는 우리 죄를 대신 지신 독생자에게는 한 방울의 자비도 허락하지 않으셨습니다. 그 상황에서 예수님은 "나의 하나님, 나의 하나님"하고 하나님의 이름을 두 번 연속 부르짖으셨습니다.

45) "11 모세가 그의 하나님 여호와께 구하여 이르되 여호와여 어찌하여 그 큰 권능과 강한 손으로 애굽 땅에서 인도하여 내신 주의 백성에게 진노하시나이까 12 어찌하여 애굽 사람들이 이르기를 여호와가 자기의 백성을 산에서 죽이고 지면에서 진멸하려는 악한 의도로 인도해 내었다고 말하게 하시려 하나이까 주의 맹렬한 노를 그치시고 뜻을 돌이키사 주의 백성에게 이 화를 내리지 마옵소서 13 주의 종 아브라함과 이삭과 이스라엘을 기억하소서 주께서 그들을 위하여 주를 가리켜 맹세하여 이르시기를 내가 너희의 자손을 하늘의 별처럼 많게 하고 내가 허락한 이 온 땅을 너희의 자손에게 주어 영원한 기업이 되게 하리라 하셨나이다 14 여호와께서 뜻을 돌이키사 말씀하신 화를 그

백성에게 내리지 아니하시니라"(출 32:11-14). 모세는 크게 두 가지 이유를 들어 이 스라엘 백성의 죄를 용서해 달라고 기도하고 있습니다. 첫째는 여호와의 이름을 위해 서 용서해 달라고 기도합니다(12절). 둘째는 언약을 위해서 용서해 달라고 기도합니다 (13절). 이에 하나님께서는 뜻을 돌이키사 용서해주셨습니다.

46) "28 여호와께서 나귀 입을 여시니 발람에게 이르되 내가 당신에게 무엇을 하였기에 나 를 이같이 세 번을 때리느냐 29 발람이 나귀에게 말하되 네가 나를 거역하기 때문이니 내 손에 칼이 있었더면 곧 너를 죽였으리라 30 나귀가 발람에게 이르되 나는 당신이 오늘까지 당신의 일생 동안 탄 나귀가 아니냐 내가 언제 당신에게 이같이 하는 버릇이 있었더냐 그가 말하되 없었느니라"(민 22:28-30).

47) "예수께서 제자들을 불러 이르시되 내가 무리를 불쌍히 여기노라 그들이 나와 함께 있 은 지 이미 사흘이매 먹을 것이 없도다 길에서 기진할까 하여 굶겨 보내지 못하겠노 라"(마 15:32).

48) "혹 내가 배불러서 하나님을 모른다 여호와가 누구냐 할까 하오며 혹 내가 가난하여 도 둑질하고 내 하나님의 이름을 욕되게 할까 두려워함이니이다"(잠 30:9).

49) "예수께서 이르시되 나의 양식은 나를 보내신 이의 뜻을 행하며 그의 일을 온전히 이루 는 이것이니라"(요 4:34).

50) "너희가 사람의 잘못을 용서하면 너희 하늘 아버지께서도 너희 잘못을 용서하시려니 와"(마 6:14).

51) "34 새 계명을 너희에게 주노니 서로 사랑하라 내가 너희를 사랑한 것 같이 너희도 서 로 사랑하라 35 너희가 서로 사랑하면 이로써 모든 사람이 너희가 내 제자인 줄 알리 라"(요 13:34-35).

52) "19 요셉이 그들에게 이르되 두려워하지 마소서 내가 하나님을 대신하리이까 20 당신 들은 나를 해하려 하였으나 하나님은 그것을 선으로 바꾸사 오늘과 같이 많은 백성의 생명을 구원하게 하시려 하셨나니 21 당신들은 두려워하지 마소서 내가 당신들과 당 신들의 자녀를 기르리이다 하고 그들을 간곡한 말로 위로하였더라"(창 50:19-21).

53) "그러므로 하나님의 뜻대로 고난을 받는 자들은 또한 선을 행하는 가운데에 그 영혼을 미쁘신 창조주께 의탁할지어다"(벧전 4:19).

54) "만일 그리스도인으로 고난을 받으면 부끄러워하지 말고 도리어 그 이름으로 하나님께 영광을 돌리라"(벧전 4:16).

55) "간수장은 그의 손에 맡긴 것을 무엇이든지 살펴보지 아니하였으니 이는 여호와께서 요셉과 함께 하심이라 여호와께서 그를 범사에 형통하게 하셨더라"(창 39:23).